U1075100

宪政宽容论

门 中 敬 著

商务印书馆
创于1897 The Commercial Press

2011年·北京

图书在版编目(CIP)数据

宪政宽容论/门中敬著. —北京：商务印书馆，2011
ISBN 978-7-100-08588-5

I. ①宪… II. ①门… III. ①宪法—研究
IV. ①D911.04

中国版本图书馆 CIP 数据核字(2011)第 189574 号

所有权利保留。
未经许可，不得以任何方式使用。

宪政宽容论
门中敬 著

商务印书馆出版
(北京王府井大街36号 邮政编码 100710)
商务印书馆发行
北京瑞古冠中印刷厂印刷
ISBN 978-7-100-08588-5

2011 年 9 月第 1 版 **开本 880×1230 1/32**
2011 年 9 月北京第 1 次印刷 **印张 11⅝**
定价：26.00 元

序

进入 20 世纪以来，随着宽容理念从伦理学、心理学和文化学等领域逐步转向政治学和宪法学领域，有关宪政与宽容精神的学术与实践命题日益受到社会的关注。可以说，宽容在宪法学传统、理念与知识体系中扮演着越来越重要的角色，同时构成推动宪政发展的内在动力。

在国外，宽容作为理念向法学领域的拓展主要以宪法文本上的宗教条款为纽带与依归，其研究领域主要涉及人权原则、宪法未列举权利、对少数人权利的宪法保护以及宪法的宽容原则等。在国内，早在民国时期，胡适和章士钊等学者已经开始关注宽容问题，但其视角主要集中在政治哲学和思想领域，并没有涉及宪法学领域。近些年来，随着我国宪法学理论的发展，宽容问题开始受到重视，成为宪法学的重要命题，并形成了一定的研究成果。但这些成果还缺乏系统性，有的停留在宏观介绍层面，有的成果欠缺理论性，也有的成果虽讨论宽容的宪政价值，但其研究方法的专业特色与自觉意识有待于进一步提高。

本书作者以宽容与宪政价值的内在逻辑与历史为主题，以历史的、哲学的与实证的研究方法，就宪政的宽容精神进行了深入细致的阐释和论证。在我看来，这一课题的学术价值至少表现在：第一，作为法学的一种重要思想体系，宽容在宪法学领域的诠释与运用，不同于在伦理、宗教和文化领域的运用，产生的社会影响不尽相同。在一个法治社会和宪政国家,作为指导宪法的一个核心价值理念,宽容在人权原则和公平责任原则尚未统摄的特定领域,可以成为一个指导性的宪法原则,为宪法解释学提供合理的解释方法。第二,作为人类历史经验认识的成果,宽容理念更容易获得国人的接受而逐步分化演绎为我国宪政的一个基本理念。中国传统文化为其在宪法学上的诠释提供了足够的土壤,而当代宪法解释学在挖掘和阐释这一资源方面可以有所作为。第三,宽容理念在宪法上的诠释与运用有助于深化对民主、平等、自由等观念的理解与把握,对于我国的宪法变迁与宪政成长有着更为深层的意义。第四,宽容作为宪政精神,特别是制度宽容的架构是构建诚信社会体系的关键。此外,宽容作为宪法精神,有助于解决那些多元风险社会出现的一些新的宪法问题,如“死刑存废”、“安乐死”、“克隆人”等。

在研究领域与方法上,作者并未单纯就“宪法意义下的宽容”问题展开研究,而是将其置于社会生活的广阔场域中,从历史、文本与现实的三位一体中,将“宪法意义上的宽容”问题进行综合的诠释和论证。作者运用政治哲学、法哲学和宪法学等综合的视角与框架,力图形成一个自洽的、系统性的范畴与体系,既增加了说服力,也增加了理论的深度和广度。首先,作者从发生学上探讨了西方社会宽容宪政的历史发展脉络,深入考察了古罗马共和国和立宪自由主义的宽容宪政实践,对政体宽容、制度宽容和宽容的实现等进行了深入细致的分析;其次,作者没有简单地“把宽容当成真理”,而是按照马克斯·韦伯的社会科学方法论,通过整体与部分(个体)的哲学关系范畴,建构了宽容宪政的理想模型,为宽容之宪政精神提供了“科学性的论证”,对立宪自由主义进行了一定程度的反思和批判;再次,作者重视从实证主义立场出发的

“从实践到理论”的经验验证，对宽容理念在宪法实践中的具体运行过程进行了有益的探讨；最后，在直面中国宽容宪政的生成问题上，在诸如宽容的中西文化差异性及其对法治生成的影响、权力视角下的宪法学方法论、和谐社会与宪法变迁、宪政宽容与宪政成长等方面，作者考察了宽容宪政生成的那些可能的和相反的因素，并期冀通过宽容理念的诠释和运用，实现“构建和谐社会”的宽容的政治话语与“建设法治国家”的法律话语之间的互通。

总体而言，该书较为合理地运用了综合的研究方法，强调问题意识与实践理性，逻辑进路清晰，结构完整，安排合理，是一部较为严谨的具有思想性和学术性的著作。当然，书中的有些命题及论述，如我国宽容宪政的生成条件、宽容对于我国宪法变迁与宪政成长的影响以及宽容的价值诉求之宪法化以及宽容与现代科学技术发展之间的关系等问题，尚有进一步探讨的余地。另外，在论证宽容的宪政意义时，如何在哲学、历史学与政治学等跨学科的知识运用中保持研究方法的专业特色也是值得深入思考的问题。

门中敬副教授近年来一直从事宪法哲学和宪法基础理论方面的研究，积累了较多的相关研究资料，并有一定的阶段性研究成果，本书是在其博士论文《宽容理念与宪法》的基础上修改补充完成的，该博士论文被评为“中国政法大学 2010 届优秀博士学位论文”，也从一个方面说明了该书的学术价值。希望他坚持学术的理性与责任，关注现实生活中的宪法问题，继续挖掘宽容的宪政与宪政的宽容价值，为繁荣中国宪法学研究做出贡献。

是为序。

韩大元

2011 年 7 月 9 日

目　录

导　论

一

在人类社会，人之所以为人，不仅由于他有生命体的存在，而且由于他有精神体的存在。从而，精神内容或理念一直以来都是哲学、伦理学、文化学和人类学研究的重点。世界上任何国家的人们无不以莫大的热情给予关注，并将其作为生命发展和完善的动力，甚至一些新观念的提出，还可能标志着一个全新的历史阶段的开始。虽然历史的足迹充满了各种变数，虽然某些国家或既得利益集团无视人类社会的需要而设置了种种障碍，但理念一旦成为一种共同信念，并成为指导实践的标尺，任何不遗余力的甚或耳目一新的掩饰都是暂时的和徒劳无益的。

在当今社会，依法治国和民主宪政已经成为一种历史潮流，人们同样给予它从未有过的热情。在那些真正施行民主宪政的国家，作为公民的最高行为规范，宪法不仅是最高效力的规范体，而且是精神和价值观念的重要载体。或言之，真正的宪法乃是有生命的、活的宪法。①

---

① 宪法与宪政，一为静态的宪法法典，一为立宪政治的实际运作体制，有时也称之为动态的宪法。从内容上来看，宪政既包括宪法法典所确立的政治规范，也包括宪法法典以外的政治规范，诸如与宪法关系密切的重要立法（宪法性法律）、与宪法所拟定事项直接有关的行政措施、宪法条文的解释与判例以及宪法惯例。

在已有的宪政事业中，人们无时不在寻求承载着人类文明和价值寄托的宪政精神的踪迹。然而，由于宪政精神以体制、制度和价值观念的形式不断变换着自己的外在形态，以至于在今天，人们已经难以了解它的真实面貌。

翻开今天的宪政史，人们会发现，各式各样的宪法思想和宪政观念总是遮蔽着人们的眼睛。而许多虚妄的观念认识假借正义和善的外衣，甚至以自由的或历史的或自然的名义，堂而皇之地走进人们的生活，并试图主宰这个社会。在这些观念的背后，各色各样的意识形态总是喜欢用命令、欺骗乃至恐吓的方式，妄图阻断人们寻求真理或正确意见的路途。

历史毕竟是历史，它既有虚幻的一面，也有真实的一面。世界各国的宪法变迁与宪政实践的历程一再告诉人们，任何制度连同它的理论如果僵化到无法自我完善的时候，它就已经“病入膏肓”而无法自救了。现今的人们已经意识到，虽然各种各样的宪法观念及其宪政实践与立宪自由主义无法割裂，虽然“天赋权利论”、“个人自由主义观念”和“个人权利平等学说”等在立宪主义的发展进程中至今仍占据着主导地位，甚至被看作宪政精神的根本所在，但如果掀开蒙在宪法上的神秘面纱，人们就会发现，这些自由主义的价值观虽然各不相同，但宽容作为其内涵却是不可或缺的。而自由主义的发展历程和实践经验一再告诉人们，如果自由主义不将宽容纳入其基本理论体系的话，这些价值观要么发生冲突，要么无法全然落实其实践之效能。可以说，宽容（不是自由、民主、平等等观念）是宪法和宪政精神的根本所在。或言之，真正的宪法必定是具备宽容精神的，宽容乃是判断宪法和宪政优劣的一个重要标准。①

然而，由于宽容在宗教、伦理学、心理学和社会学等领域的广泛影响，使得其在宪法学领域的含义，在今天看来，似乎已经无法被人们所真正知晓，恰如松特海默尔（K. Sontheimer）所言："宽容在今天已经过度地变成一种无差别的恶习，其真正的涵义已经无法被认识到。"②

二

形成宽容理念及其相关原则的早期人类心灵活动③所引起的种种后果，可以从古希腊智者学派和古典哲学著作中觅得它的踪迹，也可以在古代政治城邦和古罗马共和国的宪政实践中寻到它的身影。在本书第一章我将指出，在古希腊政治城邦时期，宽容就已经以混合政体（Politea）的形式萌芽，并见诸于对"最佳政体"

① 国内类似的见解，如"政治的自由是一切自由的根本，没有宽容，就没有自由"（胡适："容忍与自由"，欧阳哲生编：《容忍比自由更重要》，时事出版社 1999 年版，第 775 页）；"以平等、自由为基本价值诉求的现代宪法应当体现政治的宽容；换言之，政治宽容，应当成为现代宪法的基本精神之所在"，"现代社会的立宪体制应当是一个开放而'宽容'的体系"（江国华：《宪法哲学导论》，商务印书馆 2007 年版，第 460 页）；"宽容和宪政二者合则两利，分则两害"（陈斯彬："宪政秩序的宽容品格"，《理论导刊》2006 年第 12 期）；"和谐社会的宪政之道是一条宽容之道"（秦前红、叶海波："宽容：和谐社会的宪政之道"，《法学论坛》2005 年第 4 期）等。

② 转引自〔德〕考夫曼：《法律哲学》，刘幸义等译，法律出版社 2004 年版，第 453 页。

③ 从宽容理念的起源来看，它可以被归结为人类心灵的一项古老而无法取消的活动。这种活动不是政治权威或者宗教权威所造成的，但却是与权威相伴而生的，如果它没有被享有权威的共同体所克服，享有权威的共同体就会接受它的惩罚，并丧失其作为权威而发号施令的力量。

或“优良政体”(Best Regime)的哲学沉思和对“平等自由”的古典诠释。在历经希腊化时代对专制和不宽容的反思之后,它才通过斯多葛学派的自然平等原则建立起古代宽容的早期理论。① 其后我将在本书第二章对古罗马共和国的混合政体及其自然法法治实践进行考察,以期在古罗马共和国法治实践与发展的历史脉络中把握“古代宪法”的宽容精神,并力图阐述以下见解:“古代宽容”②藏身于古罗马共和国的混合政体中,在经过希腊历史学家波利比乌斯和罗马法学家西塞罗的理论系统化后,为后世的宪政制度设计提供了平衡政体(或制衡政体)的鲜活例证和理论源泉。同时,与古罗马共和国建立的混合政体相契合的“根本法”的概念、蕴涵宽容理念的自然法思想及其法治实践,则为近代立宪自由主义“宽容的天赋权利论”及其实践奠定了谱系学上的基础。

然而,在现今的大多数学者看来,罗马混合政体的宽容品格、蕴涵宽容精神的自然法思想及其法治实践,只是古代政治法律史上的一个特例,它并没有进一步催生“现代宽容”③。在一些学者

---

① 在西方的古典哲学中,宽容(tolerantia)是作为一个睿智的人的一种潜在品质,特别倾向于对个人品德的关注。在西塞罗的哲学体系中,它被作为一种绝对的价值,不只是简单地宽容某个人或事,而是按字面含义去容忍任何东西。这种斯多葛派的宽容形式,被作为个人之间的一种不顾差异性而给予平等的尊重,并作为肯定的术语引领了前现代。因而可以说,古代宽容是一种为维护共同体自由而强调非差异性平等的观念认识。这种平等观并不以权利为其逻辑的基础,虽然它与歧视相关联,但并不关涉不同社会集团或阶级的平等问题。

② 古代宽容指的是一种以自然平等原则为基础的、不顾差异性的平等观念,强调的是共同体的自由而非个人自由。

③ 现代宽容指的是一种以自然权利为基础的,对不同的思想、价值观念和行为给予认可与尊重的观念认识。只有在自由主义政治哲学那里,宽容才真正与个体自由发生关联,并经过自由主义的理论发展,逐步内化于自由、平等和民主等价值观念中,成为这些价值观应有的内涵,甚至被认为是(真正的)自由的一个必然结果。详细阐述请参见第三章第三节“宽容的论证”部分。

看来，基督教“生而平等”的隐讳表达和“宽容法令”的最终确立，已经足以证明现代宽容来自宗教宽容，但也有一些学者基于“宗教本身是不宽容的”的认识对此予以否定。那么，现代宽容是否根源于宗教宽容呢？对这个问题的回答，可以从两个方面来认识：一是现代宽容观的论证依据是什么；二是宗教宽容是不是现代宽容产生的直接原因。

一般而言，现代宽容主要是指由卡斯蒂利翁、斯宾诺莎、洛克、卢梭、莱辛，尤其是皮埃尔·培尔详细阐述的那种宽容的形式，是在自由的名义和大家所承认的原则下，别人按照我们所没有的或我们并不同意的原则思考和行动。① 从这些自由主义作家的著述可以看出，虽然基督教教义和宗教宽容是他们阐释的一个重要依据，但这些阐释既可以看作是对宗教宽容的认同，也可以看作是对宗教歧视与不宽容的反思，据此认为现代宽容的根源是宗教宽容的观念似乎并不确当。其次，从上述经典作家的论述中发现，那种宗教赦免型的宽容及其宽容（容忍）原则（toleration principle），离我所要讨论的现代宽容相去甚远。最后，在自由主义作家关于现代宽容的论证依据中，无论是早期洛克的“掌管灵魂的事属于每个人自己，也只能留归他自己”，还是中期密尔的“之所以要宗教宽容，是因为相信每个人都应当是作出道德判断的独立自主的个体”，都无法直接推论出“现代宽容根源于宗教宽容”的结论。而且，正如我在本书第三章第三节详尽阐释的那样，自由主义学者为宽容所作的辩护，虽然论证逻辑各不相同，但就其为自由主义“宽容的天赋权利论”进行辩护的目的而言则是一致的。

那么，宗教宽容是不是现代宽容产生的直接原因呢？在本书的第三章第一节，我将对此问题进行详细讨论。在此只需说明几

---

①　参见吉兰·瓦特洛：“人权与宽容的命运”，新慰译，《第欧根尼》1998年第1期。

点:第一,自由主义者为现代宽容所作的论证表明,宽容并不只是人们对宗教歧视与不宽容的反思之后所采取的一种权宜之计,而是根植于西方自由民主社会的一种特质,即"宽容是自由的必然结果"①。第二,中世纪"基督教帝国不等于世俗国家、教权也不等于王权"的政治现实,以及由此形成的教会权力与世俗权力并存的二元化社会结构,为现代宽容律法的产生奠定了社会基础,也为现代民主宪政国家普遍形成的国家与社会的"二元平衡"提供了早期渊源。说宗教宽容是现代宽容产生的直接原因,容易忽视它赖以产生的社会政治文化基础。第三,相关证据表明,即便是在中世纪后期,宗教和教派间的斗争仍然在很大程度上限缩着现代宽容的适用空间,这在某种程度上也说明了,宗教并不是产生现代宽容的根本缘由。第四,从现代宽容观的内涵以及阐释的依据来看,现代宽容的产生应当归功于哲学特别是自由主义政治哲学,其基础是欧洲内生的民主政治传统——"宽容的天赋权利论"。

但是,将现代宽容导源于自由主义政治哲学,并不意味着它只有在自由主义那里才找到自己的终极归宿。因为,将宽容导入自由的内涵的做法,虽然已经通过立宪自由主义②实践获得了实

① 关于宽容与自由的关系的正面阐述,自由主义学者主要有两种观点:一是宽容是自由(真正的自由)的必然结果;二是宽容是自由的应有内涵。虽然在表现形式上两者之间存在着明显差异,但并无本质上的不同。详细阐述请参见第三章第三节中"宽容与自由的关系"部分。

② 又称宪政自由主义(Constitutional Liberalism),指以自由主义为价值依归的立宪主义。而立宪主义(Constitutionalism)则是一种有关国家及其政治生活的规范性思想,其精髓在于通过宪法规范政府(作为国家之组织形式的政府)及其权力的行使,以保障人民的自由和权利。对于立宪自由主义者而言,立宪主义只是实现自由主义政治理想的一种手段或方法。如今,立宪主义的发展已经在某种程度上摈弃了极端自由的理想,将建立一个"自由平等"的宪政制度付诸实践,并取得了非凡的成就。就规范权力、保障人民的权利和自由而言,立宪自由主义标志着人类文明的一大进步。

际效能，并在维护其自由民主宪政秩序方面发挥着重要作用，但立宪自由主义至今仍然无法回避以下诘难：宽容是否仅仅在需要的时候才被拿来作为一种政治工具或者论据予以适用？宽容在立宪自由主义的发展脉络中，是否仅仅表现为一种"压制性宽容"(Repressive Tolerance)①？在信仰、良心和意见自由的宪法领域，宽容已经被自由和平等的观念所吸附，而这是否意味着谈论宽容问题已经变得毫无意义了？

在本书第三章的第二节、第三节以及其后的第四章、第五章，我将对上述问题进行讨论，在此只需指出：第一，不恰当的自由的概念会导向不宽容。自由，特别是那种极端的个人自由主义，会导致无政府主义的泛滥、个人贪婪欲望的宣扬和拜金主义、享乐主义的盛行，从而形成社会对弱势群体的不宽容。② 在自由资本主义发展的早期，经济获得了快速发展，但人的德性却开始没落。及至垄断资本主义时期，社会压制性力量的极度不宽容，便是建立在这种观念下的自由民主宪政体制运行的结果。第二，自由主义者为现代宽容所作的详尽阐释，并不意味着在自由主义者那里，可以将宽容看作一种终极的价值，也不意味着可以将宽容写入宪法。因为，自由主义者所要做的，不是为了宽容而论证宽容，而是用宽容来表达自由的观念。他们不是意图抛弃自由主义的

---

① 压制性宽容是指某种价值观及其原则基础上的宽容，或者说是一种将宽容看作非主流的、次生的价值。这种宽容观往往是以主流的价值或原则来规范国家和社会生活，宽容不过是维持其权威或统治地位的一种手段。中世纪后期的宗教宽容和自由主义的宽容，除策略性宽容(Tolerance Policy)的表现形式外，大都表现为压制性宽容。

② 例如在20世纪30年代的美国，出现了一大批关于自由的书籍和论文。大多数人都认为个人主义(指个人自由主义)作为一种能够自圆其说的哲学已经过时了，大萧条已经使自由的重新定义成为势在必行之事。参见〔美〕方纳：《美国自由的故事》，王希译，商务印书馆2002年版，第283页。

理想，而是意图将宽容纳入自由、民主、平等等内涵之中，以为宽容找寻适当的位置。以至于在今天，人们已经无法全然了解它的真实面貌，而只能从自由、民主、平等等自由主义的诸价值观念中，从具体的宪政制度和宪法原则中，觅得它的部分身影。甚或，当一个自由民主宪政体制因它的离去而轰然倒塌的时候，人们才会在惋惜之余回味它曾经的功绩："主取走了山石的精灵，赋予我鲜活的精神。"①

三

自20世纪以来，当自由主义民主宪政国家面对诸多社会现实问题（诸如少数人族群问题、贫富差距问题、社会歧视问题）时，为谋求更大多数人的政治共识，宽容被重新提上"议事日程"并付诸实践。一方面，宽容获得了更高的地位，成为政治多元主义和文化多元主义的一个重要原则；②另一方面，立宪主义者开始抛弃那种"压制性宽容"的理论阐释，在政体宽容、制度宽容以及宽容的实现等方面，将宽容运用于现代民主宪政国家的宪法规范、宪政制度设计及其运行当中，并通过宪法变迁与宪政成长予以张

---

① 参见《旧约全书》，转引自〔美〕乔治·F.麦克林："多元文化社会中的宽容精神"，邹诗鹏译，《求是学刊》2005年第1期。

② 对此，我国台湾地区学者李震山教授曾指出，在那些自由民主的社会里，多元价值并存与互动的现象受到高度肯定与正视。许多不同甚至互斥的价值得以兼容并蓄，实有赖宽容理念之阐扬与落实，无形中，宽容似乎已经成为尊重集体多元（包括文化、宗教、政治……）及个人自决权（人格、言论）的具体正面表征与修为。此时宽容的理念，广泛、普遍地使用在国家、人民、团体间各种互动组合关系中。参见李震山："论宽容与宪法"，刘幸义主编：《多元价值、宽容与法律：亚图·考夫曼教授纪念集》，（台湾）五南图书出版公司2002年版，第405页。

扬。时至今日，虽然立宪自由主义者倡导的仍然是一种“个人（部分）优先于国家（整体）”的观念，但共同体自由和个人自由、古代宽容与现代宽容的观念已经通过立宪主义者的诠释并存于当今西方社会的宪政体制中，不同的只是形式上谁占主导地位的问题（详细阐述参见第五章）。

在那些民主宪政比较成熟的国家或地区，宽容已经通过立宪主义实践获得了全新的生命力，并在某种程度上“疏远”了意识形态，成为达致“社会和谐”或“宽和宪政秩序”的关键所在。而新自然法学者、宪法（哲）学家所做的努力表明，宽容作为自由主义政治哲学的精髓，是一种更为基础的自然法观念，对于今天的法治乃至宪政而言，将仍然并且永久地发挥其不可替代的功能。

但是同正义问题一样，宽容很容易被看作一种理想的、非现实的和不可变更的自然所规定的知识体系。将自由主义的宽容看作宪政精神或宪法核心理念，必然要面对来自哲学的诘难。在施特劳斯看来，自由主义越向前发展越会导致文化多元主义，而文化多元主义的发展必然会导致自由主义的相对主义甚或虚无主义，并在某种程度上侵蚀着“自由主义”的固有领地和意识形态。他的“宽容的天赋权利论乃是不宽容的源泉”的哲学论断，虽然没能真正冲击自由主义的固有领地，但却使宽容的特殊性和重要性更加显露出来。

由此，宽容必须为自身提供一个正当性的声明，以回应来自哲学的诘难。这个正当性的声明，不仅能够为人们评价宪政制度是否符合宽容精神提供依据，而且能够为此提供方法论上的支撑。因为若要使宽容成为“科学认识的成果”，就必须将其建立在实践检验的基础上，并接受“客观有效性”的方法论的论证。既然宽容是在人们长期政治实践中获得的认识成果，一种理念而非一种价值，那它就必然支持一种多元的价值体系，其方法论也就不可能是那种价值绝对主义的产物——“历史决定论”或“价值绝对论”的方法。同时，施特劳斯对自由主义之“宽容的天赋权利论传统”的诘难无可置疑地表明，这种方法论既然不是相对主义的产物，自然不是相对主义的方法。因为，“相对主义掩盖它的价值尺度”，会导致虚无主义的盛行。

作为一种社会科学的认识结果，宽容的证成在方法论上必须坚持多元论与价值无涉的立场，在价值绝对主义和相对主义之间寻找自己的道路，以为宽容的正当性提供一种符合社会科学方法论要求的“辩护性论证”。为此在本书第五章，我将从整体与部分的哲学关系范畴出发，将宽容纳入宪法关系——国家与公民之间的关系——中予以再诠释；通过对“宽容宪政之理想模型”的分析和讨论，回应一直以来对宽容的怀疑和诘难；在超越自由主义政治哲学“宽容的天赋权论传统”的基础上，为宽容提供一个符合社会科学方法论要求的“辩护性论证”。除此之外，我将努力实现以下目标：“宽容”不仅可以获得比“自由”、“平等”更高的地位，而且可以成为判断“共同体自由”和“个人自由”是否滥用的一个重要准则。

不过，宽容固然可以在多元价值并存的理想的领地里有所作为，但如要获得指导实践的能力，就必须接受实践（经验科学）的检验。否则，它很容易成为一种纯然的理想而无法发挥其实际效能。对于经验科学而言，寻求宽容宪政的道路必定是曲折的、能够自我调适而不断缓慢变迁的。而这种变迁是否符合经验科学，还有赖于宽容能够时不时地为自己提供“辩护性的论证”。这一论证就其作为社会实践科学的方法论而言，必须成为人们自发的共同信念，方能发生实际效用。正如人们所看到的那样，世界上诸如英国、美国、德国和法国等主要宪政民主国家，为维护其国内政治和谐，不断完善其宪政体制和制度，在防范权力的不宽容和社会不宽容两个层面方面实践并调适着这一理想。就此而言，宽容宪政俨然已经成为西方民主国家维护其宽和宪政秩序的一个“实践的处方”。

四

宽容在宪法（哲）学上的诠释与运用，对于目前的中国社会而言尤为重要。由于一直以来政治理想主义在中国社会的不成熟（纯粹的“仇视”或采取“不合作主义”）及其屡遭失败的命运，导致现今的人们开始“忽视”对理念的考察，实证主义的风气弥漫于整个社会和学术界，人们只关心具体问题和解决具体问题。[①] 当问题无从解决的时候，人们又开始因法律体系和法律制度的缺陷而抱怨其不能解决所有的社会问题。有的人甚至走得更远，期冀在法治和宪政之外寻求出路。以至于现今的人们并没有以应有的宽容态度来处理法律乃至宪法问题，更无从谈及宽和的政治秩序与宪政宽容目标的实现了。

在中国传统文化中，宽容从来都是以“德性宽容”[②]的面貌出

① 实证主义的研究方法虽然对于目前的中国宪法学而言颇为重要，但欠缺本土理念支持的、拿来主义的、实证主义的研究方法很容易走向绝对化和意识形态化。

② 指我国传统上的那种道德宽容的形式。尽管人们会说传统儒家思想作为一种政治（哲学）思想，也包括诸如中庸、中和等宽容的观念，但因其未能建构与宽容之理想相契合的民主政治法律制度，且由于它在政治法律层面上表现为一种策略，故而只具有纯粹的道德意义。详细阐述请参见第三章第三节中“宽容与自由的关系”部分、第七章第一节和第三节相关部分的阐述。

现的。它在政治法律思想史上，从没有像西方的自然法观念那样扮演一个极为重要的角色。对于统治者而言，这种德性宽容不过是实现其有效统治的政治手段。它以不违背基本伦理规范为前提，并不包含对他人意见或行为的“认可与尊重”。有子曰：“其为人也孝悌，而好犯上者，鲜矣，不好犯上，而好作乱者，未之有也。君子务本，本立而道生。孝弟也者，其为人之本与！”（《论语·学而》）显然，对于封建社会奉行集权主义的统治者而言，倡导并施行一种与“家长制”相契合的“孝为仁之先”的伦理规范，在某种程度上可以达致维护君权至上权威的目的。

因此，在建设和谐社会和法治国家的今天，将政治宽容的理念引入中国，并通过宪法（哲）学上的诠释与运用，对于中国社会渐进式地摈弃“政治不宽容”的文化传统而言是颇为重要的。不过，建设“和谐社会”和“依法治国”的战略选择绝不是一句话、一个法律条款或是一个权威的表述就能够解决的。假使人们期冀在宪法变迁和宪政成长的历史长河中有所作为的话，对肇始于西方政治法律文化传统中的自然法观念挖掘的深浅，以及对它所衍生的宽容理念在我国政治法律体系和宪政体制中的借鉴与运用，将直接关系到中国宪政发展的本土化进程，并影响到法律体系的开放性及其实践效能。

为此，通过本书第六章和第七章的讨论，我将努力实现以下目标：作为一种生活方式，宽容能够成为指导宪法和宪政的一个核心理念，在建构宪政体制和防范不宽容的制度设计方面发挥功用，在人权原则、民主原则和平等原则尚未统摄的领域成为一个指导性的宪法原则，在宪法解释学里成为一种重要的解释方法。具体看来，主要包括以下五个方面：

第一，从纯粹权利保障的宪法属性出发，单纯从宪法权利保障所派生出的国家容忍义务，如果要成为一种积极的宪法权利诉求，成为要求国家的权利，就只有在与宪法规定的基本权利相关联的情形下方能提出。因而在通常情形下，全然可以依据平等权加以落实。但就权力的视角或宪法的组织规范而言，因为牵扯国家与公民的关系，宽容自然应当成为“公权力行使的一项普遍宪法要求”。在我看来，不能仅仅把它理解为一种公权力行使的“公德”，而是应当将它具体地实现于各组织规范制度中，以及在相关的宪法诉讼和宪法解释中依据宽容理念予以诠释，才能获得一个满意的结论。（参见本书第六章第一节）

第二，宽容理念及其指导实践所形成的宪政原则，有助于深入理解和把握宪法上的民主、自由（人权）和平等等价值观念，以保持国家自由（共同体自由）与个体自由（公民自由）之间的平衡。[①]（参见本书第六章第二节和第三节）

第三，宽容理念不仅是宪法和实在法律的基础，而且在保持法律的补救性上具有其他宪法价值观念所不具备的功用。在诸多宪法未列举权利的诠释方面具有无可比拟的优势。特别是在多元风险社会，诸如面对“安乐死”、“死刑存废”和“克隆人”等人权保障实践方面的问题时，由于“事涉伦理、宗教、哲学、政治等价值观，非单纯法律问题”，在不同领域依据不同的价值观念，往往会得出不同甚或截然相反的结论，而宪法意义下的宽容理念对此具有较大的运用空间。（参见本书第六章第四节）

第四，在宪法学方法论层面，人们在反对宪法学意识形态化的同时，似乎忽略了宪法作为政治法的那些问题。虽然这些问题

---

① 以往学界过于忽略这些原则背后的精神或理念，以至于在诠释诸如平等（保护）原则、人权原则、人民主权原则等宪法原则时，往往无法获得一个令人信服的答案。

往往也是政治(哲)学的研究范畴,但从宽容的宪政精神以观,社会世俗权力或权威必须受到一定程度的限制,以使之尊重或认可不同的价值观念来支撑多元价值体系。这种多元价值体系,要想求得“共生共存”而不至于使一种价值观念压制和歧视另一种价值观念,除了制度保障以外,还应当依赖一种多元论之方法论的支撑,而这种方法论首先应当能在宪法的政治属性与法律属性之间保持某种平衡。或者说,它应当采用政治属性的研究方法,以使宪法具有一定程度的开放性和反思能力,以便于能够及时与人们的政治观念认识达成一致。同时,它还应当采用法律属性的研究方法,以使宪法能够作用于实践并保持一定程度的稳定性和权威性,以使之成为真正的“实践的处方”。(参见本书第七章第二节)

第五,支持多元共存的方法论在处理公共事务时往往表现为一种“折中”(compromise)的处理方法而易受诟病,且宽容宪政毕竟是特定文化土壤的产物,只关注方法论而忽视其背后的文化因素,并不足以使之在宪法变迁与宪政成长的进程中发挥关键性作用。因而,必须在文化特别是宪政文化层面上对宽容问题进行认真考察与探究,以为中国的宪法变迁与宪政成长找寻文化上的根基。由此,对“宽容”的中西文化差异性及其法治(宪政)影响的对比研究,对中国民主的生成与德性宽容传统的分析和考察,以及宽容之于宪法变迁与宪政成长的意义剖析,则最为迫切而必要。(参见本书第七章第三节)

五

作为宪政精神(宪法客观精神)的宽容(tolerance),对于自柏拉图以来至休谟的“知性—激情—意志”三元结构的人学理论而言，显然不属于意志的范畴。在休谟看来，意志力属于激情，属于道德范畴而非认识论范畴。① 这里便涉及两个需要说明的问题，一是宽容与德性的区别问题。为防止我所研究的宽容问题陷入心理学或道德学的泥潭，本书所论及的宽容有别于作为激情组成部分的德性意义上的宽容（虽然德性宽容也是本书不能忽视的一个问题）。二是宽容作为理性或知性，其作用在于判断事实或关系，属于认识论范畴。认识论在涉及真理问题时会转化为两个方面：一个是事实上的必然性或规律性；另一个是关系上或因果上的必然性。由此，关于宽容问题的研究便涉及两个层面：一是关系层面的宽容；二是事实层面的宽容。对于宪法学而言，这两个层面的问题就转化为宪法意义上的宽容问题和宽容理念下的宪法问题。

宪法意义上的宽容，着重于解决关系层面的宽容问题，关注的是宪法的正当性，即宪法在规范和约束权力、保障自由和人权两个层面上获得一种正当性的论证。而宽容理念下的宪法问题，是指将宽容作为一种宪法价值要求，作为宪法规范构成的重要组成部分。② 在通常意义下，它体现为一种保持权力和权利、自由与平等之间平衡的一种价值取向，主要是对公权力及其行使的一项

---

① 休谟指出，理性和知性的作用在于发现真与伪、对与错，而真与伪在于是否一致于观念的实在关系或事实的实在实存。故而理性和知性的作用是判断事实和关系。任何性格或行为的善和恶，任何人的德性和恶行既不在于事实，也不在于关系。任何事实或关系自身既无所谓善，也无所谓恶，既无所谓德性，也无所谓恶行。因此，道德区别不可能源于理性，只能导源于情感。〔英〕休谟：《道德原则研究》“译者导言”，曾晓平译，商务印书馆2001年版，第5页。

② 详细阐述参见第六章第三节、第四节、第五节部分的内容。

要求。因而，应特别注重与实证地考察西方主要宪政国家的宪政制度是怎样体现宽容理念的，以及它在保持法律的补救性方面的实证运用。①

由于宽容理念同样也是伦理学和哲学所关注的，其在不同含义上的运用是导致宽容的观念暧昧含混和难于表达的主要原因。西方学术界在面对类似困难时所采取的研究路径可以为我提供大致的思路：一条路径是探讨理念的历史的路径，一条则是哲学的路径。但是，研究某一自然法理念的历史，“是一件令人望而生畏的工作，不管以往杰出的学者，曾经如何自信地设想它。”②同样，哲学的研究路径虽然能够解决历史所揭露而无法解决的问题，并能够发现存在的多个不同的理念传统，但却会使得这些理念“像鬼火一般的无可捉摸”。除此之外，任何理论都应当经得起经验或实证的考验。正如经验论者和实证论者主张的那样，正确的认识只能在观察“事实”的基础上以及在数学和逻辑学的领域内获得。理论如果不以事实为基础就会是空中楼阁。③ 但是，这并不是对可靠的科学方法这个问题的回答；相反，它本身就是问题。因为所谓的“科学的事实”并不是在偶然的观察或仅仅在感性材料的收集下所给予的。科学的事实总是含有一个理论的成分，亦即一个符号的成分。④

---

① 需要说明一点，本书将主要的精力放在宪法意义上的宽容理念及其对相应宪政体制、宪法制度和原则的解读上，并适当关照宪法意义下的宽容问题，但在叙述和论证方式上并没有做截然的分割。

② 〔意〕登特列夫：《自然法——法律哲学导论》，李日章译，(台湾)联经出版事业公司 1984 年版，第 2 页。

③ 参见〔法〕孔德：《论实证精神》，黄建华译，商务印书馆 1996 年版，第 9—10 页。

④ 〔德〕恩斯特·卡西尔：《人论》，甘阳译，上海译文出版社 2004 年版，第 81 页。

是故，本书采取一种混合的路径，即历史的、哲学的和实证的相结合的路径。这样的路径选择“既有助于挖掘理念本身，又有助于发现它的功能；既可以获得有关其本质的争论，又可以揭示其背后所隐藏的问题；既能够为制度建构提供价值依据，又能够实证地解决现实问题。援引狄尔泰的话来说明上述路径，就是：‘我们必须从心里方面去解释它，因而把经由它的媒介而运作的力量跟它关联起来。’”①

值得一提的是，书中有关历史的、哲学的和实证的内容的混合阐述仅仅是为了体系上的逻辑一贯性和论证的方便。因为本书所要探讨的宪政宽容，并非只是探讨该理念的历史，也不只是探讨哲学家们所关注的不同的理念传统，而是想探讨它作为一种宪法客观精神的正当性、对宪法制度和宪法原则的诠释与功用以及意图解决问题以及指导实践的能力。关于宽容的价值判断，不应仅仅被理解为一种“个人人格”的表现。关于宽容的经验实证研究，部分是为价值判断提供经验事实上的支持和说服力，部分是表达其实际的功用和解决现实问题的能力。关于宽容理念的历史文献的探究在文中所扮演的角色，只是为了说明以下问题：没有宽容，古希腊的政治联邦所成就的政体就不可能演变为代表民主法治国家普遍文明的普通法律；没有宽容，中世纪的宗教团体与世俗国家的结合就不可能；没有宽容，自由与平等的伟大理想就不可能进入人们的心灵；没有宽容，1787 年美国宪法所确立的宪法制度就不可能实现其伟大的理想。

---

① 〔意〕登特列夫：《自然法——法律哲学导论》，李日章译，(台湾)联经出版事业公司 1984 年版，第 7 页。

第一章　古希腊政治哲学与宽容的起源

宽容就像天上的细雨滋润着大地。它赐福于宽容的人，也赐福于被宽容的人。我们应该学会对别人表现宽容……

——莎士比亚

探讨宪政宽容是什么的问题，迫使人们思考："在宽容宪政产生的西方社会，现代宽容的早期渊源是什么？"对该问题的回答有助于进一步明晰宽容是人类社会从来就有的观念，还是特定历史阶段的观念上的产物。

在主流学者那里，现代宽容被认为是肇始于宗教宽容。但在本书第三章我将力图阐明，现代宽容是在对宗教歧视与不宽容反思的基础上，伴随着西方政治哲学的近现代转向而产生的。但这并不意味着，现代宽容只是自由主义政治哲学的产物。近期西方学者的一些扩展性研究表明，现代宽容在西方有着更为古老的哲学传统："现代宽容的出现不是一个简单的从无到有的过程，而是经历了从古希腊到中世纪再到现代的不断演变的过程，是人们在历史与现实的激荡中逐渐领悟到的一种智慧结晶。"①

---

① 尼德曼在《差异的世界：1100 年到 1550 年欧洲的宽容论说》一书中对中世纪的宽容思想进行了概览式的分析。他反对把中世纪描绘成一个统

那么,现代宽容的早期渊源是什么？通过对古希腊政治哲学史的考察我发现,宽容早在古希腊政治城邦时期就已经以“波里德亚”(Politea)的形式萌芽,并见诸于古希腊政治哲学家们对“最佳政体”的哲学沉思和对“平等自由”的古典诠释之中。而在历经希腊化时代对专制和不宽容的反思之后,它才通过斯多葛学派的自然平等原则建立起宽容的早期理论。

第一节　对“最佳政体”的哲学探求

对宽容的理解和把握,离不开对古希腊政治哲学的考察,“在希腊哲学的多种样式之中,差不多可以找出以后各种观点的胚胎、萌芽”①。西方学界一般认为,早期的宽容可追溯至古希腊的斯多葛(Stoa)学派。但是这种见解乃是基于斯多葛学派所发展的“自然平等原则”而言的,对宽容理念的挖掘并没有历史的逻辑性,因为有前现代的政治社会的存在。况且,这种观念还容易混淆心理学、伦理学、政治学和法学领域的宽容的内涵,最为显著的是容易忽略政体宽容问题。

在古希腊的政治哲学中,宽容蕴涵于“平等自由”②的观念中,而“平等自由”的观念与古希腊出现的“波里德亚”(Politea,通常被

一的迫害型社会,也反对把宽容当成欧洲发生宗教战争时洛克和启蒙思想家的发明。他认为宽容理论在中世纪已经开始繁荣,在自由主义产生之前就存在关于宽容的富有创造性的思想,因此他详细讨论了基督教内部提出的各种应对宗教、文化、民族和种族差异的思想。参见刘曙辉:“宽容:历史、理论与实践”,《哲学动态》2007 年第 7 期。

① 《马克思恩格斯选集》(第三卷),人民出版社 1972 年版,第 468 页。

② 对古希腊政治城邦而言,“平等自由”强调的是共同体的自由而非公民的自由,指的是平等意义下的自由,亦即建立在平等基础上的自由,以与自由主义的“自由平等观”相对照。

误译为“共和政体”)有着不可分割的内在关联性。根据权威学者们的观点,“波里德亚”指的是有别于东方专制主义的希腊世界的那种公民社会的制度和生活,其首要含义是人类有关政治权力的实际安排。它并非现代宪法指涉的一个国家的基本法,而是在与“法律”相对的意义上使用的,是一切法律的源泉。①

“波里德亚”并非今天所言的“共和政体”,而是一种“混合政体”的形式。对此,亚里士多德曾给予清楚的界分:

> “波里德亚”的通义就是混合这两种政体(寡头政体和平民政体)的制度;但在习用时,大家对混合政体中倾向平民主义者称为“共和政体”,而对混合政体中偏重寡头主义者称为贵族政体。②

这种“混合政体”③虽然在形式上体现了今天所言的“共和政体”的某些特征,但在实质上是一种有缺陷的民主政体或民主制④,因为那时的“行政权不是掌握在少数人手里,而是握在多数

① 参见〔美〕列奥·施特劳斯:《自然权利与历史》,彭刚译,生活·读书·新知三联书店2003年版,第137—139页。

② 〔古希腊〕亚里士多德:《政治学》,吴寿彭译,商务印书馆1981年版,第201—202页。

③ 通常是指权力被贵族、平民和君主三种不同的制度实体分享的模糊概念。需要指出的是,古希腊出现的所谓“共和政体”与当今的“共和政体”相去甚远,称其为“混合政体”似乎更为恰当。但为了保持观念用语的连续性,在表述时,多数情况下我仍将使用“共和政体”而非“混合政体”。

④ 共和政体是与君主政体相对应的概念,民主政体有时也称为民主制,是与集权制相对应的概念。共和政体中国家的权力机关是由选举产生的,因而实质上属于民主政体或民主制。君主政体通常是指君主世袭制,如果其权力的行使体现为大多数人的利益和意志的话,本质上也属于民主政体。

人手中”①。对此，亚里士多德曾指出：

> 至于由多数决议以行政令则是所有这些政体（指的是君主政体、贵族政体、民主政体及其对应的三种异化形态——笔者注）一律相同的。凡享有政治权利的公民多数的决议无论在寡头，贵族或平民政体，总是最后裁判，具有最高权威。在许多城邦中，所谓共和政体这种类型都假借了一个比较好听的名称。②

关于这种混合政体（共和政体）在本质上属于直接民主制的生活方式，还可以从 Politea 的下述含义中管窥一斑。在希腊文中，Politea 指的是一种“政治城邦（Polis State）的生活方式”。一方面，这种生活方式，将公民美德（即现代人的道德修养）做了私人性与公共性的链接，从而使得个人的自我价值与政治城邦共同体的公共价值之间没有任何分别；另一方面，贺拉斯兄弟的誓言表明，在古希腊政治城邦中，个人的价值选择必须符合共同体的价值选择，而维系这种价值一体化的是城邦的公民身份（Polites）。可见，这种生活方式与当今自由民主国家的现代公民生活方式颇为不同，是一种个人事务与城邦事务一体化（与习俗、习惯法和对神的崇拜有着密切关系）的生活方式。它更加强调共同体自由，个体自由（主观自由）在其中并没有独立的空间和地位：

---

① 伯里克利在公元前 431 年雅典将士的葬礼演说中指出：“我们的政体确可以称为民主政体，因为行政权不是掌握在少数人手里，而是握在多数人手中。”〔美〕斯塔夫里阿诺斯：《全球通史——从史前史到 21 世纪》（上），吴象婴等译，北京大学出版社 2005 年版，第 107 页。

② 〔古希腊〕亚里士多德：《政治学》，吴寿彭译，商务印书馆 1981 年版，第 202—203 页。

在他们之中占统治地位的习惯是不假反思地为祖国而生存。①

在我们这里，每一个人所关心的，不仅是他自己的事务，而且也关心国家事务；就是那些最忙于自己事务的人，对于一般政治也是很熟悉的——这是我们的特点：一个不关心政治的人，我们不说他是一个注意自己事务的人，而说他根本没有事务。②

维系政治城邦的生活方式，既然是一种公民的生活方式，那么基于“民主是正义的基本形式”③，该生活方式在限制权力的滥用方面就已经具备了政体宽容的品格。④ 对此，柏拉图在《理想国》一书中，曾借用苏格拉底的话叙说道：

由于这里容许有广泛的自由，所以它包括有一切类型的制度。⑤

这种制度（指民主制度——笔者注）是宽容的，它对我们那些琐碎的要求是不屑一顾的，对我们建立理性国家时所宣布的庄严原则是蔑视的。我们说过除非天分极高的人，不从小就在一个好的环境里游戏、学习、受到好的教养，是不能成长

① 〔美〕列奥·施特劳斯、约瑟夫·克罗波西主编：《政治哲学史》(下)，李天然等译，河北人民出版社 1998 年版，第 853 页。

② 参见伯里克利在阵亡将士葬礼上的演说。

③ 〔德〕考夫曼：《法律哲学》，刘幸义等译，法律出版社 2004 年版，第 228 页。

④ 关于政体宽容与民主的关系问题，参见第四章第二节“政体宽容：优良政体的理性选择”部分。

⑤ 〔古希腊〕柏拉图：《理想国》，郭斌和、张竹明译，商务印书馆 1986 年版，第 332 页。

为一个善人的。民主制度以轻薄浮躁的态度践踏所有这些理想，完全不问一个人原来是干什么的，品行如何，只要他转而从政时声称自己对人民一片好心，就能得到尊敬和荣誉。①

自由……是民主国家的最大优点。也因为这个原因，所以这是最富于自由精神的人们最喜欢去安家落户的唯一城邦。②

这种生活方式，因其能够有效地控制整个公民社会和消除公民内部的利益冲突而表现出很大的优越性。在政治城邦鼎盛时期的古希腊人看来，祖传的就是好的，对习俗的尊重和对诸神的崇拜是合于自然的，因而符合自然的生活是人在城邦中的集体生活，而城邦则是个人生活的目的和归宿。这在法律实践中的一个重要体现是：元老院和公民大会通过习惯法严密控制着整个公民社会，并使城邦的习惯法获得了前所未有的权威。

但是，这种生活方式也有其天然的缺陷：一方面，虽然民主下的平等观念和政治热情可以提供弗里德里希·沃特金斯所言的“法律下的公民自由”的政治理想，但个人事务和城邦事务的一体化，使得习惯法具有极端保守的内在倾向；另一方面，维系古希腊政治城邦的习惯法容易走向正义的对立面。多数民主所导致的“阶级立法”以及贵族派与民主派的政见之争，使蕴涵宽容理念的“共和政体”无从真正得以建立。

由于上述缺陷，古希腊政治城邦备受古典政治哲学家们的诟病。在他们看来，城邦的生活方式只是人类事务和人类理性的产物——一种非自然的产物。因为，“好的生活，合于自然的生活，

---

① 〔古希腊〕柏拉图：《理想国》，郭斌和、张竹明译，商务印书馆 1986 年版，第 333 页。

② 同上书，第 339 页。

是生活在公民社会边缘的哲学家的退隐生活。致力于公民社会和服务他人的生活,不是合于自然的生活"[①]。而这恰是古希腊时期的自然哲学家们对古希腊政治城邦时期的民主政体表达"集体失望"的根本原因。

无论是苏格拉底,还是柏拉图、亚里士多德,都不同程度地对今天颇受欢迎的民主政体的缺陷给予了关注和诟病。在他们看来,如若要使得明智者的统治依赖于不明智者的选举或同意,那就是将本性较高、适于统治的人屈服于本性较低的人,那就是违背了自然。[②] 对此,柏拉图在《理想国》的对话录中借用苏格拉底之口叙说道,在民主政体下,每个公民都享有充分的言论自由和行动自由,可以随心所欲,这是一种使人乐意的无政府管理的花哨形式,这种制度不加区别地把平等给予一切人,不论他是或不是管理者。民主政制不以"善"为依归,过分追求自由会导致民主崩溃。民主政体发展到极致就成为僭主政体。这是一种最坏的政体,因为极端的、可怕的奴役总是从极端自由中产生。无论在个人方面还是在国家方面,极端自由的结果只能变为极端的奴役。[③] 难怪亨德里克·房龙在《宽容》一书中认为,柏拉图"是所有古代导师中唯一一个出于对完美精神世界的纯粹热爱而鼓吹一种不宽容学说的人"[④]。

---

① 〔美〕列奥·施特劳斯:《自然权利与历史》,彭刚译,生活·读书·新知三联书店 2003 年版,第 114 页。

② 同上书,第 142 页。

③ 参见〔古希腊〕柏拉图:《理想国》,郭斌和、张竹明译,商务印书馆 1986 年版,第 339—342 页。在这里需要特别注意的是,柏拉图所谈的自由是一种整体概念下的"平等自由"的观念,与我们今天所谈及的个体自由和权利的观念有着根本性的区别。

④ 〔美〕亨德里克·房龙:《宽容》,晏榕译,国际文化出版公司 2007 年版,第 26 页。

第二节　对自然的终极关怀和对“平等自由”的古典诠释

如前所述，政治城邦中的直接民主制的公民生活方式，可以很好地约束权力以服务城邦的集体生活。在这一点上，古希腊政治城邦已然具备了政体宽容①的品格。那么，试图探求“最佳政体”或“优良政体”的古典政治哲学，是否已经“发现”了宽容的概念或政体宽容的意义呢？

根据萨辛对前现代宽容理念的研究，“尽管柏拉图和亚里士多德没有提出宽容这个概念，但是他们的思想中都包含有对差异的容忍，特别是亚里士多德的审慎的概念”②。但很显然，虽然“宽容”的概念已经在古典政治哲学中萌芽，但柏拉图和亚里士多德思想中“差异的容忍”和“审慎”的概念所意图说明的只是一种与谦虚和自制相关联的德性观念，与现代宽容的观念还相去甚远。那么，到底是什么原因导致这些著名的自然哲学家们没有“发现”宽容的概念呢？

在我看来，古典自然政治哲学之所以没有发现“宽容”的概念或“政体宽容”的概念，与古典政治哲学家们对自然的终极关怀不无关系。在古希腊哲学的多种样式中，对自然宇宙观的认识占据着重要

---

① 所谓政体宽容，是指一种宪政体制能够防范来自国家和社会（个人）两个层面的歧视与不宽容。换句话说，某种宪政体制如果能够防范这两个层面的不宽容，那它就是一种宽容的宪政体制。详细阐述请参见本书第四章第二节。

② Sahin, Bican, *An Investigation of the Contributions of Plato and Aristotle to the Development of the Concept of Toleration*, University of Maryland, 2003. 转引自刘曙辉：“宽容：历史、理论与实践”，《哲学动态》2007年第7期。

的位置。古典哲学对最佳政体的探求及对古希腊时期存在的各种政体形式的诟病,与自然的发现有着紧密的逻辑关联性:

自然一经发现,区别于神话的哲学就出现了,第一位哲学家就是第一个发现自然的人。整个哲学史不是别的,就是记录了人们反复不断地试图充分把握那一至关重要的发现的内涵。①

在古希腊时期的哲人们看来,一切现象包括人类的道德现象,都来自物质的宇宙世界,是“某种一般的和简单的规律的现象”。对此,梅因在其《古代法》一书中指出:

最古的古希腊哲学家习惯把宇宙结构解释为某种单一原则的表现,这种原则,他们有不同的看法,认为是运动、是强力、是火、是湿气、是生殖。“自然”的最简单和最古远的意义,正是从作为一条原则表现的角度来看的物质宇宙。……这里,像以前一样,他们所理解的自然不仅仅是人类的社会的道德现象,而且是那些被认为可以分解为某种一般的和简单的规律的现象。②

自然的发现极大地影响了古希腊哲人对政治事务的态度,并对古典政治哲学产生了非凡的影响,人们乐于用自然来解释一切现象,既包括自然界的现象,也包括人类社会的道德现象。在他

① 〔美〕列奥·施特劳斯:《自然权利与历史》,彭刚译,生活·读书·新知三联书店2003年版,第83页。

② 〔英〕梅因:《古代法》,沈景一译,商务印书馆1959年版,第31页。

们看来，人类能够认识自然，并就掌握自身的命运以及对自身的行为承担道义上的责任。从普罗泰哥拉的“人是万物的尺度”，到苏格拉底的“认识你自己”，再到亚里士多德的“人天生是政治动物”，这些著名的论断都无一例外地体现着对自然的终极关怀，也无一例外地反映了：人类已经走出了黑暗的自然洞穴，并打开了知性的天窗。

这种自然宇宙观，这种自然的关照，也体现在对“平等自由”的古典诠释中，如柏拉图曾借助一位智者的话说：“你们在这里的人，我看都是亲戚关系。”亚里士多德也曾说过：“国家不过是平等人的联合，以便共同达到一种幸福和便利的生活。”显然，并不像一些学者所说的那样，柏拉图和亚里士多德并非不重视人类事务上的平等，而是出于对自然的终极关怀，使得他们不得不去寻求一种“合于自然的”平等。

但这并不意味着，古希腊政治城邦时期的哲学家们已经发现了蕴涵宽容理念的“平等自由”的观念。相反，他们在探求“最佳政体”时却走入了“自然困境”而不能自拔。在柏拉图看来，最好政体的独具特色的制度是“合于自然的”，并且“与习俗相反对”，而相反的制度——它们比比皆是，都是习俗性的——是“违背自然的”。[①] 而在最伟大的早期古典政治哲学家亚里士多德看来，既然自然的不平等是合乎自然的，那么不平等就是合乎自然法理念的。这种对自然的终极关怀，使他无法意识到民主政体所蕴涵的平等的现代内涵，而是以自然为标准来论证人类的不平等：

非常明显，世上有些人天赋有自由的本性，另一些人则

① 参见〔美〕列奥·施特劳斯：《自然权利与历史》，彭刚译，生活·读书·新知三联书店 2003 年版，第 122 页。

自然的成为奴隶，对于后者，奴役既属于有益，而且也是正当的。①

人类的分别若符合于身体和灵魂，或人和兽的分别，——例如在专用体力的职务而且只有在体力方面显示优胜的人们，就显然有这种分别，——那么，凡是这种只有体力的卑下的这一级就自然的应该成为奴隶，而且按照上述原则，能够被统治于一位主人，对于他实际上较为适宜，而且有益。所以，凡自己缺乏理智，仅能感应别人的理智的，就可以成为而且确实成为别人的财产（用品），这种人天然就是奴隶。②

亚里士多德在《政治学》中的上述论点，虽然受到现当代学者们的普遍诟病，但就自然哲学的视角来看似乎并无不当。因为在古希腊政治城邦，由于强调共同体自由，超个人主义的价值亦即整体人格的价值被视为"最高善"。个体为整体而存在，城邦共同体的利益高于城邦公民的利益，而不是相反。在古典哲学家们看来，既然符合自然的绝对平等是不存在的，那么城邦的生活方式及其制度就不符合"各得其份"的自然法则。也就是说，对于最佳政体的哲学鹄的而言，人们通过习俗或者法律所确立的各种制度，并不符合自然的"伦理善"③。为此，施特劳斯在其《自然权利与历史》一书中为古典政治哲学派们辩解道：

---

① 〔古希腊〕亚里士多德：《政治学》，吴寿彭译，商务印书馆 1981 年版，第 16 页。

② 同上书，第 15 页。

③ "伦理善"是任何时代的哲学家们都在探究的问题。迄今为止，已经产生了不少的"最高善"的观念，如快乐论、幸福论、实用论、功利论、伦理完美论等。

> 由于人们在人类的完善方面亦即在至关重要的方面是不平等的，一切人的平等权利对于古典派来说，就是最不公正了。①

施特劳斯为古典政治哲学所作的上述辩解，是建立在“善优先于权利”的古典观念之上的。这种推崇“整体的善优先于个体”的观念，曾经占据了古典政治哲学的全部，在这里我不想过多地阐述，但在本书第三章第二节，我将会在与自由主义政治哲学相对应的意义上对此问题重新讨论。在此需要指出的是，虽然人类是自然世界的组成部分，但人类因其非自然的理性而与自然相区别。正如进化理论所表明的那样，人们可以基于理性的思考和行为来改造自己，并创造性地拓展人的可变性和多样性。由此，人类创造的“与自然相反对”的平等或不平等便得以产生，古典政治哲学的“自然宇宙观”，因忽视人的可变性与多样性而无法避免走入“自然困境”。而那种建立在自然不平等原理基础上的、各得其份的、柏拉图式的“蚂蚁共同体”在人类社会注定是无法实现的。

从上面的分析可以得出以下结论，即古典政治哲学因陷入“自然困境”而无从“发现”蕴涵宽容理念的平等观，更无从发现宽容的概念和政体宽容的意义。在现今的人们看来，古希腊政治城邦体现出来的“非自然的平等”，并非当下自由主义者们所追求的——“作为人(性)的尊严”——人人平等的自由平等观。② 这从现代人对古希腊政治城邦的评价中可以得到类似的印证。法国空想社会主义作家皮埃尔·勒鲁在其《论平等》一书中断言，古代

---

① 〔美〕列奥·施特劳斯:《自然权利与历史》，彭刚译，生活·读书·新知三联书店 2003 年版，第 136 页。

② 自由平等与个人自由和自然权利(或言带有某种迷信色彩的“天赋人权”)的观念相勾连，是一种推崇个体自由优先于共同体自由的平等观。

不存在平等。他指出：

> 人与人之间的平等，公民之间的平等，这是一个概念的两个不同侧面。如果在概念上把这两个不可分割的侧面割裂开来，那就等于扼杀这个概念。假如你们只要求在城邦内实现平等，这样的平等就受到了限制，失去了普遍性，就不成其为原则，而变成为一种利害关系。这就不再是平等了，因为这既是平等，又是不平等。①

无独有偶，法国另外一位哲学家库朗热也曾断言，古代根本不存在自由甚至是自由的观念②：

> 古人既不知道什么私人生活自由，什么教育自由，也不知道什么信仰自由。在这样的一个可以说是神权的国家之下，个人算不了什么。古代国家不像近代，只有针对公民的司法权。它可以制裁任何人，即使他是无罪的，只要它觉得他有损于自身的利益。③

---

① 〔法〕皮埃尔·勒鲁：《论平等》，王允道译，商务印书馆1988年版，第80页。

② 库朗热在此处所言的古代，指的是罗马之前的古代城邦国家。这从他写作该书的篇章结构中可以看出。《古代城邦——古希腊罗马祭祀、权利和政制研究》一书共分五卷，库朗热下断言的一章是卷三最后一章（第十八章），而在其后的卷四和卷五，作者论证了个人权利和政制的改革，在卷五（城邦制度的消失）第一章（新的信仰；哲学改变政治规则）中，他指出："这种个人人性的美德逐渐地深入人心，久而久之，它成了政府都须重视的力量，所以政治的准则必须转变，以便使个人的美德在其中拥有一个自由的地位。"

③ 〔法〕库朗热：《古代城邦——古希腊罗马祭祀、权利和政制研究》，谭立铸等译，华东师范大学出版社2006年版，第213—214页。

> 认为古人有自由的权利，这是近人误解中的一种特别误解。就是关于自由的观念，古人也未曾有过。①

虽然以现代人关于平等和自由的观念作为标准来评价古希腊政治城邦，很容易得出古希腊政治城邦不存在平等自由观的上述论断。但是，如果对此观念进行反省的话，人们就会发现这样的结论也许是过于主观了。这种体现“非自然的平等”的城邦局限性②，虽然导致政治城邦既无法时刻为公民利益着想，也无法保证个人能够为城邦尽到自己的效忠义务，既破坏了共同体自由，又侵害了个人自由，但人们仍然不能否认以下事实：古希腊政治城邦毕竟是在比较平等的联盟的基础上发展起来的，以公民权利为基础、以公民自愿服从城邦的法律为特征的自由的共同体。

这一共同体，虽然没有获得早期古典政治哲学家们的青睐，但仍然与宽容理念发生着某种勾连。因为就城邦内的“公民”无差别地享有参与共同体生活而言，它已经天然地蕴涵有宽容的意蕴。就奴隶制社会而言，希腊文明尤其是雅典式的希腊文明，虽然受制于当时的历史条件，但在其发展过程中仍然包含了现代社会普遍遵从的平等、自由和理性主义等政治理想，因为“就不是奴

---

① 〔法〕库朗热：《古代城邦——古希腊罗马祭祀、权利和政制研究》，谭立铸等译，华东师范大学出版社 2006 年版，第 214 页。

② 在我看来，城邦的局限性主要包括以下五个方面：一是城邦太小，不利于抵抗外部侵略，致使城邦为了安全的考虑而不得不最大限度地限缩个人自由的空间；二是因财富增长和阶级划分导致的派系纠纷；三是作为城邦赖以存在的政治基础的公民身份，不能跟随社会一同拓展，致使无法实现城邦利益与个人利益的统一；四是因人们无法对抗强权，只好寻求通过武力解决问题的方式，彰显了权力至上的观念，为权力持有者随意压制个人自由提供了空间；五是基于特定的历史条件，宽容与妥协无法成为城邦全体成员的共同政治生活方式。

隶的任何人受到压制而论,他屈从的是多数人的统治"①。正是在这个意义上,古希腊政治城邦的政治实践为宽容理论的进一步孕育做出了不可磨灭的历史贡献。

第三节　对"次好制度"的寻求和宽容理论的早期建立

如前所述,早期的古希腊政治哲学虽然源自对自然哲学的自恃而没有"发现"宽容的概念和政体宽容的意义,但却已经开始了从"关注自然"到"关注人类事务"的转变。

苏格拉底试图寻求从"常识世界"出发去了解作为自然之构成部分的人类事务,期望通过一种被其称之为"辩证法"的哲学—— 一种交谈或友好辩论的艺术,从人们关于人类事务本性的意见出发,了解人类事务的本性。这种"交谈或友好辩论的艺术",其真实目的在于通过意见(他所称的"被污秽了的片段")寻求"合于自然的真理"。然而,意见是否会达至真理,往往有赖于所有人在有关正义原则的问题上持有一致的意见。这种一致意见的获得,恰如后来者罗尔斯在其《政治自由主义》一书中迫切想实现的"共同信念"一样,由于无法控制它赖以实现的条件,而被实践地证明并不容易实现。

苏格拉底依据"自然标准"对最佳政体的探求并不成功。由于公民社会尚未发育成熟,近现代意义上的个体自由的观念赖以存在的政治、经济、文化基础并不存在,而传统习俗主义的力量让

---

① 〔美〕菲利普·李·拉尔夫、罗伯特·E.勒纳、斯坦迪什·米查姆、爱德华·伯恩斯:《世界文明史》(上),赵丰等译,商务印书馆1998年版,第263页。

他始终徘徊在习俗与自然真理的张力之间不能自拔，并最终导致他成为习俗主义的牺牲品。苏格拉底的死“迫使”他的弟子柏拉图“试图”在理论上论证最佳政体的可能性。如果我们通读《理想国》会发现，柏拉图所关心的恰是苏格拉底一直以来努力寻求和实践的“宽和的政治秩序”之哲学鹄的，而《理想国》似乎只是证明一个既定的事实：自然的最佳政体只有在最有利的条件下才成其为可能。

在直接民主的城邦生活方式下，制度通常来自于习俗。而习俗主义必定认为“祖传的就是最好的”。要使这种来自习俗的制度不至于过分地脱离“自然的标准”，就必须解决“次好的制度”与“自然的标准”之间的内在冲突问题。在古典哲学派看来，就次好的制度而言，合于自然的法律必然要求真正的合于自然的德性，而这往往与人为的或习俗性的德性相反对。① 所以，古希腊的政治哲学家们非常重视“德性”和“理性”的观念。柏拉图在《理想国》中之所以提出要哲学家治国，乃是因为哲学家“合于自然”的德性恰是弥合“次好的制度”与“自然标准”之间内在冲突的关键所在。如此看来，柏拉图政治思想的真正落脚点不是体现在《法律篇》之中，而是体现在《理想国》之中。

但是，诚如柏拉图所指出的那样，哲学家治国是由哲学家的德性所决定的，但就哲学家的本性而言，统治权并不是他们所乐于享有的。因而，柏拉图不得不求助于“高尚的立法者”，而亚里士多德虽然已经开始背离辩证法的哲学传统，并转而走向一种更加面向政治现实的哲学。在亚氏看来，人类的理性可以在“自然的”与“习俗的”、“好的”与“高尚的”之间做到有限度的区分。不

---

① 参见〔美〕列奥·施特劳斯：《自然权利与历史》，彭刚译，生活·读书·新知三联书店 2003 年版，第 122 页。

过他这种转变所带来的结果之一，恰如施特劳斯在《自然权利与历史》一书中所指出的那样，使得他“除了在自然财富和习俗性的财富之间进行区分以外，就无法解释清楚钱是什么，除了在自然的奴隶制和法律上的奴隶制之间进行区分以外，就无法解释清楚什么是奴隶制”①。

事实上，在古希腊政治城邦，公民是作为一个阶级出现的。它是除了暴君之外，能够平等地适用法律的特殊群体，或者说他们是法律上的特权群体。这样一来，次好的制度也不过是对“公民群体”而言的。对“非公民群体”而言，这样的制度却是最糟糕不过的了。因为“只有少数人的自由和平等”②。从古希腊城邦的政治实践来看，连年不断的战争、城邦内外的等级差别和残酷的政治斗争都在某种程度上深刻地影响着古典哲学的发展，并迫使古典哲学派重新思考和诠释“平等”的内涵。而崇尚统治者德性的观念和不断涌现的那些并非哲学家的“明智统治者”通过所建立的政治制度较好地维护了政治城邦的和谐，并不断地向人们展示着一个“世俗真理”：人类社会并不是一个自然的社会，人们因其理性与自然愈来愈远。

不过，“明智的”或具有“合于自然”的德性的统治者毕竟只是暂时的。由于既没有像圣经那样的道德宪法的限制，更没有像今

① 〔美〕列奥·施特劳斯：《自然权利与历史》，彭刚译，生活·读书·新知三联书店 2003 年版，第 122 页。

② 经江宜桦先生的考证，只有除沃特金斯(Watkins)、施克皮拉(Schapira)等为代表的极少数西方学者把自由主义追溯到古典时期，绝大部分研究自由主义的学者都认为自由主义的真正起源应该是在近代。这个时间上的推断从 16 世纪到 18 世纪不等，但可以确定的是到了启蒙运动时期，自由主义大概已经得到观念系统上之完整发展。参见江宜桦：“自由主义哲学传统之回顾”，王焱等编：《自由主义与当代世界》，生活·读书·新知三联书店 2000 年版，第 6—7 页。

天宪政国家这样的世俗宪法的约束，古希腊民主制度的弊病还是最大限度地暴露出来。到希腊化时代，古希腊政治城邦开始解体，专制的盛行阻隔了人们寻求优良政体（宽容政体）的努力，建立在古希腊政治城邦基础上的古典平民政治因缺乏现代宽容的品格（整体对部分、多数对少数以及整体与个体的关系不平衡）而逐渐失去了原有的生命力，从而无法避免衰败的结果。对此，英国学者罗素在其《西方哲学史》中写道：

> 到了公元三世纪，这一切就都起了变化。在往昔的那些城邦国家里的确还有政治，但是那已经变成地方性的而且已经无关紧要，因为希腊已经处于马其顿大国的摆布之下了。[①]

希腊化时代带来的是政治专制与不宽容，而生存与安全的考虑使人们暂时放弃了对蕴涵宽容理念的优良政体的追求。有趣的是，“密纳发的猫头鹰只在黄昏起飞”，个人人性的美德随着古代城邦制度的消亡，伴随着希腊化时代对普遍堕落和专制的斗争而成为一项政治准则被保存下来。宽容理念也在战争与杀戮中得到升华，以另外一种形式，一种非宽容政体的形式，以旺盛的生命力通过智者派以来的思想传承得到了迅猛发展。在苏格拉底的辩词中，人们可以发现那种蕴涵于良心自由和理性观念中的宽容的踪影：

> 世界上没有人有权力去告诉另外一个人它应该信仰什么，或剥夺其按自己意愿去思考的权利。只要那个人按照

---

① 〔英〕罗素：《西方哲学史》（上卷），何兆武、李约瑟译，商务印书馆1963年版，第286页。

自己的良知行事，即使没有朋友的赞同，没有金钱、家庭甚至房子，他也会做得很好。但是如果不能彻底检查每一个问题的正反两个方面，就没有人能得出正确的结论，所以人们必须要有机会安全自由而不受官方干涉地去讨论所有问题。[①]

这种自由研究的习惯，以及由智者派创始而由苏格拉底继续的自然对诸神的革命，在苏格拉底死后，哲学家开始了完全自由地讨论社会关系的原则及准则问题，[②]为希腊化时代的哲学家解决人类问题找到了新的出路。怀疑论和伊壁鸠鲁派劝导人们脱离政治和社会生活，“使个人从他既不能理解也无力改变的世界中逃脱出来，成为典型的希腊化思想特征”[③]。

伊壁鸠鲁派和斯多葛派学说中都包含有普济主义(Universalism)成分，因为他们都认为世界各地的人都是一样的，希腊人和非希腊人之间并没有什么区别。[④] 这种普济主义最终在斯多葛派那里获得了“革命性”的成果，为斯多葛派论证人类的自然平等观念(宽容理念的早期理论[⑤])奠定了谱系学上的基础。神圣天意的学说和人类中心的目的论，建立在人的自然理性基础上的平等

---

① 〔美〕亨德里克·房龙：《宽容》，晏榕译，国际文化出版公司 2007 年版，第 22 页。

② 〔美〕菲利普·李·拉尔夫、罗伯特·E. 勒纳、斯坦迪什·米查姆、爱德华·伯恩斯：《世界文明史》(上)，赵丰等译，商务印书馆 1998 年版，第 333 页。

③ 同上书，第 295 页。

④ 同上书，第 291 页。

⑤ 我国台湾地区学者李震山认为，宽容理念来自于古希腊的斯多葛学派。这种见解是基于斯多葛学派所发展的自然平等观念而得出的结论，但它容易忽略政体宽容的起源问题。

观念,使平等的内涵获得了进一步的阐释和发展,并最终发展出一个伟大的自然平等原则:

> 为了个人的完善,无论面对任何政府,他们的良心都应保持独立。所有的人,包括奴隶在内,在这些法律、秩序和准则面前,都应当是平等的,他们都享有同样的权利;世界分裂成互相冲突的国家是荒谬的,只有建立"世界邦国"才是合理的,在世界邦国里,人人如兄弟,人人都有善良的愿望,甚至包括敌人在内都应平等对待。①

斯多葛学派的自然平等原则虽然建立在人的自然理性基础之上,但它并没有完全脱离古典自然哲学的范畴,因为它论证的依据依然是自然的标准。对此,梅因指出:

> 按照自然而生活,曾被认为是人类生存的目的,并且是最优秀的人必须要达到的目的。按照自然而生活,是解脱世俗人民的混乱习惯和粗野放纵而达到较高级的行为规律,这些规律只有有志者通过克己和克制才能遵守。尽人皆知,这个命题——按照自然而生活——是著名的斯多葛派哲学哲理的总和。②

这种自然平等的原则虽然只在一些特殊的领域如良心平等,被认为是因人的自然理性的存在而发挥效用,但它确实已经开始脱离早期古典政治哲学"追求最佳政治秩序"的轨道,并试图通过

---

① 马啸原:《西方政治思想史纲》,高等教育出版社 1997 年版,第 82 页。
② 〔英〕梅因:《古代法》,沈景一译,商务印书馆 1959 年版,第 32 页。

良心自由和理性观念去实现它的目标。因为他们断言：

> 所有的人在本性上都是平等的，都有权享受一些基本权利，对这些权利政府无权侵犯。①

不过，这一"自然平等原则"与人们当今所言的"自由平等"的内涵仍然相去甚远。② 它只是一种萌芽，还没有真正地付诸实践。而且，这种自然平等还没有脱离自然哲学的轨迹，也没有真正成为一项法律原则。然而不可否认的是，这种基于对宇宙自然理性的思考和崇拜而逐步形成的精神上或良心上的平等，第一次在理论上较为系统、全面地阐释了蕴涵宽容理念的平等观，为古罗马共和国自然法法治思想的发展和宽容政制的建立奠定了理性基础，也为后世宽容理念的近现代诠释及其宪政实践奠定了早期的理论渊源。

---

① 〔美〕菲利普·李·拉尔夫、罗伯特·E.勒纳、斯坦迪什·米查姆、爱德华·伯恩斯：《世界文明史》（上），赵丰等译，商务印书馆1998年版，第351页。

② 真正的自由主义的起源，被认为是来自一种追求绝对的个体权利平等和个体自由的普世主义价值观。

第二章　古代宽容与古罗马共和国之宪政实践

研究任何制度或任何法律，都不可忽略其结构背后的概念，否则是无法了解那制度或法律的，至多只知其然而不知其所以然。从这些概念当中，我们才能体会法律的精神，明白为什么会有这样的法律。

——瞿同祖

在展开进一步的分析讨论之前，首先必须强调，在西方的文化传统中有两种不同的宽容观，即古代宽容观与现代宽容观。总体上而言，古代宽容观体现为一种不顾差异性的平等的观念，强调的是共同体的自由。而现代宽容观是指对他人思想、观念和行为予以认可与尊重的观念，强调的是个人的尊严和个体自由。之所以在这里予以特别说明，除了由于宽容的西方古代传统对法治乃至宪政的影响还没有引起人们的足够重视以外，一个重要的原因是：似乎只有现代宽容才与宪法发生勾连，当谈及现代宽容的时候，人们往往会忽视政体（制度）宽容的古代传统问题。而从宪政宽容的西方历史渊源来看，政体（制度）宽容与这两种宽容观都有一定的历史承继性。①

既然古代宽容被认为在斯多葛学派那里获得其早期理论，那么就斯多葛学派的“自然平等原则”而言，它如何在法治实践中得以体现？以及它以什么样的制度和法治文化形态显现出来？这一问题表面上看来是清楚明白的，学术界也似乎获得了某种共同程度的确信，即自然平等原则已经通过自然法法治实践获得实际效能，但是人们很快会发现，自然法的古代传统与现代传统虽然无法割裂但仍然存在某种显而易见的区别。其中的一个重要区别是：在西方社会的自然法思想及其法治实践中，与古代宽容观和现代宽容观的分野相对应，也有着两种截然不同的自然法及其法治实践形态。

为此，有必要对古罗马共和国的混合政体及其自然法法治实践进行考察，以期在古罗马共和国法治实践与发展的历史脉络中把握“古代宪政”的宽容精神，并进一步揭示其启示意义。之所以选择古罗马共和国的宪政实践作为考察的对象，除了有助于更好地理解和把握古代宽容观对宪政实践的影响外，一个重要的考虑是，古罗马共和国的混合政体在政体宽容方面提供了古典例证。②

---

① 在宪法(Constitution)一词最初被指代一个国家的政治基本法时，人们往往习惯于把亚里士多德的共和政体(Politeia)翻译成宪法，证明了宪法概念来源于政体概念这样一个事实。参见 Greald Stourzh,“Fundamental Laws and Individual Rights in 18th Century Constitution”, *The American Founding*: *Essays on the Formation of the Constitution*, Edited by J. Jackson Barlow, Leonard W. Levy and Ken Masugi, Greenwood Press Inc., 1998, pp. X, 159。

② 需要说明的一点是，关于体现宽容理念的平衡政体理论以及近现代自然法法治实践在本章只是基于一种比较的视角而有所提及，并未做详尽阐述。

第一节 混合政体的宽容品格

在希腊化时代，维系“政体”概念的基石开始发生动摇，统一帝国的过程虽然使人们不再重视“优良政体”，但从另一角度为“作为根本法(Leges Fundamentales)的宪法”的产生做了前期准备，“根本法”这一宪法性质开始在古罗马共和国初露端倪。①

在古罗马共和国的鼎盛时期，与“作为根本法的宪法”的观念以及古罗马共和国建立的混合政体相契合，蕴涵宽容理念的自然法法治思想及其实践得以快速发展，为近代自由主义“宽容的天赋权利论”及其实践奠定了谱系学上的基础。同时，现代某种立宪主义的发展所确立的制衡理论(Checks and Balances，通常被学者们翻译为立宪政体的平衡理论或制衡理论)—— 一种通过政体的内在机制控制国家权力运行的原理或理论，被认为是源自于古罗马共和国的混合政体，并通过希腊历史学家波利比乌斯和罗马法学家西塞罗的理论系统化，为后世的宪政设计提供了平衡政体(或制衡政体)的鲜活例证和理论源泉。

公元前509年，罗马贵族废黜了最后一个埃特鲁斯坎国王，取消了君主制，建立了贵族共和国。伴随着古罗马共和国的建立，贵族政治开始取代君主政治，并开创了一场前所未有的政治实践。

公元前449年的《荷提乌斯法》产生了平民议会组织，由保民

---

① “根本法”具有各种不同的含义。比如，“一切只能在繁难的先决条件下修改或打破的相对稳固的规范”；“政治统一体和总体秩序的终极统一原则”；“国家组织的一切个别原则”；“一个规范的归责系统的终极规范”；“对国家权限或活动的一切规范化限制”；“实定宪法”，等等。在此不对这些不同的含义进行分析，而是指出“作为根本法的宪法”指的是施密特所言的那种“绝对意义的宪法”概念，意即“城邦的灵魂”或“国家的灵魂”。参见〔德〕卡尔·施密特：《宪法学说》，刘峰译，上海人民出版社2005年版，第5、47—50页。

官主持和召集议会，选举保民官，通过一些对平民有效的法规，宣布保民官“神圣不可侵犯”。公元前445年的《卡努列优斯婚姻法》允许平民与贵族合法通婚，平民可当选高级官职。公元前339年的《克温图斯法》重申平民决定的法律效力、改变元老院批准平民大会决议的程序、规定监察官中的一位必须从平民选出。公元前326年《佩铁里乌斯法》取消平民债务奴役制。公元前300年的《欧古尔尼乌斯法》规定平民可担任大司祭之职。

到公元前3世纪早期，在平民控制的公民大会上，平民们最后赢得了对所有与罗马有关的事务进行决策的权力。一方面，平民有资格担任几乎所有的国家官职，并且获得了从平民中选举一名执政官的权力；另一方面，它也没有完全排斥希腊化时代的君主政治。因为贵族政治和平民政治的调和，并不能解决共和国面临的所有问题。当国内危机和军事危机出现时，罗马人还会指定一名独裁官，赋予其绝对权力。①

至此，古罗马共和国逐渐形成了一种独具特色的集君主政体、贵族政体与平民政体为一体的“混合政体”②。这种政体形式，由于能够较好地调和各种政治力量之间的冲突，开始具备了宽容政体的内在品格。

这种混合政体的宽容品格，首先体现在它的特殊的联盟与自治制度。地方自治制度通过《卡西安联盟条约》得以在共和国建立，从而保存了自古希腊以来的民主传统。地方自治制度是罗马

---

① 参见〔美〕杰里·本特利、赫伯特·齐格勒：《新全球史》（上），魏凤莲等译，北京大学出版社2007年版，第280—283页；〔美〕菲利普·李·拉尔夫、罗伯特·E.勒纳、斯坦迪什·米查姆、爱德华·伯恩斯：《世界文明史》（上），赵丰等译，商务印书馆1998年版，第318—319页；张学仁：“古代罗马共和国宪制探源——世界第一次立宪主义的实验”，《法学评论》2002年第5期。

② 通常是指权力被贵族、平民和君主三种不同的制度实体分享的模糊概念。

留给后世宪制的一项重要制度，这种制度有效地牵制了国家权力的专断，维护了地方利益，为后世美国宪法确立中央与地方的分权提供了历史借鉴。对此，法国学者基佐指出：

> 地方自治制度，它的习惯、规章、先例、自由的原则是共和国为后世宪制留下的宝贵遗产。①

意大利学者阿尔多·贝特鲁奇也曾指出：

> 共和制罗马的体制、元首制的体制对由当代宪法都规定的领土组织问题之解决的各种各样类型的方案：联邦制国家、划成行政区的国家、中央集权制的国家的影响，不是外在的。事实上，在所有的宪法中，都或多或少地承认小的地域机关的自治，对之全部或部分地委托以一些国家的职权或职能。②

这种混合政体的宽容品格，还体现在它的具有复杂制衡方法的政治制度。③ 这种制度能够较好地保持君主、贵族和平民等各种政治力量之间的平衡，可以有效阻碍某一种或几种政治力量的

---

① 〔法〕基佐：《欧洲文明史》，程洪逵、沅芷译，商务印书馆 1998 年版，第 31 页。

② 〔意〕阿尔多·贝特鲁奇："罗马宪法与欧洲现代宪政"，徐国栋译，载《法学》1998 年第 3 期。

③ 关于古罗马共和国的权力体系是否属于一种"制衡体系"，西方历史学家们的观点并不一致。一些历史学家明确反对"罗马共和国可以被精确地描述成制衡体系"的观点，而其他的批评家则完全抛弃了制衡的论点。但正如斯科特·戈登所言，或许是因为制衡的概念在今天被过分地与美国宪法相等同，从而使人们错误地得出了它只有在存在着公民对于政治过程广泛参与的政体中才能行之有效的观念。参见〔美〕斯科特·戈登：《控制国家——从古代雅典到今天的宪政史》，应奇等译，江苏人民出版社 2005 年版，第 138 页。

联合，并限制其中一种或两种政治力量压制和歧视其他政治力量，从而恰当地保持了政治权力的分享与牵制。特别是贯穿于罗马宪政实践过程中的平民力量与贵族力量间的斗争与妥协，使得罗马共和国不可能形成一种类似于东方的专制制度。而在共和国时期的政体思想中，保持政治力量之间的平衡已然成为保持罗马共和国繁荣昌盛的一项重要原则。罗马人成功的原因在于罗马是一种混合政体，将君主制、贵族制和民主制基因相混合，使之"精确调整并处于恰好平衡与和谐的状态"。每个部分钳制其他部分，又与之合作；在所有紧急情况下，它们的联合又非常适当。[①] 这种政体之所以是混合的，是因为：

> 所有三种政府因素都可以在罗马共和国中找到。实际上，不论在政治体系的结构中，还是在日常时间的作用方式中，三者都是平等、和谐、平衡的。即便是当地人也不能确切地肯定国家在政体上究竟是贵族制、民主制还是君主制。[②]

这种混合政体的宽容品格，更体现在它能够有效地防范平民政治（民主政治）可能导致的多数专制。关于这一点，可以从西塞罗的政体思想那里得到更好的理解。在西塞罗的政体思想中，鉴于古希腊政治城邦中直接民主制的固有弊病和经验教训，直接民主应当受到必要的限制，以防止"多数暴政"的发生。在西塞罗看来，虽然司法和立法行为都是通过投票方式公开进行，

---

① 参见张学仁："古代罗马共和国宪制探源——世界第一次立宪主义的实验"，《法学评论》2002年第5期。

② 〔美〕斯科特·戈登：《控制国家——从古代雅典到今天的宪政史》，应奇等译，江苏人民出版社2005年版，第133—134页。

但公民的被选举权还是应该有资格、品德、年龄和财产的限制的；虽然混合政体为人们保留了某些重要事务的审议权，但并不意味着多数拥有绝对的权力，因为“最大多数的人不应当拥有最大的权力”这一原则应作为“国家治理应永远恪守的准则”；应当重视元老院的权力和地位，以其集体力量来抑制执政官个人的行政权。① 从“直接民主应受到限制”这一点上来说，古罗马共和国的确是充分实施宪政而没有犯古希腊过度民主错误的一个古典例证。

古罗马混合政体的宽容品格，还可以从其他经典作家对“罗马人是否宽容”的论辩中获得佐证。如伏尔泰在其《论宽容》一书的第八章“罗马人是否宽容”中指出：

> 在古罗马，自罗慕路斯直到基督教徒和帝国的祭祀发生争论的时候，不曾有一个人由于个人意见而受到迫害。西塞罗怀疑一切，卢克莱修否定一切，可是他们并没有受到丝毫指责。那时人讲话肆无忌惮，博物学家老普林尼的著作一开头便否定上帝的存在……我们可以从中得出结论：罗马人是宽容的，因为这些说法从未引起任何非议。②

又如房龙这位成功的“人民作家”曾“喋喋不休”地说道：

---

① 现代历史学家认为，波利比乌斯和西塞罗提供了对格拉古之前罗马共和国时期的权力结构的不同评价。波利比乌斯更加看重普通公民的巨大政治影响力，而西塞罗则把元老院和骑士阶层看作实际上是全能的。这种分歧贯穿在共和国的历史文献中。参见〔美〕斯科特·戈登：《控制国家——从古代雅典到今天的宪政史》，应奇等译，江苏人民出版社 2005 年版，第 137—146 页。

② 〔法〕伏尔泰：《论宽容》，蔡鸿滨译，花城出版社 2007 年版，第 45—46 页。

罗马人在许多事情上甚至比黄金时代的希腊人还要宽容。他们容许臣民自由思考他们感兴趣的问题……“罗马和平”的实现依赖于公正的实践“活着且让别人活”这条法则。……罗马人发展了一种管理国家的技巧，用最小限度的摩擦，取得了最大限度的实际成果。①

第二节 蕴涵宽容理念的“自然法思想”②及其法治实践

任何形式的政体都需要一国政治法律实践的检验，也需要选择与其政体相调和的国家治理模式，更离不开某种治理工具的妥当运用。与东方巨人中国所选择的“礼治”不同，罗马共和国源自于一直以来颇受人们推崇的习惯法和“民主政治传统”，将“法治”而非“礼治”作为国家治理工具的首选。当然，这种选择过程并不是一蹴而就的，而是“缓慢进行”的，它是亘古时代的一种延续。对此，梅因指出：

一个最重要的例证中，就是在罗马法中，变化发生得非

① 〔美〕亨德里克·房龙：《宽容》，晏榕译，国际文化出版公司 2007 年版，第 31—33 页。

② 在古罗马共和国，自然法思想获得了前所未有的发展，它在实践中主要体现为“万民法”或“国际法”（在今天，我们通常采用“衡平法”的提法）的法律实践与应用。但是，这种“万民法”的法律实践与我们今天所言的自然法还相去甚远。对此，梅因曾指出：“所谓‘自然法’（Jus Naturale）只是以一个特别理论的角度来看的‘万民法’或‘国际法’。……它们之间不可能有什么区别。‘万民法’或‘国际法’之间的混淆不清，完全是现代的，它几乎是不必加以说明的。”为了方便起见，在本章的论述中仍然采用“衡平法”而非“万民法”的提法。至于古代自然法与近代自然法的区分以及对宽容的意义，可参见本书第五章第三节中相关部分的论述。

常缓慢，从一个时代到另一个时代，我们可以观察到变化所遵循的路线和方向，并且甚至可以对变化所趋向的最后结果，略加论述。①

在这一选择过程中，元老院与公民大会之间的冲突与妥协，为古罗马共和国政制的进一步发展奠定了基调。到公元前287年，元老院终于同意以平民为主要成员的“族派会议”形成的决议具有法律效力，甚至当其与元老院决议相反时亦然。由于在“族派会议”中，贵族很容易被平民的票数压倒，所以当时这个法案被学者们认为是“构成了罗马民主政治的基石”。由此，因应不同政治力量在立法中的体现，立法中的冲突与妥协也就在所难免了。

立法中的冲突与妥协迫切需要一种法律思想来统一和协调，并为自然法思想最终取得主导地位奠定了政治基础。而斯多葛学派那种体现为正义、公正、自然理性的自然平等思想在罗马共和国的快速传播，客观上为罗马共和国自然法思想的发展与完善奠定了理论基础。其结果是，体现自然法思想的衡平法（古罗马时期主要被称为“万民法”）得以快速发展。

罗马共和国的法治实践与自然法思想的结合，使得评价法律是否正当的标准不再是元老院或公民大会的决议，而是深入人心的自然法。在罗马法学家们看来，自然法所追求的终极目标是“正义”（共同体的共同利益），而这个共同利益在“民主政治传统”内显然是包括个人利益在内的。因为，如果正义不以实现每个人的利益为目的的话，正义将只存在于部分人的手中。与此同时，罗马法学家们还意识到，柏拉图为了共同体的善而推崇哲学家治

---

① 〔英〕梅因：《古代法》，沈景一译，商务印书馆1959年版，第77页。

国的根本缘由在于人们的政治天赋并不等同，人的天然的差别事实上是存在的。人们曾据此试图抹杀这样一种观念，而自然法思想恰好是解决该问题的“一把钥匙”。

自然法思想在罗马的发展与古老的斯多葛学派有着密切的关系，而西塞罗则是将斯多葛学派自然法观念传入罗马的主要人物。作为罗马共和国政治现实的反映，西塞罗(Cicero)的政体思想已经开始孕育体现现代宽容的平衡政体理论。他将斯多葛学派自古希腊以来所建立的自然平等观念加以诠释，使之与罗马的法治实践紧密结合，进一步发展和完善了古代自然法思想：

> 真正的法律是与自然协调一致的健全的理性，它扩及所有人之中，始终如一，永恒不变。颁布有违这一法律的条例，是宗教所禁止的，即便部分地废止它也不可以，同时我们也无法通过元老院或人民摆脱它的约束。①

需要注意的是，这种斯多葛学派的自然法观念与今天的自然法观念并不相同，在本质上仍然属于一种自然哲学的观念。

与斯多葛学派早期所发展的自然平等观念一脉相承，西塞罗的自然法观念和国家学说包含着强烈的平等理想。在他看来，国家是一种公共的事业，它追求公共的目标。如果丧失了这个目标，国家就会堕落成“大规模的拦路抢劫”。国家的存在依赖于对公民权利的尊重，因而“国家本身和它的法律永远要服从上帝的法律或自然的法律(超越人的选择和人的制度的更高一级的法

---

① 〔美〕菲利普·李·拉尔夫、罗伯特·E.勒纳、斯坦迪什·米查姆、爱德华·伯恩斯：《世界文明史》(上)，赵丰等译，商务印书馆1998年版，第351—352页。

律)”。可以说，在与自然法学说相互关联的诸多概念中，最为重要的也是最早被西塞罗清楚地表述的概念便是“自然平等”和“理性”的概念：

> 没有一个东西和另一个东西类似的程度，比得上人类彼此相像的程度。……凡是由上天禀受理性的人，也一定禀受了正理，因此，他们也禀受了法律——当正理应用于命令与禁制，就成为法律；既然他们禀受了法律，他们也必禀受了正义。如是，人皆禀受理性；因此人皆禀受正义。①

平等的概念潜在地包含着自然法本身所显现的宽容法观念，恰如歧视的法观念潜在地包含着不平等的概念一样。在斯多葛学派和西塞罗自然法思想的影响下，罗马共和国的法律出现了相当强烈的个人主义特征和平等观念：一方面，自然法思想影响了罗马时期法律的内容。以“十二铜表法”为例，该法在文本中首先肯定和确认了“人民的福利必定是最高的法律”(Solus Populi Suprema Lex Esto)，并包含了许多保护私人权利的内容。② 另一方面，自然平等的观念使得私人权利的保障受到普遍重视，从而为公法与私法的划分奠定了基础。按照乌尔比安的看法，公法是规范神事、神官和政务官的法律，如宗教法、僧侣法、行政官法，而私法则是调整所有权、债权、婚姻家庭和继承方面的法律规范。③ 由

---

① *De Legibus*，ⅰ，ⅹ，29；ⅻ，33. 转引自〔意〕登特列夫：《自然法——法律哲学导论》，李日章译，(台湾)联经出版事业公司 1984 年版，第 16 页。

② 参见张学仁：“古代罗马共和国宪制探源——世界第一次立宪主义的实验”，《法学评论》2002 年第 5 期。

③ 参见由嵘、张学仁：《外国法制史》，北京大学出版社 1992 年版，第 71 页。

此可见,马克斯·韦伯在比较罗马法和日耳曼法时所下的“罗马法的基本特征是‘个人主义’”①的断言,显然是比较符合罗马法当时的实际情况的。而基于罗马法私法行为而产生的对拉丁语词“jus”的理解,从更高层面论证了罗马法对个人权利的“发现”以及在一定范围内保护个人权利的法治实践。

这种法治实践到公元前3世纪初时,平民上层已可担任一切高官的职务;全体自由平民取得了平等权、人身神圣不可侵犯的根本法保证;平民大会实现民主化,其决定具有全民性法律效力;平民与贵族通婚合法化;取消平民债务奴役制度;通过众多法律“制衡”着国家权力。在贵族主义的废墟上建立了平民与新贵族共同营造的共和国宪制。②

至此,罗马共和国所建立的混合政体以及与之相适应的法律体系,为其保持强盛提供了法律制度上的保障。同时,法律的宽容也已在罗马共和国的自然法中萌生,并反过来为罗马混合政体的宽容品格提供了佐证,为自然法思想和宪政宽容的发展提供了早期的理论渊源。

不过,这种自然法思想并没有脱离古代法治观念的范畴。因为通过自然平等原则和理性的观念将自然法凌驾于世俗权力之上的做法,既没有为世俗权力划定一个不得超越的界限,也没有将人人平等的原则与个人利益密切联系的世俗权力结合起来。也就是说,古代的这种自然法思想并不含有政治的暗示。对此,威廉·邓宁评述道:

那时说普遍的理智是一切权利(自然权利)之源,但同时

① 李强:《自由主义》,中国社会科学出版社1998年版,第38页。

② 具体评述参见张学仁:“古代罗马共和国宪制探源——世界第一次立宪主义的实验”,《法学评论》2002年第5期。

> 又说“王意即法律”(Quidquid principi placuit，legis habet vigorem)。在罗马帝国时代，究竟普遍的理智与君王的意志孰高，事实上不容有所怀疑。但到后来欧洲各国采用罗马法时，就不是这样不成问题的事；于是争论王与人民的关系的人，袒王的就引用“王意即法律”；袒人民的就说“据自然法，人类生而自由平等”。①

而梅因在对比罗马共和国与古希腊共和国的法制实践后也指出：

> 希腊民主政治用以夸耀的法律“平等”——这种平等，在卡利斯屈拉德斯(Gallistratus)的美丽的酒歌中，据说是哈马笛斯(Harmodius)和阿利斯托杰顿(Aristogiton)给予雅典人的——与罗马人的“衡平”很少相同之处。前者表示在公民中间平等施行民事法律，纵使公民这一阶级的人数是非常有限的；后者的含义是把民事法律以外的一种法律适用于不一定要由公民组成的一个阶级。前者不包括暴君；后者包括着外国人，在某种情况下，并且包括奴隶。②

第三节　“共和宪政”的衰微及其对后世的启示意义

古罗马的这种被现代学者们普遍称之为“罗马共和宪政”的政体结构，虽然实现了社会组织的制度化，虽然在限制权力方面采用

---

① 〔美〕威廉·邓宁：《政治学说史》(上卷)，谢义伟译，吉林出版集团有限责任公司 2009 年版，第 66—67 页。

② 〔英〕梅因：《古代法》，沈景一译，商务印书馆 1959 年版，第 34 页。

了复杂的平衡方法，虽然其法治思想已经非常发达并建立了与其混合政体相适应的法律体系，但由于没有形成现代意义的宪法制度以及宪法至上的观念，也没有现代意义的宪法对其混合政体加以明确规定，使得这种古典的混合政体随着时间的推移而悄然改变。

经过罗马共和国历次的内战，君主、贵族和平民之间形成的平衡状态随着战争的进行逐渐被打破，"共和政体"开始逐渐解体。自康茂德皇帝之后，罗马帝国开始陷入了君主专制的混乱。伴随着军权至上和君主专制的滥觞，共和制、元老院和公民大会逐渐式微。盛行于奥古斯都的君主谕令不再具有绝对权威，"根本法"的宪法思维就像黑夜中的流星一闪即逝，并最终导致了恺撒那种名义上仍属共和而实质上属于君主专制的统治，留下的只是人们对于圣主明君的怀念与崇拜了。

连年的战争瓦解了混合政体赖以存在的基础。意大利许多小农由于汉尼拔多次征伐所造成的破坏以及战争期间长年在海外服役而遭到破产。[①] 因战争的需要而大量解放的奴隶和外族人公民身份的确认，使得维系共和国根基的公民组织也开始发生蜕变：

> 经过一次革命后，完全的公民权，在纪元前九十年，实际上赋予了波河(Po)以南的一切人民。……但公民的人数日多，公民的会议乃日益堕落，这却落了反对公民权夸张的人的话柄。[②]

恺撒当道以后，除了保留民主的形式外，"真正的民主"已经

① 〔美〕斯塔夫里阿诺斯：《全球通史——1500年以前的世界》，吴象婴、梁赤民译，上海社会科学院出版社1999年版，第233页。

② 〔美〕威廉·邓宁：《政治学说史》(上卷)，谢义伟译，吉林出版集团有限责任公司2009年版，第57页。

不复存在。共和国的农民和小所有者为了生存放弃了民主，转而寻求专制以保存自己。混合(宽容)政体曾经努力保护的民主和自由因战争的进行而逐步发生了异质。与此同时，早期民主化的倾向以及在海外指挥的战争节节胜利，使元老院的威望和权力大大增加，而元老院权威的提高则使得贵族政治与平民政治之间的平衡被打破。这种不平衡状态一经出现，政治上的困境就不可避免，“新的城市下层民众也不再成为民众的基础，因为他们总是乐于出卖自己的选票或答应那些解脱他们困境的煽动者”[①]，民主的缺陷被再一次地放大了。

至此，自古希腊以来个人事务与城邦事务的一体化终于走向了终点。无政府主义思想开始在社会盛行，为了逃避连年战争所带来的灾难，伊壁鸠鲁和斯多葛学派中那种反对人们从事政治事务的思想开始大行其道，罗马共和国最终走向了专制的桎梏。对此，孟德斯鸠说道：

> 野心家们把别的城市的居民和整个的民族引入了罗马，为的是在选举时制造混乱和操纵选举；集合成了不折不扣的阴谋；人们把几个暴徒组成的集团称为科米凯司(comices)；人民的权威，人民的法律，人民本身都成了空中的楼阁；而无政府状态到达了这样的程度，以致人们竟无法知道人民是通过了某个决定还是根本没有通过某个决定。[②]

罗马共和国衰亡了，但它却种下了宽容的种子，也为后世留下了宝贵的财富。它那曾赖以自豪的混合政体和自然法法治思

---

① 〔美〕斯塔夫里阿诺斯：《全球通史——1500年以前的世界》，吴象婴、梁赤民译，上海社会科学院出版社1999年版，第233—234页。

② 〔法〕孟德斯鸠：《罗马盛衰原因论》，婉玲译，商务印书馆1962年版，第50—51页。

想，为后世体现宽容理念的平衡政体、平等条款和自由条款的“入宪”提供了丰富翔实的历史材料，并为现代宽容及其宪政实践奠定了早期的制度和理论渊源。其“共和宪政”的传统、绝对权力和根本法的概念、体现宽容理念的自由思想与自然法法治观念以及与罗马混合政体相契合的财产制度（主要是土地制度），至今仍具有特别重要的启示意义。

一、“共和宪政”的传统

罗马共和国的宪政之所以被称为是“共和”的，乃是因为权力不是掌握在某一个社会阶层或集团手中，而是分别由不同的政治力量来掌控。不过，它与今天人们所说的共和宪政却是完全不同的。因为虽然罗马共和国的权力掌控在不同政治力量手中，但权力本身并不是单一的。就今天人们普遍认同的立法权、行政权和司法权等权力形态而言，元老院同公民大会一样都享有某种混合性权力。换句话说，它们都各自享有立法权、行政权和司法权。而这恰是古代共和传统与现代共和传统的一个重要区别。即便是忽略这一差别，古罗马的“共和宪政”与今天我们所言的共和宪政依然相去甚远，它仍然是一种古代文明。因为这种古代共和传统没有现代民族国家的思想和人权观念，也没有成熟的公民社会和真正的区域自治，更没有发展出一套完备的代议制政府理论与制度体系。

虽然如此，现代共和传统与古代共和传统仍然是无法割裂的。因为，古代“共和宪政”的传统与城市生活和希腊思想的传承有着紧密关系，尤其是——随着高度分工的城市生活而来的——对人类自由和个人人身自由概念的产生具有深远影响。[1] 在奥古

---

① 参见〔美〕菲利普·李·拉尔夫、罗伯特·E. 勒纳、斯坦迪什·米查姆、爱德华·伯恩斯:《世界文明史》(上)，赵丰等译，商务印书馆 1998 年版，第 360 页。

斯都以后，尽管"共和宪政"的残余已经被扫除干净，但"共和宪政"的深远影响却无法估量。[①] 在罗文斯坦(K. Loewenstein)看来，在罗马帝国时期，"共和宪政"已经不具有任何实际的意义，但它对有关帝王法律的原理仍然发生作用。依据上述原理，君主绝对专制权力的本源在于人民最初将政治权力让与给他。正是这种正统共和的传统，犹如一股地下暗流，流经古代及中世纪的政治思想，并最终流入英国政治传统的血液中。[②]

二、绝对权力和根本法的概念

绝对权力和"根本法"的概念出现在罗马帝国时期，是罗马人留给后世的法律制度和法律思维方式的重要组成部分。绝对权力观念的产生，与奥古斯都大帝(盖乌斯·屋大维)建立的最高权威有着密切的联系。不论是意大利还是希腊都把奥古斯都当作新神来顶礼膜拜，这使得奥古斯都的命令成为神旨，具有最高权威。在罗马帝国产生之后而渐进形成的帝王法或君主谕令(the Constitutions Principum)在罗马成了唯一具有至上权威的法律，具有了国家根本法的意蕴。在法国学者基佐看来，罗马神圣的"最高权力观念"、"皇帝的观念"、"秩序和臣服的原则"是后世宪制的宝贵遗产，为后世宪法概念和宪法至上观念的产生提供了早期的渊源。

---

① 在沃尔特·白芝浩看来，奥古斯都时期的罗马帝国之所以获得成功，是由于"共和政体培养了帝国所统治的人"，而且在奥古斯都的朝廷里，"思想十分自由，几乎完全摆脱了古代的偏见，但那里根本就没有政治商谈"。参见〔英〕沃尔特·白芝浩：《物理与政治》，金自宁译，生活·读书·新知三联书店 2008 年版，第 123 页。

② K. Loewenstein："认识宪法"，贺凌波译，载荆知仁主编：《宪政变迁与宪政成长》，(台湾)正中书局 1981 年版，第 20 页。

遗憾的是，罗马没有或者说无力把“根本法”意义上的宪法概念与宽容政体观念结合起来，也无法实现自由与秩序的有效统一，导致共和国末年无政府主义的滥觞和专制的盛行。哲学的衰落使得优良（宽容）政体的探讨逐渐式微，而个人自由主义思想的极度盛行，则使得并非哲学家的罗马法学家不再重视政体宽容的问题。

虽然自奥古斯都以来君主谕令的绝对权威产生了根本法的宪法思维，但在奴隶制和封建社会，这种根本法的观念却因君主的权力无法被限制而只具“形式上的宪法意义”①，没有也不可能展现出宪法意义下的宽容。而且，绝对权力和根本法的观念不以保障“自然权利”为根本目的，使其成为压制、歧视和不宽容的源泉。从抽象的文化视角来看，建立在根本法和绝对权力观念下的制度，无法容纳文化冲突的普遍性，也不能够为个人的文化观念提供一个公共的政治空间。从法规范的角度，这种观念也不能在制度的建构中考量制度兼容并包的自我纠错能力，以及为每个个体在制度架构中获得权利保障提供正当性的依据。

在根本上，绝对权力是与宪政的概念相矛盾的。因为就绝对权力而言，虽然它与宪政观念下的规范权力在实际效能上具有某种相似性，但它在本质上属于一种事实权力，而非今天人们所说的规范权力。而就“根本法”的概念而言，与其说它是一种宪法观念，倒不如说是宪法的一个早期的历史渊源或者政治意义上的宪政概念。

---

① 指称那种被称呼的宪法典之情形，其含义与宪法的内容没有任何关联。因而，形式意义下的宪法并非是动态的宪法或规范宪法，与立宪主义的宪政并无直接的关联性。如今，这种形式意义上的宪法观念仍然存在。参见〔日〕芦部信喜：《宪法》（第三版），〔日〕高桥和之增订，林来梵、凌维慈、龙绚丽译，北京大学出版社2006年版，第4页。

三、宽容的自由思想与法治观念

早期罗马共和国混合政体为体现宽容理念的法治观念和法律自由思想提供了培育的土壤。以至于到了罗马帝国时期，虽然混合政体的宽容品格因帝国的专制而被人们忘记，但崇尚自由却成为人们对付专制的基本武器。为了寻求个人自由而转向法律的庇护，是这一时期罗马法学家们的主要历史使命。在罗马法学家们看来，法律是保障自由的基础，自由从属并依从于法律，人们只有在法律下的自由才能最大限度地保存自己。换句话说，法律的王国远比人治的王国伟大，为了维护自由，人们必须遵从法律。①

这种对法律下的自由思想的推崇，连同自然法思想一起从中世纪一直延续到资产阶级革命时代。到霍布斯时代，法律下的自由观念同样被继承。《罗马法大全》[*Corpus Iuris Civilis*，被称之为“神所称许的查士丁尼大帝法典”(the godly approved laws of Justinian the Emperior)]对后世的影响，不仅表现为它是法律的古代渊源，而且表现为罗马法复兴后才被人们所认知的诸多思想观念。在这些思想观念中，有一个观念容易被人们所忽视，即“认为法律乃是人类共同体的祖传财富，它乃是一个纽带，可以克服人类彼此之间的歧异，使他们结合成一体。这个观念乃是罗马遗产所给予我们的一个最大恩惠”②。

四、与罗马混合政体相契合的财产制度(主要是土地制度)

在对罗马兴盛与衰亡进行考察的诸多观点中，特别引人瞩目

---

①　需要注意的是，古罗马共和国的奴隶制使得“自由的观念始终与奴役的状态相对应”。

②　〔意〕登特列夫：《自然法——法律哲学导论》，李日章译，(台湾)联经出版事业公司 1984 年版，第 12 页。

的是孟德斯鸠在其著名的《罗马盛衰原因论》中的观点，使我在考察宽容政体的同时，不得不思考宽容政体与财产制度的关系问题。在孟德斯鸠看来，罗马人之所以能够强大起来，主要得益于其土地政策，正是土地的平分能够使罗马摆脱当初的卑微地位，而这一点在罗马已经开始腐化堕落的时候，就使人们特别明显地感觉到了。① 孟德斯鸠关于罗马共和国兴衰的观点为我们考察平衡（宽容）政体与财产制度的关系提供了一种全新的思路。

在近代学者们的著作中，对于平衡（宽容）政体与财产的论述还是引起了足够的关注，并为当代普遍发展的财政宪法和福利国家提供了早期的理论与实践。因为，财产可以被看作一切权力的源泉。没有对私有财产的法律制度保障和对公共财政的合理配置，政治宽容乃至宪政宽容如何可能？这个问题对目前的中国而言，仍然是一个不容忽视的宪法议题。

---

① 〔法〕孟德斯鸠：《罗马盛衰原因论》，婉玲译，商务印书馆 1962 年版，第 14 页。

第三章 政治哲学的近代转向与现代宽容[①]

寻求真理并说出自己所信仰的是真理，永远不能作为罪行。没有人会被迫接受一种信念。信念是自由的。

——塞巴斯蒂安·卡斯特利奥

罗马混合政体的宽容品格、蕴涵宽容精神的自然法思想及其法治实践，只是古代政治法律史上的一个特例，它并没有进一步催生现代宽容。在主流的学者看来，现代宽容来自于中世纪的宗教宽容，它在西方代表了一个社会和政治国家中与基督教相调适的古代文化遗产，为政治社会提供了建设性方案，并为人类精神的神话获得食粮。而反对论者往往基于"宗教本身是不宽容的"来否定这样的观念认识。因而，在对现代宽容展开深入细致的讨论之前，需要对中世纪的宗教宽容进行考察和分析。

要讨论现代宽容，人们还无法绕开自近代以来开创的个人主义传统及其为宽容所作的论证。因为，与古代宽容强调共同体自由不同，现代宽容作为一种观念认识，"主要是指由卡斯蒂

① 现代宽容以及宪法意义上的宽容之意蕴，已经完全不同于过去那种宗教赦免型宽容或压制性宽容的意蕴。有关详细阐释请参见本书第七章（宽容之难）第一节中"'宽容'的中西文化差异及其对法治生成的影响"部分。

利翁、斯宾诺莎、洛克、卢梭、莱辛，尤其是皮埃尔·培尔详细阐述的那种宽容的形式。这种形式，被认为是内在地根植于西方的立宪自由主义传统中。在这一传统里，宽容被认为是在自由的名义和大家所承认的原则下，别人按照我们所没有的或我们并不同意的原则思考和行动”①。换言之，宽容不是人们在对宗教歧视与不宽容的反思之后所采取的一种权宜之计，而是根植于自由民主社会的一个传统——“自由的必然结果”(指向的是个人自由而非共同体自由)。

在今天的人们看来，这种观念为自由律法的存在提供了政治基础，并最终为宪法的人权原则(条款)所吸收。但这并不是问题的根本所在，因为任何观念的产生都离不开哲学的指引，自由主义者对现代宽容所作的论证和诠释，与自由主义政治哲学的“天赋权利论传统”有着无法割裂的内在关联性。而施特劳斯“宽容的天赋权利论传统乃是不宽容的源泉”的著名论断及其产生的影响，使得在讨论这一论题的时候更加不能绕开自由主义政治哲学。

第一节　现代宽容的催生：对中世纪宗教歧视与不宽容的反思

“中世纪”是一个形成于文艺复兴时代的概念，它是古典时代与现代之间的一个过渡时期。史学界多数学者以西罗马的正式灭亡作为中世纪开始的标志，但也有论者将其起始时期追溯到 4

① 吉兰·瓦特洛：“人权与宽容的命运”，新慰译，《第欧根尼》1998 年第 1 期。

世纪初或8世纪。①

自3世纪开始，罗马开始内战频繁，政局动荡。帝国基于防卫的需要，遂造成军人威望及军权大为提高的情势，将军取代哲学家而跃登帝位，贵族的统治变成了武力的统治。② 盛行于古罗马共和国的自然法和混合政体的宽容品格不再为人们所津津乐道，君主谕令也不再具有根本法的权威和自然法的品性，而是成了统治者肆意掠夺的工具：

> 这些谕令并不拘束其制定者，而且，严格遵守昨天发布的一般性命令，则有可能在今天或明天引起统治者的恼恨与报复欲望。每个人都必须意识到统治者转瞬即变的怪念头，并力图使自己的行为适应于统治者的怪念头。在这种政权结构下，国民通常的精神状况是焦虑不安的。③

到西罗马时期，君主谕令往往代表着苛捐杂税和繁重的公职负担，大批贵族因逃避履行职务逃回庄园，建立起森严壁垒的庄园防御体系。而大多数下层民众，对罗马帝国的君主谕令避而远之。国民因无法期望统治者的行为（对于这些国民的行为来讲原

---

① 罗素在《政治哲学史》中，对西方中世纪的哲学史的叙述是从400年开始的，而科普尔斯顿在《西洋哲学史》中认为，中世纪哲学是从8世纪末加洛林王朝复兴以后开始的。参见徐大同总主编、丛日云主编：《西方政治思想史》（第二卷）“导言”，天津人民出版社2006年版，第4页。

② 〔美〕威尔·杜兰：《世界文明史卷三：恺撒与基督》（下），幼狮文化公司译，东方出版社1999年版，第771页。

③ 〔美〕博登海默：《法理学、法律哲学与法律方法》，邓正来译，中国政法大学出版社1999年版，第233页。

本是具有决定意义的）同一般性命令相一致而对国家法令普遍失去信心。无论是根本法至上的小传统，还是根本法地位的大传统，都已失去它赖以存在的政治和文化基础。根本法至上的理论受到了严重挑战，并一度出现对君主谕令最高权威的信仰危机。至此，不用说现代意义上的宪法概念无从产生，更不用说将混合政体（宽容政体）和体现宽容理念的自然法思想与宪法进行有机的结合了。

至罗马帝国后期，公民宁可通过信仰获得拯救也不愿在现实生活中从事政治活动。一个权力的时代让位给一个信仰的时代。① 基督教通过达尔文式的思想上的生存竞争，在同其他宗教派别进行斗争的过程中逐渐取得了胜利。它在社会民众中的影响巨大，并获得了广泛的社会基础。特别是早期基督教教义内容的转变和赞同君主专制的论点②，为君士坦丁大帝通过基督教来重建政治共识奠定了政治和社会的双重基础。“米兰敕令”后，罗马帝国皇帝宣布基督教为国教，并禁止异教在国内存在，基督教教义开始由民间规则上升为国家的根本法。至此，罗马帝国成为一个基督教的帝国，成为世界上政教合一的早期模型，并标示着

---

① 〔美〕威尔·杜兰：《世界文明史卷三：信仰的时代》（上），幼狮文化公司译，东方出版社 1999 年版，第 105 页。

② 如查士丁尼认为：“我们的义务是，把属恺撒的归给恺撒，属上帝的归给上帝。我们称颂上帝，在其他一切事物上我们都心甘情愿地服从皇上，确认你（皇帝）是君主。我们祈求上帝使你执掌政权，充满智慧。”德尔图良也说，“当帝国不安宁时，我们与动乱毫无关系，也因此同遭灾祸”，“我们为皇上，为整个帝国祈祷，还有一个更大的理由，因为我们知道，这可怕的天地末日，幸赖罗马帝国方使延期来临，我们祈求天地末日延续到来，故此我们盼望国运长久”。参见杨真：《基督教史纲》（上），生活·读书·新知三联书店 1979 年版，第 87、88、89 页。

西方政治史上的一个新纪元的开端。[①]

教权与世俗王权的结合，使基督教教义获得了强大世俗力量的支持。对此，哈罗德·J. 伯尔曼教授指出：

> 帝国王权的普遍性逐渐胜过了——至少在不同阶段的时期——对部落、地方和家庭的忠诚：这种普遍性不仅以军事力量为基础，而且以国王（或皇帝）作为教会首领所具有的宗教权威为基础。[②]

鉴于盛行于西方的民主政治文化传统，这种支持在某种程度上是通过法律而非政治的控制来实现的。在罗马帝国后期及至整个中世纪，基督教教义与法律体系的关系是如此的密切，以至于基督教教义特别是经基督教神学家们诠释的基督教教义普遍带有明显的“法律的痕迹”。这些痕迹为西欧“法治的王国”确立了诸多为后世立宪政治所津津乐道的观念或原则，这些观念或原则包括：“法律至上”、“国王在法律之下”、“共同体事务决策需得到共同体同意”、“恺撒的物当归给恺撒，上帝的物当归给上帝”、“法律是民族或部落的习俗”等。[③] 对此，沃尔特·乌尔曼（Walter Ullmann）说道：

---

① 罗马帝国的君主谕令和基督教教义之结合，为罗马皇帝实现了两个政治目标：一是维护君主专制，借助基督教教义获得巩固王权的目的；二是维护君主谕令的根本法地位，使君主谕令能够被帝国大多数民众所遵循。换言之，帝国将其法令贯彻到基层民众那里（大部分是基督徒）以及基督教教义向罗马帝国的君主专制靠拢的双重因素，是促成罗马帝国和基督教结合的根本原因。

② 〔美〕哈罗德·J. 伯尔曼：《法律与革命——西方法律传统的形成》（第一卷），贺卫方等译，中国大百科全书出版社 1993 年版，第 79 页。

③ 参见徐大同总主编、丛日云主编：《西方政治思想史》（第二卷）“导言”，天津人民出版社 2006 年版，第 28、93 页。

> 任何我们倾向于称为“政治的”，在中世纪的大部分时间里都是以法律术语来表达的。①

同时，君主谕令与基督教教义之间的结合，赋予了罗马帝国根本法以全新的内涵。自430年左右西蒙迪恩编辑一部法令集（*Sirmondian Constitutions*）开始，罗马帝国颁布的一系列帝国法令，如为编辑《学说汇纂》而颁布之编辑令（*Constitutio Deo Auctore*）、533年赋予法学阶梯和学说汇纂法律效力的法令（*Constitutio Imperatoriam Majestatem*，*Constitutio Tanta Circa*）、535—565年查士丁尼颁布的敕令（*Noveuae Constitutions Justinian*）等都借助上帝名义发布。②

这种包含宗教内容的根本法制度，使得法律成为宗教专制的一个重要工具，并为残酷的宗教法庭迫害异教徒提供了法律上的依据。对此，齐延平教授在《自由大宪章研究》一书中指出：

> 基督教的兴起与地位的确立过程并不像今天的教会自己所宣扬的那样是福音自由撒播的过程，而是一个伴随着野蛮、恐怖、强权与暴力的过程。……查理大帝每征服一地，都颁布法令，强迫被征服居民信仰基督教，缴纳什一税。……刀光剑影，血雨腥风，成为基督教传播的前导，十字架也成为法兰克封建统治的重要标志。③

---

① Walter Ullmann, *Medieval Political Thought*, Penguin Books, 1975, p. 15.

② 参见胡锦光、藏宝清：“‘宪法’词义探源”，《浙江社会科学》1999年第4期。

③ 齐延平：《自由大宪章研究》，中国政法大学出版社2007年版，第19页。

可见，基督教教义与君主谕令的结合、教权与世俗权力的结合是造成中世纪宗教歧视与不宽容的一个重要原因。

但这并不是唯一的原因，更主要的原因来自于基督教教义本身。正如那些"反对论者"所指出的那样，早期的基督教教义是不讲宽容的。在早期的基督教教义那里，基督教仅仅在与类直接的、无区别的统一里面来设想和理解个体，因而它要摈弃友谊，摈弃爱和一切自然的需要。在他们看来，"跟创造者相比，被造物算得了什么？跟属人的灵魂相比，太阳、月亮和地球算得了什么？世界正在消逝，唯独人是永恒的"①。可见，早期的基督教教义虽然也讲"个体自由"，但这种"个体自由"，是"唯我为念的自由"，一种视自然和宇宙为无物的自由，一种纯粹精神上的自由。这种纯粹自我的个体自由没有也不可能带来什么宽容。这反映在基督徒那里，每位基督徒都是绝对独立的、超自然的、属于基督的超验的个体，他需要也仅仅需要从上帝那里获得其充分的完善性。

为了这个充分的完善性，基督徒应当牺牲自己以保全"其类之善"，亦即保存"只有在上帝那儿才能得到的充分完善性"。② 为了这个普遍的善或真理，基督徒在信仰上是完全自我的、不宽容的群体。对此，费尔巴哈指出：

> 虽然古人也极为赞美知性、理性之崇高，但是，他们毕竟

① 〔德〕费尔巴哈：《基督教的本质》，商务印书馆编辑部译，商务印书馆1984年版，第206页。

② 对此，费尔巴哈指出，基督徒并不需要什么另外的"我"，因为他作为个体而同时又不是个体，而是类，是一般的本质。因为他"在上帝里面获得其充分的完善性"，就是说，它在自己里面获得其充分的完善性。参见同上书，第207页注释①。

> 还是如此地宽容，如此地客观，以致他们仍旧还允许异于精神的物质存活着，并且永远存活下去；在理论上这样，在实践上也是这样。然而，基督徒们却无论在实践上还是在理论上都是极其专横的；他们坚信，像在对世界没落的信仰里面一样，只有将主观之冤家对头——自然——除掉，才能够保障他们永恒的主观生命。①

但是，如果笼统地认为基督教不讲宽容，那便是对基督教的一种误解。虽然早期基督教教义所宣讲的“个体自由”是中世纪宗教歧视与不宽容的一个重要原因，但今天的基督教教义已经发生了改变，它“吸取了异教的教养”，不再把个体单纯看作直接的天意的对象。在《新约全书·马可福音》中，耶稣对某一文士提出：“诫命中哪是第一要紧的呢？”回答说：“第一要紧的，就是说，‘以色列阿，你要听，主我们神，是独一的主。你要尽心、尽性、尽意、尽力爱主你的神。’其次就是说：‘要爱人如己。’再没有比这两条诫命更大的了。”显然，在这里，个体已经不仅仅是直接的天意的对象，也是“间接的、属自然的”的对象了。但恰是这一属自然的对象的个体，才会存在“爱人如己”的思想，并被认为是基督教宗教宽容的基础。

因应着这两条诫命，《新约全书》在对待宽容问题上，基本上采取的是一种消极宽容的态度。《约翰福音》第八章中讲到，一些人把一位行淫的妇女带到耶稣面前，让他鞭打她。他说：“你们谁要是没有罪，你们就打她吧！”结果这些人就散去了。而当耶稣被活活地钉上十字架后，他说了如下宽容的话：“父阿，饶恕他们吧，

---

① 〔德〕费尔巴哈：《基督教的本质》，商务印书馆编辑部译，商务印书馆1984年版，第205—206页。

因为他们所做的他们不知道。”该福音书中宽恕表达的背后，反映的恰是基督教对真理的自恃。

基督教所宣扬的“消极宽容观”与现今自由主义的“宽容观”并不相同，与真理相对论也没有发生任何勾连。而自由主义宽容观，正如今天人们所看到的那样，却与真理相对论或价值多元论藕断丝连。但人们并不能由此得出结论，说现代宽容观与宗教宽容没有任何关系，或者说宗教宽容并非现代宽容观产生的一个源泉。因为，虽然宗教宽容思想本身并非现代自由主义宽容的基础，但基督教教义通过不断的修改和神学家们的解释①，将法律特别是蕴涵宽容理念的古典自然法思想融入其中，并具备了法律的基本规范和价值要求。如基督教神学大师托马斯·阿奎那就认为，法是高于统治者的，最高的法是上帝所立的法——神定法。自然法都是上帝订立的，高于人间的法，作为国王的统治者也应该受到更高的法的约束：

> 一个君王不能不受法律的指导力量的约束，应当自愿地、毫不勉强地满足法律的要求。所谓君王的地位高于法律，也可以从这样的意义来理解：如果必要的话，他可以变成法律，或者根据时间和地点免于实施法律的某些规定。②

与此同时，日耳曼人尊重法律的传统和习俗也对基督教教义产生了深远影响。日耳曼人的法治观念开始通过教义的方式重

---

① 基督教教义在其发展过程中经历了多次改变，并形成了一些著名的理论体系。比较经典的如教父哲学体系和经院哲学体系。

② 〔意〕托马斯·阿奎那：《阿奎那政治著作选》，马清槐译，商务印书馆1963年版，第123页。

新获得了生命力，而这种教义正好迎合了中世纪哲学和宗教思想中个人主义精神的表达。可以说，基督教在其基本教义中，除了宣扬上帝的旨意外，就是宣讲个人主义信仰了。

个人主义信仰催生了利己主义思想，使得此时的民主观念与古希腊政治城邦时期的民主观念（以共同体利益为唯一价值追求和强调公民美德）不可同日而语。发端于古希腊城邦时期的理性观念也开始发生异质，成为一种纯粹个人主义的“理性选择”：

> 在最初的市民阶级的思想中，没有任何人权和公民权的观念，他们要求人身的自由，也并非把自由当作天赋的权利。只有在有利可图的情况下他们才寻求人身的自由。①

作为启蒙运动时期天赋人权理论的重要逻辑起点，这种个人主义理性选择的“滥觞”，使得利益多元化成为一种必然，为资产阶级掌权后的利益分化和利益团体的形成埋下了伏笔。同时，基督教文化中“全能上帝”的信仰和“信众平等”的思想传承，使其在发展过程中具备了自身的兼容性和开放性。

除了与个人主义信仰发生关联外，基督教与之前的罗马宗教和犹太教相比，还表达了一种神秘的平等精神——在上帝与人类缔约下的“生而平等”，这种精神诉求被“新自由”的支持者认为是“隐含在上帝慈悲面纱下或者羁绊于异化的襁褓之中的人类自由与平等的首次表达”②，是一种超越主义的价值追求和对世俗社会

---

① 〔比〕亨利·皮雷纳：《中世纪的城市》，陈国樑译，商务印书馆 2006 年版，第 108 页。

② 〔法〕皮埃尔·莫内：《自由主义思想文化史》“原序”，曹海军译，吉林人民出版社 2004 年版，第 4 页。

的"关爱"：即使是一根草茎在天上也有自己的守护天使。

这种对神的畏惧与崇拜、模糊的表达和虔诚话语的背后，不是人人在体力和智力上的生来平等，而是任何人都无权让他人屈服于自己，也无须屈服于他人，是一种与宽容之间具有内在逻辑关系的尊重。

> 基督教的感召是面向每个人的。它向每个人都宣示希望。每个人都有希望，而不管政治上怎么无能为力，物质上怎么苦难重重，也不管品行怎么不良、性格怎么软弱。……最重要的，是有一位天父，他能够将仁慈和拯救一视同仁地施派给有罪的人和虔诚的人。①

在这些神圣的、不易觉察的话语背后，隐含着基督教救赎世俗社会的种子。一旦时机成熟，基督教教义就会被重新诠释为一种世俗的哲学而产生巨大的生命力。

随着罗马法研究的复兴，"民权观"得到了社会的普遍认同，而基督教教义与中世纪西欧封建制度体系的结合，则使得个人权利观念逐步深入人心。当人们开始意识到宗教的危害时，个人权利的终极价值观念和个人主义信仰开始反过来形成对基督教教会专制和不宽容的掣肘，为现代民族国家观和近代人权观的形成做好了历史的注脚和铺垫，并为1122年教皇和国王、宗教中央与宗教地方权力之间的最终妥协——《沃木斯宗教协定》的出台——提供了可能。同时，对宗教歧视和不宽容的反思在客观上也促成了宗教宽容的产生和1582年《教皇敕令集》的正式颁布。至此，基于宗教歧视和不

---

① 〔挪〕G. 希尔贝克、N. 伊耶：《西方哲学史》，童世骏等译，上海译文出版社2004年版，第116页。

宽容历史的沉痛教训，宽容原则已经成为伦理和理性的一个重要原则，并第一次通过教会法的形式得以确立。

基督教教义的转变，对整个西欧政治法律思想产生了深远影响。特别是建立在绝对真理之上的消极宽容的观念，为宗教自由和政治德性的培育奠定了理论基础，并为自由主义的世俗哲学所吸收，成为对抗权力专断和不宽容的重要理论武器。值得注意的是，产生于古典时代的早期基督教教义并非一无是处，它在政治思想方面大量吸收了古典时代的成果，尤其是斯多葛派关于自然与习俗关系的思想、自然法思想、人的精神自由与平等的思想。①

由此看来，我们今天在政治（哲）学层面所言及的宽容问题，追根溯源与中世纪的基督教神学有着密切的关系。可以说，宗教自由是世俗自由的源泉。② 近代以来的宪政思想既是对中世纪法治思想的继承，又是在对中世纪思想的直接反对过程中成长起来的。从深层意义上来看，基督（新）教"生而平等"的精神，从根本上改变了以往西方社会关于人的观念，包括人的本质、人的价值、人生的目标、人与他人以及与社会的关系等，从而成为现代宽容观发展的起点。特别是基督（新）教主张反抗与上帝意志相悖之法律的道德权利，使得以"人性升华"为宗旨的法律改革成为基督教法学的一项重要原则。③

宽容法令的颁布虽然应当归功于基督教，但宗教宽容并不是现代宽容产生的主要原因。一方面，基督教帝国并不等于世俗国

① 徐大同总主编、丛日云主编：《西方政治思想史》（第二卷）"导言"，天津人民出版社 2006 年版，第 12 页。

② 〔英〕阿克顿：《自由与权力》，侯健等译，商务印书馆 2001 年版，第 26 页。

③ 参见〔美〕伯尔曼：《法律与宗教》，梁治平译，中国政法大学出版社 2003 年版，第 44—46 页。

家、教权也不等于王权的政治现实，以及形成的教会权力与世俗权力并存的权力二元化社会结构，为现在宪政国家普遍形成的国家与社会的“二元平衡”提供了早期的渊源。① 而这才是宗教自由产生的根本政治和社会原因，说宗教宽容是现代宽容产生的直接原因，容易忽视它赖以产生的社会政治基础问题。另一方面，即便是在中世纪的后期，宗教和教派间的斗争仍然在很大程度上限缩着现代宽容的发展空间。以 17 世纪的英格兰（它可以被看作宗教斗争特别是天主教与新教之间遍及欧洲的斗争的一个缩影）为例，宗教“围绕国王与议会之间的宪法争论”②被这一事实加剧了。随着 1534 年英格兰的《至尊法案》宣布君主是英国圣公会的首脑，16 世纪 30 年代的英格兰，宗教多元主义已经荡然无存。在（英格兰）斯图亚特时代，随着其他信教团体和教派的扩展，虽然宗教多元化主义开始抬头，“多样性就已经是英格兰宗教图景的典型特征了”③，但“各种新教教会都对天主教和教皇的权威抱有强烈的敌意，它们在神学问题上有尖锐的分歧，都把自己当作是‘真正的基督教’的独一无二的嫡传，都认为有责任把自己的观点贯彻到尘世之中。宗教宽容并没有提上英格兰的议事日程”④。

---

① 有论者指出，中世纪政治法律思想的主题是教权与王权的关系问题。从一定意义上讲，教权与王权的斗争史也是中世纪消化古典文化、挖掘古代遗产、创新古代政治法律思想的历史。这一历史为罗马法研究的复兴和“权力下源论”提供了政治基础。参见徐大同总主编、丛日云主编：《西方政治思想史》（第二卷），天津人民出版社 2006 年版，第 464—467 页。

② 新教徒担心国王在欧洲日渐增长的反宗教改革力量面前，无法保卫他们的信仰而发生的论争。

③ 〔美〕斯科特·戈登：《控制国家——从古代雅典到今天的宪政史》，应奇等译，江苏人民出版社 2005 年版，第 290 页。

④ 同上书，第 291 页。

客观地看来，中世纪那种宗教赦免型的宽容所谈及的宽容（容忍）原则（Toleration Principle）是宗教实用政治家们政治交易的一个偶然结果，①也是对宗教歧视与不宽容的反思的一个应然结果。在根本上，宗教宽容只是一种政治策略或策略性宽容。这可以从斯·茨威格在其《宗教宽容的宣言》中的呐喊管窥一斑：

> 只有当我们大家都抑制住自己的不宽容时，才能和平相处。在获得信仰的统一之前，我们即使时时意见相左，至少也要做到共同了解，彼此相爱，和平共处。②

事实上，现代宽容的诞生与西方社会源远流长的民主法治文化传统关系最为密切。自古希腊开始就已经存在的习惯法，古罗马时期的自然法思想、基督教文化中信众平等的思想和教会代表大会实践中出现的民权意识，以及日耳曼文化中的“法律至上”的法治实践，有力地维护了“权力源的自下而上性”。正是这种源远流长的民主法治文化传统，使王权和教权都没有完全脱离民主法治的轨道。对此，卡莱尔总结道：“中世纪的生活是动荡的、无序

---

① 关于这一点，美国学者亨德里克·房龙指出：“人们关注的只是那部著名的《宽容法令》，在其中，皇帝为保护他的可爱的基督臣民，赋予他们‘自由表达个人思想和在集会场所不受干扰地集会的权利’。我在前面已经反复讲过，4世纪上半叶的教会领袖都是些实用政治家，他们最终迫使皇帝签署了这个永远值得纪念的法令，使基督教从小教派的行列中提升为国教。……在过去的二十个世纪中，还有过其他的交易。但是，这种妥协使得基督教从此大权在握，这种事在历史上还寥寥无几。”〔美〕亨德里克·房龙：《宽容》，晏榕译，国际文化出版公司2007年版，第65页。

② 〔奥〕斯·茨威格：《异端的权利——卡斯特利奥反对加尔文史实》，赵台安、赵振尧译，生活·读书·新知三联书店1987年版，第168页。

的，有时甚至是混乱的，但是他们不是无理性地在对专制主义的臣服中寻找补偿，而是在对法律的最高权威的认可中寻求解救的方法。这法律不是外部的或机械的，而是社会生活的体现和表达。”①

宗教宽容与世俗自由虽然有着勾连，但它只是产生现代宽容的一个必要而非充分的条件。就基督教教义而言，“生而平等”的隐讳表达，虽然已经播下了“宽容的种子”，但它离我们将要详尽讨论的政治宽容乃至宪法意义上的宽容还相去甚远。奥斯曼人虽然接受了宗教宽容原则，这个原则甚至“被理解为表明了统治性宗教与其他宗教共存的意愿”，但他们并没有接受自启蒙运动以来的自由主义的个体良心自由原则。② 对此，李震山教授指出：

> 在那个时代背景下，强者对弱者表示宽容，不过是一种崇高的价值象征，有恩赐、恩赦的仁民爱物的假象，反之，非主流者或者弱者宽容“异见”之态度，即被化约为“牺牲小我，完成大我”的应然结果。③

同时，宗教宽容原则并不能推导出现代意义上的约束权力的诸多宪政原则，而这也是西方的历史学家通常将英国的自由史追溯到 1215 年的自由大宪章而不是 17 世纪确立宗教多样性的主

---

① 转引自徐大同总主编、丛日云主编：《西方政治思想史》(第二卷)，天津人民出版社 2006 年版，第 157 页。

② 参见〔加〕威尔·金里卡：《多元文化公民权——一种有关少数族群权利的自由主义理论》，杨立峰译，上海世纪出版集团 2009 年版，第 158 页。

③ 李震山：“论宽容与宪法”，载刘幸义主编：《多元价值、宽容与法律：亚图·考夫曼教授纪念集》，(台湾)五南图书出版公司 2002 年版，第 405 页。

要缘由。虽然大宪章并不是限制国王权力的唯一文件，但“大宪章超乎时代地成了君主的权威从属于后来所谓英格兰的‘古代宪法’这一原则”，应当归功于大宪章所确立的“没有财产安全就没有自由”的原则，并使约束权力与保障自由紧密结合起来。对此，斯科特·戈登说道：

(自由大宪章——笔者注)所内含的自由依赖于财产的牢固占有，而这又进而依赖于对王室的征税权的控制这一原则。13世纪早期的贵族很容易认识到他们所谓的“自由”乃是来自于他们作为土地财产的所有者的地位，而如果没有对国王的征税权力的限制，这种自由就会被削弱或破坏。征税须经大议会即纳税人的同意的原则实际上比大宪章早1个世纪就有了，但大宪章为它赋予了法规的地位。……随着作为政治组织的主要工具的民族国家的出现……另一个封建时代的机构出现了，这就是议会。它成了英国宪政自封的监护人和英国人自由的保护者。①

综上可见，宽容成为人们的社会共识，并非是宗教宽容的一个必然结果，而是源自于宗教宽容与世俗自由的结合。在现代民族国家里，这种结合并不仅仅是一个宗教教义或者宗教敕令所能解决的，它必须使宽容成为人们的一种生活方式。② 因而在一个奉行宽容的宪政国家，必须使宽容注入政治和社会运动中，发展出良心自

---

① 〔美〕斯科特·戈登：《控制国家——从古代雅典到今天的宪政史》，应奇等译，江苏人民出版社2005年版，第293—294页。

② 关于宽容作为一种生活方式的讨论，参见Jeffrey ,Clark,“Tolerance as A Way of Life”, Chs. 1－3,VDM Verlag 2008。

由的观念，并使之成为自由民主的应有内涵。对此，伯尔曼总结道：

> 正是美国和法国的革命，开创了新的世俗宗教的时代，是它们将宗教心理以及以前一直是借各种形式的天主教和新教教义表达的宗教思想，注入到世俗的政治和社会运动中去。……发自启蒙运动的政治哲学和社会哲学就是宗教，因为，它们把终极意义和神圣性归因于个人的心智。①

第二节　自由主义政治哲学与现代宽容

如前所述，宽容成为西方社会的政治共识，应当主要归功于发自启蒙运动以来的自由主义政治和社会哲学。那么，在自由主义的发展进程中，现代宽容以什么样的姿态出现？宽容与立宪自由主义所普遍遵从的个人自由主义、平等主义和人权观念之间是一种什么样的关系？连接宽容与自由、民主的纽带是什么？要回答这些问题，就需要从代表资本主义文化集成的自由主义思想中找寻答案。

在阐述自由主义立场和思想的浩如烟海的文献中，宽容从来都是一个不能避免的主题，在16、17世纪迄今出现与自由主义有关的人物及经典著述，或多或少与宽容理念有关，至少包括了洛克、卢梭、肯特、密尔、Dworkin、海耶克、诺齐克、罗尔斯等重要的思想家，各该思想都会影响立宪主义对宪法之适用与诠释。② 从形式上来看，自由主义者对现代宽容所做的诠释，与自由主义政治哲学"天赋权利论传统"有着不可割裂的内在关联性。但在施

---

①　参见〔美〕伯尔曼：《法律与宗教》，梁治平译，中国政法大学出版社2003年版，第61页。

②　参见李震山："论宽容与宪法"，载刘幸义主编：《多元价值、宽容与法律：亚图·考夫曼教授纪念集》，（台湾）五南图书出版公司2002年版，第412页。

特劳斯看来，自马基雅维利以来的自由主义政治哲学拒斥了古典政治哲学传统，所谓的“宽容的天赋权利论”不过是一种“梦幻而非科学”的表达，其本身乃是“不宽容的源泉”。

虽然施特劳斯学派在西方并未见得是一个主流的学派，但施特劳斯关于古典政治哲学与自由主义政治哲学冲突的观点，以及他那本著名的《自然权利与历史》(*Natural Right and History*)一书，却让我不得不重新审视和思考他所提出的自由主义政治哲学的上述“显要问题”。更为重要的是，在我看来，对此问题的审视与思考之所以必要，乃是因为它恰与宽容的哲学思考和我所关注的西方现代宽容的根源有着紧密的关联性。

一、政治哲学的近代转向：对自然正义传统的拒斥抑或自然权利论的催生？

在施特劳斯看来，就自马基雅维利以来的自由主义政治哲学所倡导的自然权利论的正义观念而言，自然权利已经取代了古典政治哲学关于自然正义的真理。自由主义政治哲学与古典政治哲学的冲突，其直接简明的体现在于：是否存在真理及正确的意见。对此，他说道：

> (宽宏大量的自由派们——笔者注)似乎认定，既然我们无法获得有关什么才内在地就是善的或对的真正的知识，这就使得我们被迫容忍各种关于善或对的意见，把一切的偏好和一切的“文明”都视作旗鼓相当。唯有漫无限制的宽容才是与理性相吻合的。但这就导致了承认，每一种偏好，只要它能容忍别的偏好，它就具有合理的和自然的权利；或者反过来说，这就承认了人们有合理的或者是自然的权利，来拒绝或

谴责所有不宽容的或“极权主义的”立场。①

施特劳斯的上述论断是建立在“善或正义优先于权利”的观念之上的，或者说上述论断是一种建立在“德性”置于个体权利之上的古典观念。为此，他指出：

> 政治的难题就在于要调和对于智慧和对于同意的要求。可是，从平等主义的自然权利论的观点来看，同意优先于智慧。②

在我看来，其“显明的教导”应该是：近现代建立在“权利本位的自由主义(rights-based liberalism)”基础之上的政治哲学，只讲“宽容的天赋权利论传统”，不可避免地会降低“以自然为标准”的古典政治哲学一直以来寻求正义或善的可能性，从而在社会领域无法获得真理或正确的意见。

从人类的正义或善的观念出发，确如施氏所言，自由主义政治哲学拒斥了古典政治哲学的“自然正义传统”。因为，自由主义政治哲学“宽容的天赋权利论传统”，以自然权利而非自然正义作为判断真理的标准，其基础乃是坚持多样性与个别性的观念，必然会导致自由主义的相对主义和多元主义。如果我们翻阅一下自由主义经典作家们的著作就会发现，建立在宽容的自然权利论逻辑基点上的自由，与相对主义和宽容有着紧密的关联性。以国人颇为熟悉的哈耶克的《自由秩序原理》一书为例，哈耶克

---

① 〔美〕列奥·施特劳斯：《自然权利与历史》“导言”，彭刚译，生活·读书·新知三联书店2003年版，第5页。

② 同上书，第143页。

在书中声称，自由的精神就是对自己是否正确不是很有把握的精神。为论证这种自由多元主义，他将“无知”的概念引入其论证结构中：

> 主张个人自由的依据，主要在于他承认所有的人对于实现其目的及福利所赖以为基础的众多因素，都存有不可避免的无知(inevitable ignorance)。①

在建构个人自由的依据在于“无知”的知识论之后，哈耶克进而指出：

> 由约翰·密尔顿和约翰·洛克首先提出、后又为约翰·斯图尔特·穆勒和Walter Bagehot重新论述的有关主张宽容的经典论点，无疑是以承认我们所主张的这种“无知”为基础的。②

可见，在哈耶克自由主义理论中，建立在个人“无知”基础上的自由多元主义本身并不意味着以赛亚·伯林所指称的那种“独断式的确定感”和哈耶克所指称的那种“致命的自负”，宽容成为自由的应有内涵就是再自然不过的事情了。

施特劳斯的确是看到了问题的所在。近现代自然权利论已经抛弃了古典自然权利的传统，从而放弃了自然权利的社会性。“宽容的天赋权利论传统”及其倡导的自然权利论的近现代发展，

---

① 〔英〕哈耶克：《自由秩序原理》(上)，邓正来译，生活·读书·新知三联书店1997年版，第28页。

② 同上书，第29—30页。

必然使得自然权利(人权)的观念完全从公共领域过渡到私人领域而丧失其“公共意义”,从而导致“权利优先于善”的观念,拒斥了“善优先于权利”的古典自然正义的哲学传统。[①] 而这种自由主义的相对主义或多元主义必然会导致“怀疑主义”或“虚无主义”,成为一个真实的“不宽容的源泉”。

不过,施氏似乎并不打算告诉我们真理或正确的意见(自然正义)是什么。在施氏对古典自然正义论(汉译本翻译为“自然权利论”)的分析中,苏格拉底认为(按西塞罗的说法)自然是有规律可循的,在关于正义和善的言词和意见的背后有着某种固定的、有内涵的观点。简言之,在伦理学中关于正义的本质问题是有着正确的界定的,即存在着真理问题。师从苏格拉底的柏拉图试图通过“理念说”对此给予回答。在他的理念的世界里,善或正义作为最高的价值理想有其固定的形态,是永恒不变的。而气候的争论,特别是亚里士多德的语序学的较量,则让人认识到:善的正确认识在于理解它的内容。对于如何理解善或正义的内容的问题上,亚里士多德开创了现象学,斯多葛学派则通过理性(逻各斯)将自然世界和“道的规律”结合起来,在“与自然(由逻各斯所指引的自然)相协调一致中”理解善或正义。

由此可见,施特劳斯对古典自然正义论的分析,除了告诉人们古典自然正义论所坚持的正义观念以外,根本无从发现什么是

---

①　自然权利或人权的概念受到以下几个观点的质疑:(1)人权并非自然的存在,它们是人类创造的。(2)人权理论应该依从而非优先于良善社会的理论。(3)因为社会的良善优先于个人权利,所以对社会的个人责任优先于个人权利;有不同的良善社会的观念,且不同的权利观念会从这些良善社会的观念中导出。(4)没有普遍性的人权观念。参见 Michael Freeman:《人权》(*Human Rights: An Interdisciplinary Approach*),汤智贸译,(台湾)巨流图书有限公司与“国立”编译馆 2006 年版,第 66—67 页。

正义或正确的意见，唯一知道的是“正义就等同于一个合于自然的社会”①、“正义乃是公共的善”②等纯粹的观念认知了。因为，施氏无法回避以下的事实：在追求人类社会正义或善的过程中，古典政治哲学所带来的——恰如《苏格拉底对话篇》中所彰显的、柏拉图的《理想国》所确立的以及亚里士多德在其《政治学》中所苦恼的——那种“纯粹哲学家式”的自然正义或善的观念在人类社会难于实现的政治现实，使得古典政治哲学走向衰微。也许是认识到了古典政治哲学的问题所在——古典政治哲学与政治现实的内在冲突，施特劳斯不得不将其所倡导的古典政治哲学导向一种“隐讳的教导”。但颇令人疑问的是，“隐讳的教导”和“温良的公共美德”是否意味着必须回归到柏拉图式的“哲学家治国”的理想中去呢？而且，能否据此认为自由主义必然会导致怀疑主义或虚无主义呢？

对上述问题的回答不可能绕开自由主义的理性传统，而这一传统与自由主义政治哲学走向现实世界而寻求“有效政府”或“合法政府”的正当性有着密切的关联。恰如自由主义代表人物大卫·斯皮茨(David Spitz)临终前为自由人士所写下的第七条“自由主义信条”所表明的那样，要尊重理性，一种建立在个人自由真理基础上的理性。由此，施特劳斯给自由主义者提出了一个更为棘手的问题：“宽容的天赋权利论传统”是自由的本质，还是不宽容的源泉呢？

二、宽容的天赋权利论：自由的本质抑或不宽容的源泉？

对现实政治生活和自然权利的关切，一直以来都是自由主

---

① 〔美〕列奥·施特劳斯：《自然权利与历史》，彭刚译，生活·读书·新知三联书店2003年版，第150页。

② 同上书，第163页。

义政治哲学的固有传统。但在施特劳斯看来，自马基雅维利以来的政治哲学却从“更其是一场梦幻而非科学”的传统政治哲学走向一种纯然现实的政治哲学。这种哲学传统的转变使得“有效政府”或“合法政府”的观念取代了“最佳制度”或“优良政体”的观念。由此，自由主义政治哲学开始抛弃为“最佳制度”或“优良政体”寻求正当性的做法，转而为“有效政府”或“合法政府”寻求正当性。

为了论证这种正当性，霍布斯开创了他那“自我保全的理性传统”和“以权力为主旋律”的政治哲学。霍布斯确信，哲学只要成为普及化了的哲学并且从而成其为公众见解，它自身就能带来哲学与政治权利的合一。① 因而在他看来，人们是可以被逐步教化的，通过“正确的制度”和大众启蒙（而不是道德训诫）是可以实现正当的社会秩序的。因为“正当的社会秩序并不由于自然的必然性就会到来，因为人们对于那一秩序是无知的”②。为了实现正当的社会秩序，人们的理性必须与激情进行合作。换句话说，“正确的制度”和大众启蒙可以培植起人们的理性与激情的合作，从而实现“正当的社会秩序”。

为了论证他的理性主义，霍布斯在他开创的自然状态理论中指出，正是对暴力死亡的恐惧唤醒了人类的理性，同时也成为一切正义的以及随之而来的全部道德的根源：

> 在这种状况下，产业是无法存在的，因为其成果不稳定。这样一来，举凡土地的栽培、航海、外洋进口商品的运用、舒

---

① 〔美〕列奥·施特劳斯：《自然权利与历史》，彭刚译，生活·读书·新知三联书店 2003 年版，第 204 页。

② 同上书，第 205 页。

> 适的建筑、移动与卸除须费巨大力量的物体的工具、地貌的知识、时间的记载、文艺、文学、社会等都将不存在。最糟糕的是，人们不断处于暴力死亡的恐惧和危险中，人的生活孤独、贫困、卑污、残忍和短寿。①

霍布斯的理性主义在洛克那里得到了进一步的发展，“自然法对于所有有理性的生物来说都是清楚明白的”。人们能够“从理性的原则入手”提炼出“一套完整的自然法”。同时，为了消弭“神法”与“自然法”之间的紧张关系，洛克通过理性对二者做了天衣无缝的嫁接：“自然法”乃是上帝意志的宣布，它是人心中的“上帝之声”，因此它可以被称作“上帝法”或“神法”，甚至是“永恒法”；它是“至高无上的法”；“上帝给予人类以理性”，而这种“神法”在理性之内或者通过理性而得到传布。

为了论证这种理性法的存在，洛克开始寻求对自然状态的进一步探究。他发展了霍布斯所开创的自我保全的理性传统，认为人们受理性支配而生活在一起，人世间不存在对他们拥有进行裁判的权力的共同尊长，他们正是处在自然状态中，并认定自然状态是一个和平、善意、互助和保全的状态。显然，其探究的结果恰如洛克所描绘的那样，“自然法更是理智的产物而非自然的作品”；它“只在于人心”，是一种“概念”，而不是“在于事务本身之中”。对此，罗伯特·A.戈尔德温质疑道：

> 洛克还没有解决下述问题：作为整体的社会的保存和其个体成员的保存能足够的和谐一致吗？……洛克为政治

---

① 〔英〕霍布斯：《利维坦》，黎思复、黎廷弼译，商务印书馆1985年版，第94—95页。

社会的建立提供了深入而总括的理由,但那些理由都导致这样的结果:它们的特点阻止他去思虑当社会的建立得以保全后社会应向什么方向发展。他没有补充他的基本原则:他没有讨论一个社会在其建立后得以为继的其他理由,这些理由在社会内逐渐形成而在社会刚刚建立时也许还不能存在。他经常论及社会而很少谈及国家;经常谈及自然法,而很少谈及——如果谈到过的话——传统、习惯、制度;经常谈及权利而很少谈及义务;经常谈及人民而很少谈及民族。①

到了卢梭那里,虽然他继承了霍布斯的理性主义传统,且同样注意到了理性对自然权利的重要性,但他却发展出"现代性的批判",在其自然状态理论中摈弃了理性。在卢梭看来,自然状态是先于理性而存在的,某些偶然事件和变故的发生,将理智和理智的发展强加给人类,"理性的创造力和理性对于自然的盲目力量的主宰地位,乃是那些盲目力量的产物"②。"人的可完善性、社会道德和种种潜在的能力是不可能依靠它们本身发展的,而必须要有几种或迟或早的外因的综合作用才能发展。"③

源自于卢梭所关注的人的彻底的独立性,他的"非理性"的自然状态的概念,并没有使他返回到人是政治动物的古典传统

① 〔美〕列奥·施特劳斯、约瑟夫·克罗波西主编:《政治哲学史》(下),李天然等译,河北人民出版社 1998 年版,第 587 页。

② 〔美〕列奥·施特劳斯:《自然权利与历史》,彭刚译,生活·读书·新知三联书店 2003 年版,第 280 页。

③ 〔法〕卢梭:《论人与人之间不平等的起因和基础》,李平沤译,商务印书馆 2007 年版,第 32 页。

概念中去。“他通过赋予个体内在的、认为自身立法的自由能力将主权的合理性证明建立在赤裸裸的个人自然属性之上。”① “他之所以保留了自然状态的概念，是由于他所关注的是这样一种在最大可能的程度上有利于个人的独立的自然的标准。”②这样一来，卢梭就很自然地从独立的个人的概念转入到他所关注的自由的概念：“自由就是服从于个人对自己的立法”。显然，在卢梭那里古典政治哲学中的公共理性的概念已经完全消解了，并让位于建立在个人理性主义基础上的自由的概念，自由的概念已经与“善”和“德性”等同了。至此，卢梭发展了一种真正意义的“自由的哲学”：自由便是自然的善或德性，自由便是真理。

如果说，霍布斯试图通过理性的概念实现古典政治哲学与自由主义政治哲学的对接，洛克试图通过理性实现神法与自然法的对接的话，那么到了卢梭那里，个人理性的概念已经完全让位于自由的概念，甚至说等同于自由的概念，人类已经不再需要上帝，也不再需要哲学家了。因为，他那“自由的哲学”已经完全放弃了传统政治哲学的“是非”、“善恶”、“正义”标准，转而寻求一种“纯粹的个人理性”式的“善恶”或“正义与非正义”标准。在施特劳斯看来，这种转变必将导致一种“宽容的天赋权利论”：

> ……当自由派们对于甚至是由最具自由主义色彩的自然权利论对多样性和个性所施加的绝对限制感到不耐烦时，他们就得在自然权利论和丝毫不受束缚的对个性的培养之

① 〔法〕皮埃尔·莫内：《自由主义思想文化史》“英文版序言”（杰罗德·辛格），曹海军译，吉林人民出版社2004年版，第7页。

② 〔美〕列奥·施特劳斯：《自然权利与历史》，彭刚译，生活·读书·新知三联书店2003年版，第284页。

> 间做出选择。他们选择了后者。一旦走出了这一步，宽容对许多人而言就成了一种价值观或者理想……①

施特劳斯对此所做的判断，从哲学的视角来看似乎并无不当。因为，按照卢梭犯罪也是符合自由之本性的观点，如果人不想成为社会的一员，那么他就将不受契约（法律）的约束，因而他就可以自由地去做他认为可以做的任何事情，在这种观念下，犯罪也便成为符合人的自然本性的一种自然了。据此，施特劳斯认为，这种由卢梭发展的、建立在现代性批判基础上的"现代性的转变"所产生的"宽容的天赋权利论"——

> 本质上并不比它的对立面更优越。换句话说，不宽容是与宽容具有同等尊严的一种价值。……自由主义的相对主义，根植于宽容的自然权利论传统之中，或者说是根植于认为每个人都具有按照他对于幸福的理解而去追求幸福的自然权利的观念之中；但是就其本身而论，它乃是不宽容的一个源泉。②

在施特劳斯看来，这种宽容的自然权利论的近现代发展，以及拒斥古典的"善优先于权利"的自然正义的哲学传统，注定要导致灾难性的后果：

> 很明显，那被很多人，甚至是被最起劲地反对自然权利（根据原文，此处应译作"自然正义"更妥，下同。——笔者注）论的某

---

① 〔美〕列奥·施特劳斯：《自然权利与历史》"导言"，彭刚译，生活·读书·新知三联书店2003年版，第5页。

② 同上书，第5—6页。

> 些人视作灾难性的后果，的确是导因于当代人对自然权利的拒斥。对于要达到某些目标我们可以选择何种手段而言，我们的社会科学确实能使我们聪明而睿智。可是它承认无法帮助我们分辨合法的与非法的、公正的与不公正的目标。……我们对于我们据以作出选择的最重要原则、对于它们是否健全一无所知；我们最终的原则除却我们任意而盲目的喜好之外并无别的根据可言。我们落到了这样的地位：在小事上理智而冷静，在面对大事时却像个疯子在赌博；我们零售的是理智，批发的是疯狂。①
>
> 我们越是培植起理性，也就越多地培植起虚无主义，我们也就越难以成为社会的忠诚一员。虚无主义不可避免的实际后果就是狂热的蒙昧主义。②

施氏的担心并非多余。自由主义“宽容的天赋权利论传统”和个人自由主义的价值观念必然催生多样性和价值多元主义。到20世纪80年代，价值多元主义开始在西方国家兴起，“以赛亚·伯林吹响了价值多元论的号角，此后，以伯纳德·威廉姆斯(Bernard Williams)、斯图亚特·汉普舍尔(Stuart Hampshire)、约瑟夫·拉兹(Josegh Raz)、史蒂文·卢克斯(Steven Lukes)、米切尔·斯多克(Michael Stocker)、托马斯·内格尔(Thomas Nagel)、查尔斯·泰勒(Charles Tayor)、马莎·努斯堡(Martha Nussbaum)、查尔斯·拉莫(Charles Larmore)、约翰·格雷(John Gray)、理查德·白拉米(Richard Bellamy)等人为代表的一大批学者在思想界为价值多元主义摇旗呐喊，极大地推动了价值多

① 〔美〕列奥·施特劳斯：《自然权利与历史》，彭刚译，生活·读书·新知三联书店2003年版，第3—4页。

② 同上书，第6页。

元主义理论的形成与发展”①。价值多元主义特别是那种激进的价值多元主义的盛行，开始危及传统自由主义所赖以建立的那些如平等主义、个人主义、普遍主义等基本价值原则，从而潜在地推动了怀疑主义的盛行。对此，白拉米指出：

> 从许多方面来看，多元主义既是自由主义的产物，也是它的一个问题。②

施氏的这种担忧在美国产生了巨大的共鸣，特别是自由主义“宽容的天赋权利论传统”所导致的“普世国家观念”与自由主义“多样性与个别性观念”所导致的价值多元主义之间的内在冲突，在美国国内迫使人们反省——立宪自由主义在规制民族国家和政治社会中的反古典政治传统所带来的——现代性的德性危机问题。这也是为什么美国学院派自由主义学者自20世纪80年代以来集体性地关注道德问题的根本原因。③ 虽然这种反省颇有某种“自我辩护”的味道，但却暴露了自由主义以前确实忽视了“德性问题”，且这种“自我辩护”最终导致了新政自由主义者维护国家干预经济生活

---

① 佟德志：“多元价值中的自由——当代西方自由多元主义的理论与实践”，《浙江学刊》2004年第4期。

② Richard Bellamy, *Liberalism and Pluralism: Towards A Politics of Compromise*, Routledge, 1999, p. 10.

③ 例如，《自由主义与道德生活》(Nancy Rosenblum (ed.), *Liberalism and Moral Life*, Harvard University Press, 1989)、《自由主义与善》(P. B. Douglass, G. Mara, and H. Richardson (eds.), *Liberalism and the Good*, New York, 1990)、《自由主义的德性》(Stephen Macedo, *Liberal Virtues: Citizenship, Virtue and Community in Liberal Constitutionalism*, Oxford, 1990)。参见甘阳：“政治哲人施特劳斯：古典保守主义政治哲学的复兴”(“列奥·施特劳斯政治哲学选刊”导言)，载〔美〕列奥·施特劳斯：《自然权利与历史》，彭刚译，生活·读书·新知三联书店2003年版，第45—46页。

与强烈主张道德文化生活上的“国家中立”的矛盾立场。①

作为“宽容的天赋权利论”的一种外在反映，这一矛盾立场给自由主义者提出了一个更为棘手的问题：既然自由不是绝对的（因为要干涉经济自由），那么宽容作为自由的应有内涵是否意味着宽容本身并不具有正当性呢？

要回答这一问题，必须走出自由主义的普世价值观，即在平等主义、个人主义和普遍主义的观念之外寻求答案。因为，“普世国家观念”与自由主义“多样性与个别性观念”是建立在不同的价值立场之上的。“普世国家观念”是纯粹意识形态的观念表达，而“多样性与个别性观念”才是自由主义的本质所在。这两种观念的冲突内在地反映了自由的真理与自由的本质之间的内在冲突。更进一步，人类实现和谐社会秩序的目标不仅依赖一种正义或善的观念（比自然权利的观念更为根本），而且有赖于实现这样一种观念所必要的价值取向或方法。就人类发展的政治哲学史而言，自由主义政治哲学和古典政治哲学一样，从来都没有摈弃正义或善的价值观。虽然自由主义政治哲学迫切想通过“自由”和“平等”的概念及其制度架构来实现人类的理想，但就其本质而言，自由主义作为一种基本的政治信念，一种哲学和社会运动，它不仅是一种社会体制构建和政策趋向，而且是一种“容纳异己、兼容并包”的生活方式。

三、宽容作为自由主义的精髓：“正确的路途”抑或“虚无主义”？

从自由主义政治哲学的视角以观，宽容与其说是一种价值，

① 详细论述请参见甘阳：“政治哲人施特劳斯：古典保守主义政治哲学的复兴”（“列奥·施特劳斯政治哲学选刊”导言），〔美〕列奥·施特劳斯：《自然权利与历史》，彭刚译，生活·读书·新知三联书店 2003 年版，第 41—46 页。

倒不如说是一种生活方式，一种接近真理的方法。美国自由主义学者维护国家干预经济生活的立场，恰是宽容理念的现实运用。其根本目的是维护和谐的社会秩序，限制人们无休止地摄取财产的欲望，减少贫富悬殊，保障少数人的财产利益，纠正过度的个人理性，以及消解建立在财产基础上的“社会压制性权力”产生的不宽容。罗斯福新政的顺利实施及其达至的社会和谐的政治目标，足以说明干预的功效之所在。但在道德生活领域，鉴于美国国内保守主义思想的盛行，为防止建立在文化和道德领域的压制所产生的不宽容，自由主义者强烈主张道德文化生活上的“国家中立”的立场也是顺理成章的事了。

由此可见，自由主义政治哲学是一种发展中的**宽容的实践哲学**。如果我们不能了解到这一点，我们就无法解释清楚美国新政时期自由主义者维护国家干预经济生活与强烈主张道德文化生活上的“国家中立”的矛盾立场，也无法解释清楚自由主义者推崇价值多元主义与批评价值多元主义的根本缘由。

一些自由主义学者之所以批评价值多元主义，其所依据的理由在于“文化多元主义或者说宽容的吊诡”：对于不宽容的文化是否应当采取宽容的态度。提供这种批评理由所采用的形式是一种古典的哲学形式，即采用一种目的论的宇宙观。但是，就自由主义政治哲学而言，其所采用的形式显然是一种非目的论的人生观。按照这种人生观，人类至今仍然无法像自然科学所做的那样，完全有效地实现其对社会真理的普遍认知。因为就人类社会而言，恰恰是人的多样性和偶然事件的发生，在一个政治社会消弭了对真理普遍认知的可能性。而历史的和非历史的事件似乎在不断地向那些“哲人”们示意：为了自我保全和繁衍，人类只能在荆棘丛中爬行。因而对于政治科学或社会科学而言，恰如法哲学家们所认真讨论的正义的情形，真理是存在的，但真理往往不是“确定、绝对和普世”的。

为了论证这个“非绝对的”、“不确定的”的真理，在这里需要借用“人的可完善性”的概念。人的可完善性可归因于一个凯尔森早已论证过的结论，即人类社会不受“必然”(necessity)的支配，而社会的基本性质是所谓“自由”(freedom)。① 在社会的规范世界中，人的意志是自由的，他并不受自然因果律的支配，因而人们可以基于其理性而违背自然。恰如我们今天所看到的，我们运用生物技术改变人的寿命，我们运用科学技术改变我们的生存环境。人可以从其他人那里得到补足和完善，即便是从单纯的个体的人的角度，人们也无法否认人的可完善性的事实。

人的可完善性已经隐含了一个经验性的真理，即人是不完善的。即便是哲学家如苏格拉底也只能从癫狂走向清明，更何况人类社会的存在本身就已经蕴涵了人的多样性的事实。没有多样性，只有离群索居的个人，人类社会就无法存在，政治宽容就不可能实现，施特劳斯所谓的政治哲学自然也就不存在。因为政治哲学的原初含义“不是真理的寻求，而是‘最好的政治秩序的寻求’”②。

就政治科学或社会科学而言，如果我们承认政治社会的存在，就必须承认人的多样性和人的可完善性，而人的多样性和可完善性就必然导致这样的结论：真理是不确定的，或者说在社会科学领域并不存在确定的或者说绝对的真理。古典政治哲学把对“最好的政治秩序的寻求”建立在自然正义的基础上，但有关于

① 转引自林文雄：《法实证主义》，台湾大学法学业书编辑委员会 1993 年第五版，第 202 页。

② 〔美〕列奥·施特劳斯：《自然权利与历史》，彭刚译，生活·读书·新知三联书店 2003 年版，第 16 页。

自然正义的知识却是人类社会所无法承受的。因为存在着自然的不平等，且人的“自我保存”和“可完善性”总是试图摧毁这种不平等。“野蛮人”对“文明人”的战争，奴隶对奴隶主的反抗，非自由民对自由民的挑战，平民对贵族的宣战，都是由人的自我保全和可完善性推动的自然结果的可靠例证。

既然真理(社会科学)在政治社会中是不确定的，那就不可能存在什么自然的天赋权利：“哲学的可能性所要求的只不过是那些基本问题永远是一样的；可是倘若政治科学的根本问题不能以某种终极的方式加以解决，那就不可能有什么自然权利。”①如果自由主义政治哲学摈弃其自然权利论，就将丧失其哲学的地位，走入施特劳斯所言的“怀疑主义”或“虚无主义”的泥潭而不能自拔。而这恰恰成了自由主义政治哲学的痼疾而受到后现代主义的猛烈批判，也难怪自由主义政治哲学无法应对后现代主义哲学的彻底的后现代性的批判浪潮。

自由主义政治哲学试图解决这个难题，不断地返回原初状态，通过论证自然权利的存在，以为自由主义政治哲学的可能性提供注解。卢梭的“道德理想国”虽然能够为自然权利的存在提供最有力的论证，但他却抛弃了经验理性的传统，在“人的可完善性”的个体自由问题上走入另一个极端，从而颠覆了“人的可完善性”。在卢梭看来，一个人绝不能奴役另一个人，因为一个人并不需要另一个人。如果自然的本意是使我们成为健康的人，那么动脑筋思考的状态也是违反自然的状态：

人是生而自由的，但却无往不在枷锁之中。自以为是其

① 〔美〕列奥·施特劳斯：《自然权利与历史》，彭刚译，生活·读书·新知三联书店2003年版，第37页。

> 他一切的主人的人，反而比其他一切更是奴隶。①

卢梭的“道德理想国”只是一种理想的状态。“国王和臣民的契约”，“富人和穷人的契约”，“聪明人和不聪明的人的契约”，只有在保持人的可完善性和保持人的多样性相对平衡的经验世界里才最为可能。纯粹地求助于个体的道德，无异于“一个垂危的病人将自己的希望全部寄托在某个细胞或器官上”。

社会契约和自然权利论既然不能为真理提供最好的注解，那么为着人类幸福的理想，人们就应当求助于经验科学。而经验科学一再地向人们表明，真理是不确定的和非绝对的，只有“容纳异己、兼容并包”的政治生活方式才能拯救人类。而这对处于自然权利论迷途中的自由主义者而言，不啻是打了一针“强心剂”。由此，在自由主义政治哲学那里，宽容的概念开始被重新发掘，并为自由主义政治哲学解决上述困难提供了可能性。

就古典政治哲学而言，宽容只是达致真理的一个手段。因为就最好的政治秩序或正当的社会秩序的寻求而言，我们是否可以通过一种妥当的方式，一种哲学的方式，使得意见可以通向知识或真理的路途呢？当苏格拉底把哲学称作“辩证法”或“一种友好辩论的艺术”时，他的意图在于，通过一种方式，一种政治哲学的方式，来保持政治哲学“行走”在“正确的路途上”：

> 导向真理的友好辩论之所以称为可能的或必须的，都是由于以下事实：人们关于事物或者说某些极其重要的事物种类的意见，是彼此冲突的。认识到了这种冲突，人们就得超

---

① 〔法〕卢梭：《社会契约论》，何兆武译，商务印书馆2003年版，第4页。

出意见之外，而去寻求有关相关事物本性的融通无碍的观点。那种融通无碍的观点使得人们能够看见互相冲突的意见中的相对真理。①

显然，就政治哲学的古典传统特别是苏格拉底的传统而论，政治哲学所要寻求的恰是一种导向不确定的、非绝对的真理的方式。因为在个别社会问题上，人们还一时无法获知真理或“正确的意见”。正因如此，古典哲学家们才不得不走下自然哲学的神坛。苏格拉底将拯救人类的重任交给了哲学家，而柏拉图则在《理想国》之后将它交给了“高尚的立法者”。

自由主义哲学对待宽容问题同样没有脱离古典政治哲学的轨迹，只是为着自由的目的做出了某些修正。在一些自由主义者看来，古典政治哲学因其自然的标准而无法解决自然理想与社会现实之间的内在冲突，必须建构一种次等的或者最接近“最好的政治秩序”的政治秩序。这种秩序未必符合自然的标准，但它却必须在自然理想与社会现实之间保持一种适度的平衡。正像马克斯·韦伯及其后继者们所做的那样，保持事实与价值之间的适度分离，从而寻求一种不确定的、非绝对的真理。但很显然，自由主义倡导的不可能是“相对的真理”②。因为，社会科学是可能的，否则政治哲学就没有存在的必要。但人的可完善性却使得追求“最好的政治秩序”的社会科学的可能性只能停留在某个历史的节点上。

可见，自由主义政治哲学不再将宽容看作一种手段，而是将

---

① 〔美〕列奥·施特劳斯：《自然权利与历史》，彭刚译，生活·读书·新知三联书店2003年版，第125页。

② 施特劳斯关于“宽容的天赋权利论是不宽容的源泉”的论断，正是建立在自由主义的“相对论”或“无原则(绝对)的多元主义”基础之上的。

其纳入自由的内涵之中，使之成为那种真正的自由主义的精髓。因为在自由主义者看来，只有宽容理念的恰当运用，才符合政治哲学寻求最接近“最好的政治秩序的寻求”的原初含义。施特劳斯在言及自由主义政治哲学拒斥古典政治哲学传统的同时，他似乎也开始背离了政治哲学的原初含义。因为他同古典政治哲学派一样，忽视了人的可完善性和多样性的政治事实。而恰恰是建立在“宽容的天赋权利论传统”基础上的自由主义，才产生了现代颇为人们所津津乐道的宽容宪政，并在某些发达国家最大限度地实现了政治和谐，实现了孟德斯鸠“建立宽和政府”的目标。从这个意义上来说，自由主义政治哲学的确是一种宽容的世俗政治哲学。

但是，真理的非绝对性及其要求“容纳异己、兼容并包”的生活方式，容易使自由主义政治哲学走入“怀疑主义的泥潭”甚至导向“虚无主义”。因而正如我在下一节试图说明的那样，自由主义只有抛弃绝对的价值多元主义和绝对的相对主义，才不会使宽容变得毫无意义。但很显然，如果这种“宽容的哲学”成为一种纯粹的世俗社会的价值观，就很容易产生以下后果：人们（非哲学家）不再相信什么“正义或善”的“正确的意见”，甚至于不得不转而相信“存在便是真理”。也许，这正是施特劳斯在《自然权利与历史》一书中所说的“隐晦教导”吧！

此外，即便是自由主义政治哲学能够在与“怀疑主义”或“虚无主义”的论战中走得更远，施特劳斯还是给自由主义者提出了一个难题：在“拒斥”古典政治哲学传统之后，如何保持“寻求正当的社会秩序”没有脱离真理的轨道或者说是在“正确的路途”上呢？对于这个问题的回答，因偏离本节主题，在此不展开讨论。但在本书第五章第一节和第二节，我会进一步讨论实践哲学对这一问题的回应，特别是罗尔斯的政治自由主义理论中的部分观点，并做符合本书研究范畴的相关阐述。

第三节　宽容的论证：宽容理念所涉及的几对关系范畴

立宪自由主义的快速发展及其全球化的影响、宪法制定在民族国家的普遍化，使得自由、平等和民主等价值观迅速成为西方的一种社会共识，并印记在哲学家、法学家和政治家们的那些汗牛充栋的理论著述中。在这些著述中，真理、自由与平等之间的关系问题一直都被放置在突出的位置，并通过立宪自由主义的实践，在有关宪法原则以及人权条款等层面得以体现。对此，学者舒纳(U. Scheuner)指出：

> 宽容理念在基督教的西方国家中，主要是在宪法的宗教自由的问题上被引爆。①

考夫曼继而指出：

> 此种情形直到现在仍然是以如下的方式继续存在，即宽容(指宗教宽容——笔者注)主要被当作是法律问题而在宪法(指德国《基本法》——笔者注)第4条的脉络中加以讨论(信仰、良知及认识自由)。在此脉络中，具决定性的问题在过去乃至于今日都是，真理、自由与平等之间的关系问题。
>
> 简单地说就是，为了自由的缘故，错误是否能与真理拥有相同的权利。②

---

① U. Scheuner:《宪法中的宗教自由》，第372页以下。转引自〔德〕考夫曼:《法律哲学》，刘幸义等译，法律出版社2004年版，第454页。

② 同上。

立宪自由主义者在阐释真理、自由与平等之间的关系时，不可避免地会涉及宽容问题。因为，既然自由主义政治哲学将宽容导入自由主义的“核心”，将它看作自由主义的精髓，那么在为自由主义进行辩护时，就不可能绕开宽容与自由、平等之间的关系问题。为了更清楚地说明这一点，以下将围绕宽容与真理、宽容与自由以及宽容与民主（平等）的关系展开进一步的深入讨论。

一、宽容与真理的关系

对于自由主义者而言，宽容意味着对不同意见的认可与尊重，①它是自由的一个必然结果。但如果存在真理的话，真理持有者为什么还要宽容谬误持有者呢？这是一个值得怀疑的问题，也是自由主义者必须面对的一个诘难，而这一诘难与人类一直以来追求正义或善的理想有关。可以说，对真理的不懈追求推动了整个哲学的发展，而对正义的理解推动了整个法哲学的发展。②

但到目前为止，还没有哪位哲学家能够无可置疑地告诉人们什么是善或正义。这也难怪历史怀疑主义、相对主义在近代以来的盛行。由此我想起海德格尔在《存在与时间》中的一句话：什么是时间，你不问我，我便知道，你若问我，我便不知道。对于正义是什么的问题，我们是否也可以这样说：什么是正义，你不问我，我便知道，你若问我，我便不知道。诡辩论学者普罗塔哥拉提出的“个人是世界万物的尺度”的著名论断是否意味着，对个人而

---

① 这种现代宽容的概念与古代宽容的概念是完全不同的，它更加关注个体的差异性和个体的独立性。而就古代宽容而言，它强调的是不顾差异性的平等观念。

② 就西方的哲学传统而言，总体上可以划分为古代自然哲学、中世纪的基督教哲学和文艺复兴以来的近代哲学三个阶段。

言，根本就不存在什么绝对的真理，真理只是“个人的权衡”呢？但是，这样的论断在一个有着主流文化的国家里会让人想起弗洛伊德的一句话：“在文化里的不舒服”。显而易见的是，善或正义一直以来都是人们所向往的，它是人类社会之所以发展到今天的本质缘由。

宽容作为人类一项古老的心灵活动，与人们对真理的认知程度和对正义或善的理解关系密切。从政治宽容的产生源头上来看，它是人类在不断追求真理的政治法律实践过程中才逐步被人们认知的。由此产生的观念及其形成的原则并不是一蹴而就的，而是在漫长的追求真理的进程中，伴随着哲学家们对神祇统治的怀疑和对自然的终极关怀，伴随着对优良政体的不断探求，也伴随着反对宗教不宽容和歧视的惨烈斗争。在17、18世纪文艺复兴运动中，对真理的追求因宗教对真理的自恃和排斥异己的不宽容被最大限度地予以批判。可见，不宽容经常像天灾一样，不时地降临人间。认识宽容之于人类政治法律实践的意义，并不是一件容易的事。

对于（立宪）自由主义者而言，历史经验似乎已经无可置疑地表明，如果没有宽容，而只是把那种“狭隘的自由主义”看作真理的话，那么对真理的自恃必将葬送真理本身。虽然自由主义者很巧妙地将平等主义纳入其理论体系之中，但自由与平等之间的张力似乎总是试图葬送人们的这一理想。所以，在对待真理与宽容的关系问题上，自由主义者必须首先解决两个基本问题，即（1）是否存在真理；以及（2）如果存在真理的话，宽容是否有助于实现真理。其中，对第一个问题即真理问题的回答，将决定对第二个问题即宽容问题的回答。

基于对这两个基本问题的不同认识，在自由主义者那里产生了不同的观念，这些观念大体上可以归结为怀疑主义、多元主义和相对主义三种类型。这三种不同的观念都与宽容发生着勾连。但在观念的世界里，它们很容易患上怀疑主义或虚无主义的“痉挛症”。所以人们会看到，在自由主义的阵营里发生的那些激烈“争论”，与真理存在论、相对论和怀疑论关联密切。因而，正如我在前面一节阐述的那样，只有在为宽容提供“辩护性论证”的基础上，自由主义才能真正回应来自哲学的诘难。

(一)宽容与自由主义的真理观

有关于宽容与真理的关系，依据学者们的考察，主要存在两种不同的论证路径：一种是来自于主流自由主义者即非怀疑主义、非相对主义的论证。这种论证逻辑的一个基本前提是坚持在社会科学中存在着固定不变的观念，亦即存在真理或正确的意见。相应的，另一种论证主要来自于怀疑主义或自由主义的相对主义的论证。这是一种建立在“真理的相对性”或者“根本不存在什么真理”的前提之上的论证逻辑。①

怀疑论试图将宽容的论证建立在“真理是不存在的”和“多样性”观念基础之上，并以此为宽容提供正当性的辩护。对于怀疑主义者而言，既然我们不知道什么是真理，那么我们应该宽容那些与我们有不同观点的人。② 但是，这种建立在怀疑主义基础上的宽容似乎已经失去了它的真实意义。因为既然不存在真

---

① 参见刘曙辉：“宽容：历史、理论与实践”，《哲学动态》2007年第7期。

② 参见 Tuck and Richard，“Scepticism and Toleration in the Seventeenth Century”，Susan Mendus(ed.)，*Justifying Toleration Conceptual and Histerical Perspectives*，Cambridge University Press，1988。

理,那么不宽容同宽容一样,似乎也是正当的了。而且,从纯粹经验的角度来看,德国纳粹党和希特勒政府的所作所为是否应当予以宽容呢?假如我们在真理的问题上采取怀疑主义的立场,那么当前德国政府对于纳粹党不宽容的行为是否也应当予以宽容呢?这是怀疑论者所无法回答的。虽然真理是不确定的、非绝对的,但在某个历史节点上,人类基于其长期的历史经验所形成的共识,仍然能够达至我们趋于完善的目标所遵从的一些基本原则和价值观念。或言之,在这个历程中,虽然无法获知所有的真理,但人们一直行进在寻求真理的路途上。可见,怀疑论立场下的宽容是不讲原则的宽容,是与人类趋于完善的终极目标相背离的宽容,它已经摈弃了"真理是存在的"这个基本前提。

自由主义的相对主义①试图将宽容的论证建立在"真理是相对的"的观念基础之上,并以此为宽容提供正当性的辩护。对于自由主义的相对主义者而言,"既然所有真理都是相对的,那么,我们就应该宽容那些与我们有不同观点的人。但是,如果真理只是相对于某个思想体系而言,那么,需要宽容这一点就只是一个

① 这里是指新康德学派的价值相对主义,它被一些学者认为是提供了比较系统完备的宽容法哲学理论。新康德学派诞生在19世纪的德国,分为马尔堡学派和以德国西南的巴登市为基地的西南德意志学派。前者在康德哲学的基础上,认为存在着一些独立于经验的范畴即纯粹理性的内在逻辑上的法,以耶林(Rudolf von Jhering,1818—1892)、柯亨(Hermann Cohen,1842—1918)、施塔姆勒(Rudolf Stammler,1856—1938)和卡西尔(Ernst Cassirer,1874—1945)等为代表。后者则围绕着独立的价值观念来论证文化表现的统一性,其中以狄尔泰(Wilhelm Dilthey,1833—1912)、文德尔班(Wilhelm Windelband,1845—1915)、李凯尔特(Heinrich Rickert,1863—1936)、耶利内克(Georg Jellinek,1851—1911)、拉德布鲁赫(Gustav Radbruch,1878—1949)和凯尔森(Hans Kelsen,1881—1973)等为代表。参见陈根发:"论宽容的法哲学基础",《太平洋学报》2007年第5期。

相对的获得确证的主张。对于那些不赞成宽容的个人、群体或文化而言，宽容是没有效用的”①。显然，相对主义必然会导致“有选择的宽容”，甚至会导致完全没有是非观念，其进一步发展的结果必然是走入“绝对的相对主义”或“怀疑主义”的泥潭。以文化相对主义为例，如果我们认可文化相对主义具有决定性的作用，那么某个人如果属于某个特定的人群，他（她）就再也无法脱离出来；其次，不同文化群体之间会形成自我封闭的知识壁垒，对话与交流将变得几近不可能，文化压制与不宽容便会发生。

自20世纪80年代以来，自由主义的相对主义开始走向价值多元主义，并对其进行了强有力的辩护。这种辩护较好地反映了价值多元主义在构造多元化社会结构、防范社会性压制以及促进宪法变迁方面的重要作用。经验主义文学研究学者安洛特·易布斯在对绝对主义和多元主义进行比较研究后指出：

> 多元主义介乎绝对主义和相对主义之间。它不可能完全脱离绝对主义，因为防止个人的权利被侵犯，乃是一种不可推卸的责任。我们必须正视独立于诠释框架之外的生理和心理上的某些共同需要，并予以保障。而《人权宣言》正是一个保障人的基本权益的正式法案。与此同时，我们必须保留相对主义的某些原则，以避免将我们对现实的诠释强加给别人。②

可见，真实的或有原则的价值多元主义不可能否认“真理是存在的”这个前提。相反，它以自由为其内在的规定，意图建立的

① 刘曙辉：“宽容：历史、理论与实践”，《哲学动态》2007年第7期。

② 〔荷〕安洛特·易布斯：“绝对主义·相对主义·多元主义”，龚刚译，载《文艺理论研究》1996年第2期。

是一种建立在自由主义基础上的、非排他性的独立自主而生动有序的社会生活秩序。在真实的多元社会形成的社会秩序中，"每一个体都有其存在的理由，都能面对彼此间是平等的自由主体这一事实"①。

非绝对相对论的自由主义论证宽容与真理的关系，是从真理自身出发来论证宽容的必要性的。它并没有脱离传统政治哲学的轨迹——"真理的轨道"或"正确的路途"。弥尔顿继续着由苏格拉底发端的"由意见发现真理"的观念，认为真理具有一种潜在的生命力，可以在自由讨论中进行自我捍卫。因而，"由一个宽容的政府所支持的公开对话将有助于真理的发展"②。而洛克试图通过对真理和信仰同属精神层面的论证，来揭开宽容与真理的内在关联性。他在"关于宽容的一封信"中指出，公民政府和教会权威应该宽容信仰的多样性，因为一个人不能强迫另一个人拥有信仰，真理和信仰只有出于内在原因才能获得。到了密尔那里，宽容与真理的关系问题就更加清晰了：真理是存在的，但真理不是确定的、绝对的。要把握和获得真理，我们需要宽容，需要言论自由。主张言论自由对于发现真理是根本的。可见，就真理是否存在的判断标准而论，"有原则的价值多元主义"与非绝对相对论的自由主义，在对待宽容与真理的关系问题上，并没有什么本质上的差别。

由此，在那些主流的自由主义者那里，思想自由抑或言论自由对于发现真理是至关重要的，因而捍卫言论自由、宗教自由和

---

① 高兆明："多元社会的价值冲突与政治主义"，《江苏社会科学》2000年第6期。

② 弥尔顿：《论出版自由：阿留帕几底卡》，吴之椿译，商务印书馆1958年版。转引自刘曙辉："宽容：历史、理论与实践"，《哲学动态》2007年第7期。

出版自由就显得必要而迫切。但是,既然宽容有助于发现真理,就需要政府承担保持宽容的责任,而这有赖于一个政府能够提供足够的权利保护。那么,如何判断一个政府是一个实践宽容的政府?更进一步说,按照宽容而非人权的标准,如何判断一个政府行为的正当性呢?

(二)宽容与自由主义的消极自由观

有限政府原理是自由主义消极自由观的重要体现。从法治乃至宪政的视角来看,判断一个政府是不是一个实践宽容的政府,应当包括两个层面:一是政府本身是否宽容;二是政府对社会行为的态度及其所采取的行动是否符合宽容的要求。

政府本身是否宽容,有赖于政府自身的权力是否得到有效的法律限制与约束。这种限制或者约束通常有两种路径[①]:一条路径是建构一种宽容的宪政体制,如以美国宪法为标志的、现代主要西方宪政国家宪法所建立的一种以权力分立与制衡为主要特征的宪政体制[②],以实现权力的自我约束。另一条路径是通过"消极自由"[③]的宪法规范为政府行为设定一个权力行使的界限,以防止政府权力的肆意扩张和滥用。英国1215年的《自由大宪章》是

① 需要说明的是,我在这里划分的两种路径并没有截然不同的界限,不过是各有其突出的特征而已。如英国建立的是一种议会至上原理的宪政体制,它同样是一种权力分立与制衡的体制,但将其早期的宪政体制称之为"议会主权"的宪政体制似乎更为恰当。另外,此处所作的划分是建立在西方各国早期的宪政体制之上的。至于今日各国宪政体制大有逐渐趋于融合的趋势,在所不问。

② 关于这种宽容的宪政体制,请参见本书第四章中的"立宪自由主义的宪政实践"部分。

③ 以赛亚·伯林在其《自由的两种概念》中对消极自由的阐释是,若无人干涉我的活动,则通常来说我是自由的。此种意义上的自由仅仅是指,一个人可以不受他人阻碍地行动。参见 I. Berlin,"Two Concepts of Liberty", I. BerLin, *Four Essays on Liberty*, Oxford University Press, 1969, p. 122。

早期实践消极自由的第一部宪法性文件，该文件用拉丁文写成，共63条款。其中大部分条款维护贵族和教士的权利，其主要内容是保障封建贵族和教会的特权以及骑士、市民的某些利益，限制王权。[①] 而美国宪法的《权利法案》则是早期设定消极自由的宪法规范的代表。[②]

通过宪法的消极自由和权利规范（含宪法性文件规范）来限制政府权力，主要目的在于强调公民享有不受政府侵害的自由，

① 如规定，非经贵族和骑士组成的“王国大议会”决定，不得征收额外税金；不得强迫任何市镇与个人修造渡河桥梁，惟向未负有修桥之责者不在此限；余等之执行吏、巡察吏、检验吏与管家等，均不得受理向余等提出之诉讼；保障贵族和骑士的封土继承权；不得以普通传票召唤森林区以外之居民赴森林区法庭审讯，但为森林区案件之被告人，或为森林区案件被告之保人者，不在此限；保障教会的独立地位；对任何自由人非经合法判决，不得逮捕、监禁、没收财产或放逐出境；任何自由人，如未经其同级贵族之依法裁判，或经国法判决，皆不得被逮捕、监禁、没收财产、剥夺法律保护权、流放，或加以任何其他损害，等等。参见齐延平：《自由大宪章研究》“附录二：《自由大宪章》（中文版）”，中国政法大学出版社2007年版，第323—330页。

② 如美国《宪法修正案》（1791）规定：“国会不得制定关于下列事项的法律：确立国教或禁止宗教活动自由；限制言论自由或出版自由；或剥夺人民和平集会和向政府请愿申冤的权利。”“人民持有和携带武器的权利不得侵犯。”“人民的人身、住宅、文件和财产不受无理搜查和扣押的权利不得侵犯。”“任何人不得因同一罪行为而两次遭受生命或身体的危害；不得在任何刑事案件中被迫自证其罪；不经正当法律程序，不得被剥夺生命、自由或财产。不给予公平赔偿，私有财产不得充作公用。”“不得要求过多的保释金，不得处以过重的罚金，不得施加残酷和非常的惩罚。”“任何一州，都不得制定或实施限制合众国公民的特权或豁免权的任何法律；不经正当法律程序，不得剥夺任何人的生命、自由或财产；对于在其管辖下的任何人，亦不得拒绝给予平等法律保护。”“合众国公民的选举权，不得因性别而被合众国或任何一州加以剥夺或限制。”“合众国公民的选举权不得因未交纳人头税或其他税而被合众国或任何一州加以剥夺或限制。”参见包万超教学资料选编（一）：《国际人权宪章与法德美俄宪法典》。

以避免政府对公民自由的随意干涉。[1] 这种限制或约束政府权力的消极自由，虽被普遍认为是宪法平等原则或平等法律保护的领域，但此种观念很容易让人们忽略它之所以设立的目的。因为这种"平等保护"直接针对联邦或州政府机关，"抓住了制约权力的要害，还内在包含了禁止歧视"[2]。不过，单纯通过宪法所确立的人权规范特别是消极人权规范来限制政府权力并不现实，因为从根本上而言，用权利来对抗权力是不可能真正实现权利保障之目的的。如果没有权力分立与制衡的宪政体制的保障，即便是宪法确立的消极人权规范非常全面，也无法真正地实践宽容。也就是说，上述两条路径是无法全然割裂开来的。

政府对社会行为的态度及其所采取的行动是否符合宽容理念，通常有赖于两个原则：第一个原则是政府制定的法律是否体现宽容理念。以美国的选举歧视案为例，在 1927 年美国的"州禁初选第一案"中，德克萨斯州的法律禁止黑人参与参议员和州行政官员的初选。联邦最高法院毫无困难地判决州法侵犯了第 14 修正案的"平等保护"条款。在其后的案例中，州政府不再直接禁止少数民族的选举权，歧视性措施主要通过政党机构来完成。[3] 第二个原则是政府是否按照法律的规定对于非法的与不宽容的

---

① 与美国宪法不同，法国《人权宣言》是早期设定积极自由的宪法规范的代表，其主要目的在于强调积极的自由权利，尤其是公民参与政府的权利，以此来对抗政府权力可能带来的侵害。事实上，消极自由与积极自由从其权力规范设定的目的来看有着较大的差异性。但两者之间并不矛盾，一方面消极自由意味着另一方的积极自由。比如，言论和集会自由是强调政府宽容的消极自由，但这种消极自由却是积极自由的基本条件。如果政府不宽容，公民的积极自由也就必然成为空谈。

② 参见朱应平：《论平等权的新宪法保护》，北京大学出版社 2004 年版，第 53 页。

③ 参见张千帆：《西方宪政体系》(上)，中国政法大学出版社 2004 年版，第 394—395 页。

社会行为加以禁止或惩罚，或者说，政府是否为全体社会成员提供一个体现宽容理念的法律制度保障，以防止那些不宽容者的不宽容或非法行为随意加害他人。同样以美国的选举歧视案为例，尽管在1935年的“初选缺席选票案”中，最高法院认定政党属于“自愿组织”而判决民主党行为缺乏“国家行为”，但通过其后的两个重要案例推翻了这一结论。最高法院认为，由于实际上只有州政府才能控制选举，州政府具有不可委代的正面责任(Non-Delegable Duty)，以保障初选过程不受政党或私人的歧视操纵。①

从以上的分析可以看到，第二个原则的实现通常有赖于第一个原则的落实，即有赖于政府制定的法律符合或基本符合社会普遍认同的正义观念。那么，如何保证政府制定的法律符合社会普遍认同的正义观念呢？在宪政的框架内，涉及第三个原则，即宪法是否为政府设置一种科学合理的机制，以保证立法机关所制定的法律体现宽容理念的内在要求(留待本书第四章中有关“宪政实践”部分予以详细阐述)。

上述关于宽容与真理的关系问题的讨论，以及形成的结论和原则，通过表3-1表述如下：

表3-1:关于宽容与真理关系的逻辑推演及其形成的结论

内容　要素 类型	前提1：是否存在真理	前提2：宽容是否有助于实现真理	宽容与真理之关系	衍生的结论或原则(顺次推演)
绝对论	真理是绝对存在的	无助于实现真理	宽容与真理之间不存在必然的联系	1. 宽容背离真理的追求 2. 极端的国家主义 3. 专制政府

① 参见张千帆:《西方宪政体系》(上)，中国政法大学出版社2004年版，第395页。

（续表）

怀疑论	不存在真理	因真理并不存在，宽容之目的并不在于实现真理	宽容与真理之间不存在必然的联系	1. 宽容如同存在本身，存在就是真理 2. 宽容是产生不宽容的根源 3. 无政府主义
相对论	真理是相对的	因真理是相对的，宽容之目的并不在于实现真理	宽容是实现相对真理的前提	1. 压制性宽容或无原则宽容 2. 要不要宽容取决于宽容者本身 3. 专制政府或无政府主义
绝对的多元论或无原则的多元论	真理是多元的	因价值是多元的，宽容之目的并不在于实现真理	宽容是多元价值的结果，与真理无涉	1. 无原则宽容或绝对宽容 2. 宽容无界限 3. 专制政府或无政府主义
修正的多元论或有原则的多元论	真理是部分存在的	在发现真理之前，应容许多元价值的存在	宽容是多元价值存在的前提	1. 有条件的积极宽容 2. 宽容有界限 3. 有限政府所采取的行动符合宽容理念 (1)政府本身是否宽容： ①建构一种宽容的体制 ②设定一个权力行使的界限 (2)政府对社会行为的态度及其所采取的行动是否符合宽容： ①政府制定的法律是否体现宽容理念 ②政府是否按照法律的规定对于非法的与不宽容的社会行为加以禁止或惩罚 ③宪法是否为政府特别是立法机关设置一种科学合理的立法体制

（续表）

非绝对相对论的观点	真理是存在的、不确定的、非绝对的	因真理是不确定的，宽容有助于发现真理	宽容是发现未知真理的前提	1. 消极宽容 2. 宽容有界限 3. 宽容并不等于无原则，不等于不要真理。恰恰相反，宽容正是一项有利于大家共同发现真理、维护真理，有利于在多元化、多样性的基础上实现统一与和谐的必要原则 4. 有限政府所采取的行动符合宽容理念 (1)政府本身是否宽容： ①建构一种宽容的体制 ②设定一个权力行使的界限 (2) 政府对社会行为的态度及其所采取的行动是否符合宽容理念： ①政府制定的法律是否体现宽容理念 ②政府是否按照法律的规定对于非法的与不宽容的社会行为加以禁止或惩罚 ③宪法是否为政府特别是立法机关设置一种科学合理的立法体制

从上表中可以看出，不同的真理观会形成对宽容与真理间关系的不同观念，并据此推演出有差异性或完全不同的结论。从建设法治社会的角度，应当摈弃那种怀疑论和绝对相对论的观点，以防止无政府主义和专制政府的产生。同时，在采用自由主义有原则的多元论或非绝对相对论的观点时，应当特别注意它所衍生的宪政原则以及宽容的观念，特别是宪法意义上的积极宽容与消极宽容的观念及其差异问题。此外，价值多元主义还为立宪主义

者提出了一个棘手的宪政难题，即宪法如何为多元社会结构提供体制上的保障，如何将对话协商过程中所形成的、反映着所有共同体利益要求的规则上升为宪法规范，以及如何在宪法的至上性与宪法的稳定性之间保持某种平衡。

二、宽容与自由的关系

由前面的分析可以看到，在主流自由主义者那里，真理是存在的，但真理通常是不确定的、非绝对的。宽容之所以必要，是因为宽容有助于发现真理。那么对于自由主义者来说，论证宽容与自由之间的关系便显迫切而必要。因为倘若宽容所导致的恰是一种不自由的行为或秩序，对于自由主义者而言将是一种莫大的耻辱。

宽容与自由间关系的理论论证与诠释，可追溯到16至18世纪的经典自由主义作家。在那些秉持自由主义真理的作家的著述中，宽容与宗教自由的关系被视为一个经典的关系模型。自由主义者对这一关系模型的阐释，曾为立宪自由主义"人权原则"的确立和"宽和的宪政秩序"的形成发挥了重要作用。

不同的真理观会对宽容与自由的关系产生不同的影响，而自由主义理论的发展演化使得两者间的关系问题更加扑朔迷离。因而要论证两者之间的关系，在材料的选取上还是颇费人心思的。为阐释的方便起见，以下仅针对宽容与宗教自由的关系，选取一种逻辑分析的路径，就其中最为经典的两种论证逻辑——洛克和密尔的论证逻辑——进行探讨，并通过分析这两种论证路径，对宗教宽容与自由的关系以及与之相应的宪政原则进行推演，以期进一步深入了解两者之间的内在联系及其对宪法变迁与宪政成长产生的深远影响。

(一)论证逻辑一:从宽容的客体寻求宗教自由的依据

洛克是在自由之外为宽容寻求依据的经典作家。他在《论宗教宽容》中指出,政府官员无权干预灵魂拯救问题,无权控制人的内心生活。教会也不具有强制性权力,“掌管灵魂的事属于每个人自己,也只能留归他自己”。而在“关于宽容的一封信”(A Letter Concerning Toleration)中,他提出了著名的有原则的宗教宽容:不是放弃他自己的基督教信仰,而是反对强迫别人接受基督教信仰。

洛克的上述结论与其“神法、人法、兄弟法和私人法”的法律结构划分有着内在的逻辑关联性。政府的权力限于无关紧要的事,但在宗教活动中,本来非常无关紧要的事就超出了行政长官的权力。比如洗礼就是件本来无关紧要的事,与道德善恶无关。如果行政长官认为洗礼可以防治儿科病,他可以依法进行管理,但他却不能因为洗礼可以拯救灵魂而强令所有孩子都去受洗。因为维护公共健康在他的职权范围之内。所以政府可以就本来无关紧要的事做出规定,这是上帝不曾禁止的;但是在崇拜上帝这件事上,任何不是上帝所规定的,行政长官都无权强加给人,因为拯救灵魂不在他的职权范围之内。只有一个人确信某些无关紧要的事是崇拜上帝所必需的,他才可以去做这些。①

洛克为宗教宽容所做的理论论证,并不是为宗教宽容做辩护,而是为宗教信仰自由找寻依据。换句话说,它试图通过宗教宽容来为宗教信仰自由进行辩护。在《论宽容》(*Essay on Toleration*)里,洛克认为人是理性且积极的受造物,所以宗教信仰一定是积极的且要求行动自由。政治权威不应该去干涉宗教信仰,因他们关心的是个

---

① 参见吴飞:“洛克论宗教宽容”,《北京大学学报(哲学社会科学版)》2008 年第 4 期。

人与上帝之间的关系。个人有信仰自由的自然权利，因为救赎绝对比任何政治关系更为重要，也因为政治权威拙于宗教事物。[①]

从“政府不得干涉宗教信仰”的结论虽然可以推导出政府（世俗权力）的宗教宽容是实现宗教信仰自由的前提，或者说政府（世俗权力）的宽容存在于“绝对自由（信仰自由）的观念”中，但洛克并没有真正涉及自由本身的正当性问题，自然不可能得出“宽容是自由的应有内涵”的结论。一方面，洛克的目的是为世俗权力划定了一个不能逾越的界限，并没有脱离中世纪宗教政治思想——政治权力不能无限，因为“恺撒的物当归给恺撒，上帝的物当归给上帝”——的脉络；另一方面，洛克的论证与诠释没有解决宗教信仰本身的宽容与不宽容问题。在对于不宽容的宗教是否应当宽容的问题上，他的“不是放弃……而是反对强迫……”的有原则的宽容，只是表达了他作为经验派哲学家的一种经验认识而已。

洛克的这种论证路径在其后的自由主义者那里，恰如经典自由主义作家皮埃尔·培尔所做的那样，必然会衍生出“绝对自由”和“相对自由”的权利类型。对“绝对自由”如宗教信仰要宽容而不得干涉，而对“相对自由”恐难给予绝对的宽容对待。这种绝对自由的观念，最早只是通过人权宣言的形式，获得一种政治宣示的效力。恰如1776年美国《独立宣言》所载明的那样：“我们认为以下这些真理是不言而喻的：人人生而平等，他们都从他们的‘造物主’那里被赋予了某些不可转让的权利，其中包括生命权、自由权和追求幸福的权利。”但在不久，它就通过一些国家的立宪实践获得了全新的生命力。像美国宪法那样的以“不得……”表述的宪法规范条款，将其固化在宪法规范文本中。这些规范条款，可以看

---

① R. Ashcraft, *Revolutionary Politics and Locke's Two Treatises of Government*, Princeton University Press, 1986, pp. 88, 93 - 96.

作将这种观念纳入宪法(法律)的层面而获致一种规范性的效力。所以即便是美国1787年宪法没有将人权条款予以明文规定,仅其规范条款的表述方式本身,早已蕴涵了政府不得干涉的那些"绝对自由"的权利类型。虽然无法确定洛克的理论对美国的影响程度,但《独立宣言》在某种程度上显现了洛克的思想(我们认为下面这些真理是不言而喻的:人人生而平等,造物者赋予他们若干不可剥夺的权利,其中包括生命权、自由权和追求幸福的权利)。

但是作为一种观念认识,即便是划分了绝对自由与相对自由的类型,宽容也不能为自由获得一个"正当性的声明"。因为在近代世俗化的过程中,以基督教的自然法理论为基础的古典自然权利开始抛弃了上帝的庇护而转向个人的理性(reason)与本性(nature)。那么,将宽容导源自政府和权力持有者本身是否意味着宽容的实现只能仰赖权力持有者本身的德性呢?而且,世界各国的宪政实践也一再提醒人们,如果自由与平等之间的紧张关系不能被降低到社会承受的限度内,(绝对)自由必将走向它的反面,不宽容也就相伴而生。还有,洛克主张,理性的个人同意委托政府来执行自然法,并通过法律来保护所有人的自然权利。但他同时也主张,只有在一个"为公益而治理"的政府之下,人们的自然权利才能得以保全。那么在洛克的逻辑体系中,个体自然权利与社会公益之间就存在一种难以化解的紧张关系。[①]

(二)论证逻辑二:从宽容的主体即独立自主的个体或从自由的概念本身为宽容寻求依据

与洛克不同,约翰·密尔是一位——在自由个体的独立的道

---

① 参见 Michael Freeman:《人权》(*Human Rights: An Interdisciplinary Approach*),汤智贸译,(台湾)巨流图书有限公司与"国立"编译馆2006年版,第23页。

德判断中——为宗教宽容找寻依据的经典自由主义作家。他在《论自由》一书中指出，之所以要宗教宽容，是因为相信每个人都应当是做出道德判断的独立自主的个体。显然，他的宗教宽容观是将宽容纳入自由的内涵之中，即从宽容的主体即独立自主的个体或者是从自由的概念本身出发，以为宽容寻求依据。按照这种论证逻辑，既然宽容源自主体（个体）的独立的道德判断，那么它就属于主体亦即个体的一个德性问题。由此，主体的德性将决定是否应当对社会行为予以宽容。

密尔之所以重视德性宽容问题，与他所处的英国的特殊历史背景有关。在当时，基于英国特殊的宗教不宽容与歧视的历史，社会压制性不宽容一直是学者们普遍担忧的一个政治现实问题。与托克维尔不同，密尔并没有将其注意力专注于代议制民主，而是将更多的注意力从政治制度转向社会德性宽容。在他看来，一个开明的政府必须依靠宽容的社会的支持才能够充满活力，一个社会只有允许新思想自由发表、公开讨论并从中汲取合理成分，才能持续健康发展：

> 当社会作为集体而凌驾于构成它的各别个人时，它的肆虐手段并不限于通过其政治机构而做出的措施。社会能够并且确在执行它自己的诏令。而假如它所颁的诏令是错的而不是对的，或者其内容是它所不应干预的事，那么它就是实行一种社会暴虐；而这种社会暴虐比许多种类的政治压迫还可怕，因为它虽不常以极端性的刑罚为后盾，却使人们有更少的逃避办法，这是由于它透入生活细节更深得多，由于它奴役到灵魂本身。①

---

① 〔英〕约翰·密尔：《论自由》，许宝骙译，商务印书馆 1998 年版，第 5 页。

可见，密尔在《论自由》中主张宽容，主张每个人都是道德判断的独立自主的个体，其主要目的在于呼唤社会宽容，而不是防止政府或政治权力的不宽容。他的这一主张，为政治自由主义的政府进行必要限度的社会干预提供了理论支持。

但是，受古典自由主义传统的影响，密尔不可能放弃传统个人自由主义的立场，他所做的只是对传统个人自由主义的价值观进行改造，以适应当时英国社会政治、经济和文化的深刻变革。他所发展的英国式的消极自由观，为防止社会压制对个人自由的侵犯与束缚，在理论上间接地为代议制民主的弊端设置了一道屏障，并随着资本主义社会的发展，逐渐内化为西方社会近现代自由主义传统的特质之一。可见，密尔为宽容所做的辩护，实质上是为自由所做的辩护。

正如有学者所指出的那样，在纯粹的文化层面将宽容导源于自由个体的独立的道德判断，在面对具体问题时有时会遇到陷入两难的境地，因为往往有两种极端的力量的存在：一是道德绝对论。这种观念经常把宽容转变为"不可宽容"，因而会缩小宽容的适用范围。二是无原则的道德多元论。这种观念往往会把宽容当作"不关我事"，从而无限放大宽容的尺度。比如，德国新纳粹光头党煽动对库尔德族移民的仇恨，道德绝对论者会认为绝不能施以宽容，政府必须出面加以禁止；而无原则的道德多元论者则会认为，每个人都有言论的自由，只要这事不伤害到我。倘若按照这种逻辑进路来构建一个宽容和谐的社会的话，恐怕我们必须返回到柏拉图那个"哲学家治国"的理想主义传统中去了。

在那些世俗观念盛行、欠缺宗教宽容精神支配的社会里，过度宣扬这样一种消极宽容的道德观念显然是有害无益的。因为作为一种消极原则的宽容，会使社会缺乏互动参与的积极凝聚力，甚至会导致社会道德的沦丧。近些年来，在我们生活的周围出现了一些对侵权行为熟视无睹的现象，这些现象的发生是不能以所谓宽容加以解释的。因为这不是宽容的问题，而是一种对权利和自由漠视的问题。倘若把此种现象也称之为宽容的话，那么道德意义上的德性宽容就无异于对自由的践踏。

密尔的论证逻辑还涉及一个重要的观念问题，即国家、政府（包括国家机关）是不是可以被看作独立自主的个体（甚至可以推而广之，扩展到社会上的团体）。如果换一个角度来看密尔的论证逻辑，人们就会发现，将个人看作独立自主的价值判断的主体，不仅针对个人，而且也是针对国家而言的。也就是说，既然个人是一个独立自主的道德判断的主体，在信仰问题上国家就不可以干涉。这个问题之所以在今天看来颇为重要，乃是因为在当代社会，国家掌握着更为广泛的信息资源，往往将其道德观念强加给社会，而不论这个社会的道德观念是否与此相一致。[①] 假若国家通过一定的制度形式——如中国古代王朝推行的礼制、西方宗教社会推行的宗教礼制——来推行它的道德判断的话，道德与政治以及法律将无二致，政治不宽容与伦理不宽容便合而为一了。我想这也是美国自由主义者强烈坚持国家在道德文化上的中立立场的一个主要缘由。

从功利主义的视角来看，国家是不能也不应该强迫其公民行为道德的。虽然国家可以倡导一种道德观念，但“为行为的道德

---

① 将道德观念强加给社会公众的最有效的方式是道德教育，特别是中小学教育。这种方式导致的一个可能后果是形成一种社会压制性不宽容的道德文化。就中国传统社会而言，一些违法犯罪者往往会因其道德问题而成为攻击的对象。相反的情形则是为违法犯罪者进行道德开脱。这样的做法显然是违背法治原则的。因为任何道德判断都不能为其合法或违法行为获得正当性的依据，这是现代法治社会的一个基本共识。

性所不可缺少的意向或动机却不可能来自外部;或许我能被强迫采用某种手段以达到某种目的,但只有我才能以这一目的命令自己"①。道德的约束应当来自于社会,正像人们在国家成立之前的行为道德靠社会约束一样。如果国家施行一种道德标准,那就意味着有两种可能:一种可能是国家所施行的道德与社会所普遍认同的道德比较一致。如果真是这样的话,国家就没有必要再施行什么道德标准了。另一种可能是国家施行的道德与社会所普遍认同的道德不一致。那么,就会造成两种道德人格。诚实的美德将不再存于这个国家,到处是陷阱和谎言,欺诈盛行,社会诚信体系就无从建立。一旦人们失掉诚实的美德并成为一种社会流行病的时候,宽容也就不复存在了。人们自由表达的权利就会成为一块"遮羞布",成为一种"自由表达谎言"的无奈选择。因而,一个真正的自由主义者往往会反对对践踏自由持宽容态度的文化多元主义。同时,一个真正的自由主义者也会反对自由主义的相对主义。因为自由主义的相对主义往往会导致有选择的"宽容",而这种"宽容"很容易被理解为一种没有任何是非观念的左右讨好。

从法治的视角来看,法律是根据实践理性而得以确立的,它只作用于那些能够归入立法范围的外在行为,并且只实施外在的约束而不管人的内在目的和动机。因此法律提供的是一种抽象和普遍的观点,这样的观点在有关幸福和道德的问题上是保持中立的,虽然在价值取向上可能一致也可能不一致。法律权利只要不妨碍或侵害他人的同样的自由,就是保证每个人随心所欲的行动自由的权利。这种外在自由的界定无关任何内在的道德限制。

---

① 〔美〕列奥·施特劳斯、约瑟夫·克罗波西主编:《政治哲学史》(下),李天然等译,河北人民出版社 1998 年版,第 694—695 页。

而且这种自由意味着排斥一切的外在道德限制，即国家进行道德教育的任何企图。同样，一个国家的宪法也不应该规定或者强迫其公民的道德行为。个人在同一的外在自由的权利下追求各自不同的、多样的目的。如果政治制度以给人们的幸福规定道路或者方式为目的，即便它的出发点可能是善意的，那也会是家长式的专制或暴政，从而损害人们的自由权利。

国家在道德问题上保持中立态度，并不意味着社会道德必然会走向沦丧。恰恰相反，由于社会道德是自然成长起来的，其实际的效用因社会成员的自我操守而发挥约束作用，社会民众对公众问题的关切度不仅不会下降，而且在涉及公共问题时会时刻反省自己。同时，国家在道德问题上采取中立态度，可以减少社会压制性力量的成长，有利于道德宽容的自我成长。回顾中国几千年来“独尊儒术”的思想观念及其政治实践，我们不难发现，在“仁”、“义”、“理”、“智”、“信”的道德信条下，到处充斥的是一种社会压制性不宽容。对这样的社会来说，宽容只能意味着麻木和冷淡。在中国的“文化大革命”运动中，当权派们的不宽容到了无以复加和令人发指的地步即是一个例证。

显然，这种宽容（德性宽容）的思想对于政治宽容而言，确是颇为重要且往往是难以做到的。因为政治宽容或宪法宽容就其属性而言是不可以自在自为的，它只能蕴涵于宪政制度的设计和运行之中才能得以实现。政府（在今天可以说是所有的政府）既然不是基督，也就不可能像基督一样，为了上帝的诫命而宣扬一种道德意义上的消极宽容的观念。当然这里还涉及另外一个问题，即国家在道德上的中立立场是否需要一种内生的德性宽容文化的支撑。换句话说，是否只有内生的宽容文化才能够支撑一个宽容的宪政体制，以保持国家在道德问题上的中立立场呢？（这

一点留待本书第七章结合中国问题再予以讨论)

以上两种论证逻辑所建立的宗教宽容与自由的关系及其衍生的结论,用表 3 - 2 表示如下:

表 3 - 2:宗教宽容与自由关系

逻辑路径 / 内容 / 类别	视　角	理　由	产生的关系	衍生的结论(顺次推演)
洛克	客体:信仰	掌管灵魂的事属于每个人自己,政府的权力仅限于无关紧要的事	宽容的客体与自由的关系	1. 宽容存在于"绝对自由"(如信仰自由)的观念中或宽容乃是"绝对自由"的结果 2. 政府不得干涉宗教自由 3. 有限政府原则
密尔	主体:独立自主的个人	每个人都应当是做出道德判断的独立自主的个体	宽容的主体与自由的关系	1. 宽容蕴涵于自由的观念中 2. 宽容* 来自于主体的道德判断,是自由的必然结果 3. 在宗教社会,消极宽容有助于防止社会性的压制与不宽容,而在纯粹的世俗社会,消极宽容是有害无益的 4. 国家在道德问题上保持中立的原则

* 此处的宽容指的是德性宽容,表达的是一种积极宽容的姿态。

从上表中可以看出,宽容的实现,既依赖社会层面上的宽容的德性文化,也依赖制度层面上的宪政体制为权力持有者设置一个不得逾越的界限。洛克所发展的"绝对自由"的观念,将宽容看作实现自由的前提，为国家权力划定了行使的界限。而密尔所发展的英国式的“消极自由”观，为个人自由划定了最低限度的范围，防止了社会专制对个人自由的侵犯与束缚，从而间接地为代议制民主的弊端设置了一道社会屏障。

消极自由的观念以及消极自由的宪法权利规范，既可以间接地消弭民主的弊端，又可以为政府的宽容提供了制度上的保障。不过这项工作是艰难而复杂的，因为政治宽容需要社会共识，而共识建立在公民社会知性和理性的共识基础上。罗尔斯在其《政治自由主义》一书中所构建的多元共识理论体系，正是试图通过文化多元主义的理论架构来建立公民社会“共同信念”的一项重要工作。但首要的是，宽容的社会共识之达成，必须不时地为它提供制度保障才为可能。

综上所述，形成以下结论或判断：

第一，消极宽容赖以产生的基础是自由主义，而其坚持的真理却不是也不应当是自由主义。

第二，就消极自由而言，与其说宽容是自由的前提，不如说宽容是自由的本质内涵。

第三，消极宽容是与保障消极自由的宪政制度密切关联的(如果不是纯粹进行政治说教的话)。或者说，自由的实现有赖于制度宽容，而制度宽容反过来有利于个性自由的发展完善，从而进一步推动文化多元主义的发展。同样，制度宽容因应着政治观念(生活)的多样性而追求共和理念。

三、宽容与民主①的关系

按照现代化理论，经济发展将引领长时期的自由民主体制，

---

① 如果不特别说明，以下论述中出现的“民主”指的是与古代直接民主相对应的“代议制民主”。

这种观点大概是相信一国的民主状况会随着经济的发展而趋向好转。① 如果这种观点是正确的，那么就可以得出一个可能的结论，即经济发展可以不依赖于自由民主。但果真如此的话，现代化理论就必须做出某些修正，以便于它能够解释，在某些情形下，经济发展有赖于自由民主体制，而在另一些情形下则不然。那么，哪些因素是独立于经济发展而对发展或保持民主极为重要呢？

在很长一段时间内，社会资本被认为是民主产生与发展的一个重要因素，但在近来的一些研究中，西方的部分学者开始把宽容作为民主产生与发展的一个重要因素。学者奥斯卡森（Oskarsson）指出，宽容的程度乃是预知一个国家是否能够产生或发展其民主的一种可靠路向，并可以通过价值调查进行评判。奥斯卡森的分析表明，宽容的地位在不同的国家或社会有着很大的差异性，有些国家比如印度、南非和巴西，其宽容的社会评价值较高，而另外一些国家如俄罗斯，其宽容的社会价值评价值则较低，这表明在俄罗斯发展自由民主的可能性较小。这种分析的结论对现代化理论提出的另外一个问题是：宽容的先决条件并非经济发展。在经济发展与收入差距并不太大的社会，宽容的先决条件与经济发展是一个硬币的两面，或是携手而行的；而在收入差距较大的社会，由于宽容的社会评价值较低，会阻碍经济的发展。这预示着现代化理论的修正必将是：经济发展需要

① 相反的研究表明，仅仅靠经济发展不会带来民主化。国家的习性、各种历史的和政治的力量的影响以及领袖人物的行为，在任何一个特定民族国家，都会在一般情况下或在某一特定时期推进或妨碍民主化进程。参见西摩·马丁·利普赛特、宋庆仁、约翰·查尔斯·托里斯："对民主政治的社会条件的比较分析"，载中国社会科学杂志社编：《民主的再思考》，社会科学文献出版社 2000 年版，第 75 页。

宽容的价值观念，而宽容同样需要一个体现平等的民主政治。①

既然平等的民主政治是产生宽容的一个先决条件，那么民主社会就应当奉行“宽容、合作和妥协”的价值观，否则便容易异化为一个伪民主或民主暴政的社会。一个真正践行政治宽容的民主社会，既要存有主流价值，又要多元价值共存；既要服从多数意志，又要尊重和保护少数人的权利；既要保持正义和善的观念，又要尊重人民的选择；既要维持社会秩序，又要保护个人的自由。因而真正的民主既不是单纯的“多数决”，不是片面的“选举民主”，也不是狭隘的“代议民主”，而是一种现代生活方式。这种生活方式需要宽容理念的秉持，没有内含宽容的民主观念，就无法对现代民主达成基本的社会共识，更罔论民主作为一种现代生活方式了。②

在这个崇尚宪政民主的时代，宽容与民主的关系已经化约为宪政与民主的关系。然而，人们并没有以应有的宽容态度处理法律乃至宪法问题。虽然“宽容”这个术语在宪法和法律中无法觅得其踪迹，当今的律师和政客也可以宣告他们与宽容及其理想毫无关系，但他们并没有成功地排除宽容理念意欲解决的那些问题。当法律工作者们面对诸如“警察依法行政致孕妇死亡案”、“许霆案”以及“丈夫拒签字致死孕妻案”时，当政治家们面对诸如宗教冲突、种族冲突、政治运动、弱势群体立法等问题

① 参见 Report from Conference Proceedings on Authoritarian Capitalism,“Tolerance and Democracy in Liberal and Authoritarian Market Economies”, 2008 Stockholm Sweden:Glasshouse Forum,2008,p. 50。

② 已故的蔡定剑教授在其著作中对现代民主的八项内涵进行了归纳总结，宽容理念彰显其中。参见蔡定剑:《民主是一种现代生活》，社会科学文献出版社 2010 年版，第 11—12 页。

时，特别是当他们静下心来深思熟虑其所涉领域的安全性与良好的法治（宪政）秩序时，便不得不面对这些问题背后的宽容理念、在这个理念之下的宪政体制与制度建构、宪法原则的解释与应用以及立法、执法和司法问题。

基于以上的认识，以下的讨论将围绕政治宽容与现代民主、宪政与民主两个方面展开。值得一提的是，民主的内涵界定问题复杂多变，不同的民主观可能会影响人们对宽容与民主的关系做出正确的判断。就本部分的研究而言，只将其限定在政治体制的基本内涵之上，应无太大的争议。因而在探讨和论述不同意义上的宽容与民主的关系时，只需就不同的民主观加以说明。

（一）政治宽容与民主

就“政治宽容与民主”展开讨论，首要的是要搞清楚什么是民主，但要探讨“民主”的定义却是极其困难的事。在西方，有关于现代民主的理论著述汗牛充栋、蔚为壮观。在这些理论著述中，各式各样的民主观充斥其中。比如，直接民主与间接民主，形式民主与实质民主，强势民主、弱势民主和参与民主，传统民主与现代民主，人民民主与宪政民主，等等。

以下的论述并非在哲学的意义上来探讨“民主”，而是试图能够更好地理解民主政体与宽容的关系。在展开进一步的探讨之前，只需说明一点，我特别赞同居伊·埃尔梅和阿兰·图雷纳的观点（反对那种“消灭市民社会”以及“消灭国家”的观念），将民主界定为一种政治体制，而不是一种社会类型。在我看来，现代民主作为一种政治实践，是现代政治国家得以确立的基础，对于公民社会的培养起着德性驯化器的作用，是从集权国家向分权国家、从国家主权向人民（议会）主权过渡的过程中逐步形成的一种现代政治制度。[①]

现代民主国家普遍奉行的代议制政治体制,表面上采用的是“多数原则”,而在实际上,它“只是有限多数原则的简单说法,因为民主不是没有限制词(因此是无限制)的多数统治”[②]。无论是代议制那种“弱势民主”,还是第三种民主“参与民主”,都自觉或不自觉地将宽容精神摄入其中。否则,一旦少数被排除在民主政治秩序之外,少数将失去“影响多数意志的机会”,多数将不再宽容少数,民主暴政的历史便会重演。所以在现代民主政治体制下,要建立一个真正的自由民主宪政秩序,人们就应当(至少)享有在思想和表达自由方面的被宽容的权利,宽容必须成为民主政治的内在品格。可见,政治宽容与现代民主的关系是内在精神与外在制度之间的关系。

在西方现代民主理论的阐释当中,最具影响的学者当属亚当·普热沃斯基。他那句经常被引用的名言“民主精神体现在对政治行为之不确定性的认可之中”,与其说是对民主精神的理解,不如说是对政治宽容的诠释。因为他那“民主精神的实质乃是对政治行为给予认可与尊重的观念”,与政治意义上的“积极宽容”[③]的内涵如出一辙。作为政治宽容和现代民主客观精神的一种经典表达,普热沃斯基那精辟的见解经常被引用。但最让我感兴趣的,却是居伊·埃

---

① 在这里,之所以强调民主是一种现代政治制度,是由于古典时代的那种民主政治制度可以说是一种极不宽容的政治制度,它往往与“多数暴政”联系在一起,但我并不想否认古代存在民主政治制度这一事实。

② 〔美〕乔·萨托利:《民主新论》,冯克利等译,东方出版社 2000 年版,第 34—35 页。转引自江国华:《宪法哲学导论》,商务印书馆 2007 年版,第 461 页。

③ 积极宽容不是那种我们传统伦理上的“勉强的忍耐”,而是一种对他人的观念和行为给予认可与尊重的观念。

尔梅在其“导论:民主的时代?”一文中对这句话的解读:

> 它的意思特别是指,如果人民要求他们的领导人对未来做出确切的承诺,而且相信这种美好的诺言,那么他们就会鼓励独裁者独揽大权。反之,如果领导人懂得形势总在发生变化,克制自己而不做出美好的承诺,如果大多数人对说真话的政策感到满意,这样的社会就是一个成熟的社会,就可以实行民主制了。[①]

显然,在居伊·埃尔梅看来,(真正的)民主的实现往往有赖于一个成熟的公民社会,一个认可政治行为不确定性的社会,一个对“诚信”的政治行为予以尊重和宽容的社会。

居伊·埃尔梅对民主精神的上述延伸解读,一方面体现了他对“巩固的民主”的关注,另一方面体现了他对“形式上的民主”的推崇。在他看来,没有成熟的公民社会的支撑,“民主的巩固”就不太可能。尽管一般意义上所理解的那种形式的民主,由于经常表现出形式上模仿的令人生厌的面孔而备受人们的诟病,但形式上的民主——

> 明确保障公民的权利和尊严,为实行真正的民主提供了条件。没有形式上的民主,真正的民主就不会存在。不要形式上的民主,最终只能唤起革命的力量。而革命力量却以改

---

① 〔法〕居伊·埃尔梅:“导论:民主的时代?”,载中国社会科学杂志社编:《民主的再思考》,社会科学文献出版社2000年版,第13页。值得注意的是,居伊·埃尔梅在该文中用“民主的巩固”的概念来弥补民主概念的不确定性。

> 造人民陋习的名义，把人民置于奴隶的地位。而且，反复进行的选举，各党各派的宣传和政治竞争的各种惯例等等，所有这些形式上的东西，为人民提供了学习民主运作不可替代的框架，直到公民身份真正成为人民正常的生活内容。①

显然，居伊·埃尔梅对现代民主（巩固的民主）的判断或认识是准确而妥当的。因为没有政治宽容，就没有妥协，就没有真正的民主。

在此特别需要指出的是，在形式的民主问题上，一个极为重要的问题就是政治行为的诚信。人们的理性判断和公民的自主意识建立在信息高度公开的基础上，没有诚信的政治行为，民众的政治判断就会失去“准星”，政治宽容就会成为那些政治欺诈、骗取人民信任的政治野心家合法取得权力的借口，并进而危及民主本身。上述亚当·普热沃斯基对民主政治宽容精神的经典表述和居伊·埃尔梅对民主实现条件的阐释，对于尚未真正建立现代民主制度、没有实践政治宽容的国家或地区，具有重要的理论价值和现实意义。

（二）宪政宽容与民主

权力与民主有着目的与手段的关系。民主通常被认为是权力的来源，甚至被那些民主主义者认为是权力的合法性或正当性的基础。从限制权力的角度出发，传统上的那种建立在“由被统治者选择统治者”定义下的民主观是与宽容（限制权力）的内涵相矛盾的。因为这种民主观并没有限制权力的意蕴，而是为“多数暴政”或“伪民主”留有余地。

---

① 〔法〕居伊·埃尔梅：“导论：民主的时代？”，载中国社会科学杂志社编：《民主的再思考》，社会科学文献出版社 2000 年版，第 5 页。

传统上的民主观及其实践并不会导向宽容，宽容成为人们的共识是自由民主宪政实践的一个必然结果。即便是在现今最富宽容的美国，早期的民主政治实践也没有践行政治宽容的理想，而是表现出民主政治处处不宽容的一面。托克维尔在其《论美国的民主》一书中，曾深刻地描绘了美国那种民主（多数压制少数）带来的不宽容的政治现实：

> 在美国，多数既拥有强大的管理国家的实权，又拥有也几乎如此强大的影响舆论的实力。多数一旦提出一项动议，可以说不会遇到任何障碍。……多数在思想的周围筑起一圈高墙，在这围墙内，作家可以自由写作，而如果他敢于越过这个雷池，他就要倒霉了。……他要成为众人讨厌和天天受辱的对象。……人们什么也不给他，甚至空头的名义，也没有他的份。……于是，责骂他的人喊声震天，而与他想法相同的人，则失去勇气，不敢作声，躲避起来。他只好表示让步，最后完全屈服，保持沉默，好像不该说真话而后悔了。①

从经验理性的视角以观，倘若民主不保护少数人免遭多数人的支配，那么这种民主就不是一种宽容的民主，且极容易异化为“伪民主”甚或“专制”政体。因而，许多学者和政治家在对民主下定义时都会对传统的民主观念（如萨缪尔·P. 亨廷顿所言，民主在于通过大多数居民有机会参与的选举，选出政权的主要领袖）进行修正，这种修正通常建立在对少数人的人权保障基础上，且修正本身已经糅合了立宪主义的一些基本观念。如阿兰·图雷

---

① 〔法〕托克维尔：《论美国的民主》（上卷），董果良译，商务印书馆1991年版，第284、293页。

纳将民主界定为：

> 对政府的自由选择，这个政府代表多数的利益，尊重人权，尊重人们按其信念和基本利益而生活的权利。[①]

又如巴拿马前总统尼古拉斯·阿迪托曾说道：

> 代议制民主政体要求：由人民参与选择政府；政党通过选举而执政或下台；保护人权，包括言论自由、持不同政见和公开辩论各种问题的权利；维护少数派的权利；施政须有被统治者的同意，并据以对之进行督察和平衡。[②]

对传统民主观进行修正的上述做法较好地解决了宽容的本质内涵与民主的契合问题，也与亚当·普热沃斯基对民主精神的论断走到了一起。不过，那种认为坚持传统民主观的所有学者都不认同宽容观的看法并不恰当。因为在这些学者当中有相当一部分在坚持传统民主观的同时，转而探讨和研究宪政与民主的关系，通过寻求宪政与民主之间的平衡来消弭民主的固有缺陷。

以美国为例，在对待宪政与民主的关系问题上，主要有两种不同的潮流。一种潮流缘起于美国宪法制定到第二次世界大战期间。他们或者通过对美国思想中的自然权利或高级法（higher

---

① 〔法〕阿兰·图雷纳："在当代，民主意味着什么？"，载中国社会科学杂志社编：《民主的再思考》，社会科学文献出版社 2000 年版，第 30 页。

② N. Ardito-Barletta, "Democracy and Development", *The Washington Quarterly*, Vol. 13, 3, Summer, 1990. 转引自〔法〕居伊·埃尔梅："导论：民主的时代？"，载中国社会科学杂志社编：《民主的再思考》，社会科学文献出版社 2000 年版，第 10 页。

law)背景的诠释,或者通过强调美国宪法的实用主义特征,来消弭民主的固有缺陷。在这一潮流中,部分学者如爱德华·S.考文(Edward S. Corwin)、查尔斯·G.海恩斯(Charles G. Harnes)等,试图“维护宪法的非民主的一面”;另一部分学者如麦克斯·法兰德(Max Farrand)、查尔斯·比尔德(Charles Beard)等,则强调宪法的实用主义特征。另一种潮流缘起于第二次世界大战以后的一段时期。他们通过扩张民主的概念的方式,把分权与制衡、司法审查以及保护少数人的权利和自由等观念纳入民主的概念范畴。这两种潮流,尽管不时地变换着自己的角色,并在不同的历史时期发挥各自不同的作用,但有一点是可以肯定的,即睿智的美国“教父”们通过宪政体制的精密设计,用“民主的方法解决过度民主的问题”以及“对共和病的共和疗法”,最终促成了美国人民和所有机构对于民主与共和宪政的坚定信仰。

无论是那些在美国思想中坚持自然权利和高级法的重要性的人,还是那些强调底层的社会与经济利益在立法和政治制度中的重要性的人,不同学术研究的努力有一个共同的结果,那就是把宪法从大众意志中分离出来,使它成为某种东西,而不是民众的自然表达。[1] 因而,单纯把美国这种政体简单地描述成民主制并不能抓住其中政治组织的根本特征。因为在存在着普通公民对公共政策的广泛参与的意义上,它们是“民主的”。但它们也是“立宪的”。那就是说,它们包含着用来保护公民——包括那些也许属于少数派的公民——的利益和自由的权力控制的制度化结构。[2]

---

① 〔美〕戈登·伍德:“民主与宪法”,佟玉平译,载佟德志编:《宪政与民主》,江苏人民出版社 2007 年版,第 17 页。

② 〔美〕斯科特·戈登:《控制国家——从古代雅典到今天的宪政史》,应奇等译,江苏人民出版社 2005 年版,第 5 页。

可见，美国的这种政治理想主义的宪政制度设计，因其约束政府权力和保障人权之内在的宽容品格，有效地消弭了民主的固有缺陷，并在宪法变迁与宪政成长的过程中不断地践行着政治宽容的理想。时至今日，美国民主越来越变得程序化和中立化：它确保权利的一种框架，让人们选择他们自己的价值观和目标。从原则上来说，政府既不鼓励也不组织任何美好生活的具体概念。① 可以说，美国民主更多的是一种宪政观念，因为它既是民主的也是宪政的。

如今，世界范围内的宪政民主实践已经无可置疑地表明，政治宽容的理念已经内化于那些奉行法治的国家的宪政民主体制和制度设计中，并形成了宪政与民主之间的调适关系，发挥着其限制和约束权力的重要功能。

---

① 〔美〕郝大维、安乐哲：《先贤的民主——杜威、孔子与中国民主之希望》，何刚强译，江苏人民出版社 2004 年版，第 96 页。

第四章　现代宽容与立宪(自由)主义之宪政实践

如果人都是天使,就不需要任何政府了。如果是天使统治人,就不需要对政府有任何外来的或内存的控制了。

——普布利乌斯①

在宪法学领域,宽容理念被普遍认为与自然权利的发掘有着不可分割的关系。作为一种对他人的观念或行为给予认可与尊重的观念,它通过民主政体的完善和宪法所确立的宗教、信仰、个性发展、良心和表达自由等基本权利条款得以不断阐释与发展,其内涵随着宪法变迁与宪政成长而达于完善。尔后,它才开始真正地逐渐抛弃那种民主主义或个人主义的狂热而虚假的表达,作为一种可供选择的方法,成为一个更加明确而有用的严密概念。

宽容一旦被赋予特定的内涵,它就可以通过宪法的规范条款得以体现。但是,到底什么样的宪政体制和宪法制度才有助于保持和增进宽容理念指导实践的能力呢?要回答上述问题,就需要对立宪(自由)主义的宪政实践与发展加以考察。但很显然,这并不是"旧瓶装新酒"那么简单的事。

---

① 出自《联邦党人文集》第51篇。该文集是亚历山大·汉密尔顿、约翰·杰伊和詹姆斯·麦迪逊三人为争取新宪法得到批准在纽约市的若干报刊上共同以"普布利乌斯"(Publius)为笔名陆续发表的系列论文。

从源头上来看,立宪主义与成文宪法的产生并不一致。[①] 按照罗文斯坦(K. Loewenstein)的观点,立宪主义的源头当上溯至希伯来人,"希伯来人是最先强调以道德律来限制世俗权力的……以国家社会的道德宪法来证明他们之反叛不注重法律的政府系属正当"[②]。就作为"根本法"的宪法而言,根据前面粗浅的考证,应源自于古罗马共和国初期。而就近现代的成文宪法而言,英国殖民地的宪章可以说是最早的,如 1639 年的《康涅狄格基本法》(*Fundamental Orders of Connecticut*)和 1649 年的《人民协定》(*Agreement of the People*)。1654 年,克伦威尔制定的《政府约法》(*Cromwell's Instrument of Government*)被认为是近代民族国家第一部生效的成文宪法。

近代立宪自由主义为成文宪法的制定铺平了道路。伴随着 18 世纪末期美国联邦宪法和法国宪法的制定,成文宪法在欧洲大陆相继诞生,为政治权力的彻底程序民主化提供了宪法架构,使得成文宪法的普遍化、主权在民的基本原则深入人心,并深刻地影响到制宪权、宪法制定程序、主权、代议制等宪法基本理论。如今,通过宪法将政治宽容的基本原则固定于宪法文献中,已经在观念和实践层面获得了实际效能,并使宽容理念在维护社会基本秩序和实现自由社会方面发挥了重要功能。虽然如此,立宪自由主义仍然要面对以下诘难:

第一,宽容在立宪主义实践中是否意味着仅仅在需要的时候

---

① 关于立宪主义的起源问题,虽然存在不小的争议,但恰如斯科特·戈登所言,无论在实践上还是理论上,17 世纪的英格兰是现代立宪主义的主要根源。在此处,有关于立宪主义的起源问题并不是我考察的重点,故不做过多的说明与阐释。

② K. Loewenstein:"认识宪法",贺凌波译,载荆知仁主编:《宪政变迁与宪政成长》,(台湾)正中书局 1981 年版,第 16 页。

才被拿来作为一种政治工具或者作为一种论据来适用?

第二,宽容在立宪主义的现代发展脉络中,是否仅仅表现为一种"压制性宽容"①?

第三,即使是在信仰、良心和意见自由的宪法领域,宽容也被自由与平等的观念所吸附、被公平与责任原则所承载,那么宽容对宪法而言是否已经变得毫无意义?

自立宪主义以来,这三个方面的诘难似乎阻隔了人们对宪法意义上的宽容的认知,甚至使"宽容"成为一个无法说清的模糊语词。因而分析宪法意义上的宽容在宪政实践中的表现,乃是把握其发展脉络的一个重要方法。而且在前文分析宽容与民主、自由和真理关系的基础上所形成的一系列的宪政观念或宪政原则,也有助于对宪政实践展开进一步的考察:一方面,有助于依据宪法意义上的宽容理念对宪政体制、宪法原则及宪政制度做出相应的分析与评价;另一方面,有助于借此理清诸多宪法原则之间的内在关系。

第一节　立宪自由主义的早期实践与"压制性宽容"

作为"政治法"的宪法,其政治宽容的理念可追溯到早期的宗教宽容,而立宪自由主义的早期实践与宗教歧视和不宽容的历史有着不可分割的紧密关系。但在16至17世纪,所谓的宗教宽容实践,如宗教敕令、移居国外许可等,不过是一种强者对弱者的恩赐,全然表现为一种压制性宽容。对此,李震山教授指出,在十六

---

① Herbert Marcuse,"Repressive Tolerance",Robert Paul Wolff,Barrington Moore,jr.,and Herbert Marcuse(eds.),*A Critique of Pure Tolerance*,Beacon Press,1969.

及十七世纪那个专制或不民主的时代里，非主流价值的思想、宗教、信仰与个别的文化，若与社会权威所把持的主流价值相抵触，往往成为被迫害的对象。专制与权威相伴而生，对异己不宽贷的不宽容态度，隐然成为权威、正义、是非的标准与象征，许多压迫、侵害人权之残酷历史与战争，皆与此有关。①

在西方近代以前的政治与宗教实践中，由于政教不分，宗教宽容与政治宽容的渊源最深。在基督教未获主导地位的时候，宽容只是基督教获取政治生存空间而采取的一种策略(policy)。而在基督教统治时期，基督教教义便成了真理，宗教敕令也好，宗教自由政策也好，移居国外许可也好，都是一种“政治上的睿智”包装的情形——一种“恕”道，即权力持有者对弱者或者弱势群体的一种恩赐。在形式上，权力享有者通常打着“国家利益”、“民族利益”的幌子，要求人民学会宽容与妥协，以便“牺牲小我，完成大我”。所以在近代以前的宗教宽容不过是一种“压制性宽容”，一种“仁人爱物”的崇高价值象征，一种纯粹的道德理想。学者沃尔夫(R. P. Wolff)在描述当时的情形时指出：

> (宽容像是)一种必要的恶，被强塞给社会，这个社会不是无法压制不同想法的人，就是认为压制的社会成本太高。②

在立宪自由主义取得社会主导地位以后，基于立宪自由主义特有的个人主义、民主主义和平等主义价值观，宽容在一些特定

---

① 参见李震山：《多元、宽容与人权保障——以宪法未列举权之保障为中心》，(台湾)元照出版有限公司2005年版，第73页。

② 转引自〔德〕考夫曼：《法律哲学》，刘幸义等译，法律出版社2004年版，第455页。

的领域(如宗教领域和部分政治领域)获得了宪法上的人权保障。但是,正如基督教取得统治地位以后才实现所谓的"策略性宽容"一样,宽容在西方法治国家的近代早期宪政发展史中也扮演了类似的角色:自由主义便是真理,天赋人权也好,平等主义也好,个人自由主义也好,同样是被作为一种"政治上的睿智"包装而存在。换言之,宽容同样是"忍受恶害"的问题。英国历史学家麦考利(Macaulay)在考察早期立宪自由主义的宽容实践时,曾经做如下的表述:

> 我是对的;而你是错的。当你是强者,你应该容忍我;因为这是我的义务,要去宽容真理。但是当我是强者时,我将谴责你;因为这是我的义务,要去谴责错误。①

考夫曼教授进一步指出:

> 宽容的概念,依其原本的解释,是在一个本质上相当广泛的意义下,仅用在宗教及意见自由上,其内容为,不同信仰的人或不同想法的人只是或多或少非自愿地被当作是"错误者"而加以容忍——至于这个人可能是正确,而人们自己可能是不正确的,则完全未被考量。②

宗教不宽容和残酷迫害异教徒的行径虽然让人们意识到了

---

① M. Pribilla:《教条论上的宽容》,第 36 页[注 57]。转引自〔德〕考夫曼:《法律哲学》,刘幸义等译,法律出版社 2004 年版,第 456 页。

② 〔德〕考夫曼:《法律哲学》,刘幸义等译,法律出版社 2004 年版,第 454 页。

宽容的重要性，但在意识形态领域刚刚取得主导地位的发展初期，基于对立宪自由主义的狂热和对宪政发展的普遍担忧，宽容并未像今天在政治哲学、法哲学和宪法学中所阐发的那样，形成一种独立的或者说主导性的理念，而是表现为一种“压制性宽容”——一种次生的、非主流的价值观。

在自由主义者那里，这种“压制性宽容”或“教条论上的宽容”被做了最睿智的包装，隐含在自由、平等等观念之下，成为自由的应有内涵。著名的早期自由主义代表人物斯皮兹(David Spitz)在其临终前为自由人士所写下的十条“自由主义信条”便是一个显明的例证。它们是：

> ①崇尚自由甚于其他价值，即使是超过平等及正义。②尊重“人”而不是尊重“财产”；但是不要忽视财产在促进人类福祉上的积极角色。③勿信任权力，即使权力出自多数亦然。④不要相信权威。⑤要宽容。⑥坚信民主政治。⑦尊重真理与理性。⑧接受变迁的必然发生。⑨勿耻于妥协。⑩最重要的是，保持批判精神。①

在这十条信条当中，宽容理念彰显其中，成为自由主义的基本内涵和特质，自不待言。但其首要的信条仍然是“坚持自由即是坚持真理”。显然，在自由主义者看来，宽容只是自由的一个必要而非充分的条件，一旦自由失去政治上的阵地，宽容将不复存在。不过，就宽容从纯粹道德领域向政治领域特别是立宪政治的

---

① 转引自江宜桦：“自由主义哲学传统之回顾”，载王焱等编：《自由主义与当代世界》，生活·读书·新知三联书店2000年版，第9页。

过渡而言,从"策略性宽容"到"压制性宽容",无疑是迈出了革命性的一大步,为后世宽容理念的现代诠释与宪政实践奠定了坚实的基础。

在早期立宪主义的实践中,施特劳斯所言的"宽容的天赋权利论传统",也只是在保持其自由主义宪政秩序和价值观念的前提下,通过不断的政治斗争和宪政实践得以诠释和升华的。以美国这个被认为是"最重视人权"的合众政府为例,"从独立宣言(1776A. D.)经内战林肯总统的底斯堡演讲(The Gettysburg Address,1863,7)就已揭示了'人人生而平等、造物主赋予人们若干不可剥夺的权利,其中包括生命权、自由权和追求幸福的权利,为了保障这些权利,人类才在他们之间建立政府'的宗旨,但从美国宪法 1789 年的《权利法案》(*The Bill of Rights*)到 1963 年马丁·路德·金恩(Martin Luther King)博士的《我有一个梦想》(*I Have a Dream*),一直到 1964 年林顿·詹逊(Lyndon B. Johnson)宣告了《民权公告》(*Civil Rights Statement*),才将平等的民权置于法案中,其间经历了漫长的一百八十八年"①。

可见,在视自由主义为真理的近代民族国家中,宽容与"自由主义真理"之间的天平早已发生倾斜,宽容已经淹没于自由、平等观念之中,埋没于公平与责任的法律原则之中,而近乎被当代的人们所忘却。对此,李震山教授指出,在立宪自由主义的内涵中,对包括宽容之意涵、类型,甚至界限,却未见一目了然的说明。而且,遍查近代世界各国的宪法,我们并没有发现"宽容"或与之类似的宪法用语,即使是著名的宗教宽容问题,也被宪法中的宗教信仰自由条款所取代。这种状况表现在 16、17 世纪迄今出现与

---

① 刘幸义主编:《多元价值、宽容与法律:亚图·考夫曼教授纪念集》,(台湾)五南图书出版公司 2002 年版,第 79 页。

自由主义有关的人物的经典著述中，这些著述“或多或少与宽容理念有关，至少包括了洛克、卢梭、肯特、密尔、Dworkin、海耶克等重要的思想家，各该思想都会影响立宪主义对宪法之适用与诠释”。①

宽容一旦被纳入自由的内涵之中，就成为自由主义意识形态下的“压制性宽容”。但倘若仅仅如此来理解宽容的话，宽容问题就属于纯粹的德性问题而非法治乃至宪政问题了。因为宽容既不意味着权利和义务的增加，也不意味着权利和义务的减少。对于法治实践而言，法律上的平等观念只是一种形式意义上的自由的代名词，因为平等只是以个体自由的名义，它并不关涉个体的多样性，也不关注实质上的平等问题。在追求人性尊严和人类福祉的道路上，这种形式法治的观念无异于要求，只要在形式上人人平等，在个人权利的享有方面体现平等主义的理想，那么就会形成宽和的政治法律秩序。在此意义上，自由与平等是不会发生冲突的。

自由主义思想及其压制性宽容的观念，虽然在平抑专制思想和观念方面具有进步意义，在防范权力不宽容方面发挥重要作用，但这种观念很容易忽视一个社会现实问题，即人生来就是不平等的，在财产、地位、知识和智慧等各个层面上都存在很大的个体差异性。

可见，将宽容纳入自由的内涵，不过是自由主义者在面对现实困境时无可奈何的一个说教罢了。自由主义意识形态下的压制性宽容并没有真正解决自由与平等之间存在的那些冲突，它还必须接受实践的检验。因为按照实证主义的观点，正确的认识只

① 李震山：“论宽容与宪法”，载刘幸义主编：《多元价值、宽容与法律：亚图·考夫曼教授纪念集》，(台湾)五南图书出版公司2002年版，第412页。

能在观察“事实”的基础上以及在数学和逻辑学的领域内获得。①而哲学的相对论认可实证主义的以下观点：价值判断是由感性制约的，而且不能做理性的阐述。认为各种人文社会科学作为理解的科学是可能的，对在历史的或当前的文化生活里出现的价值和价值判断做出科学的论断、指出它们的内容、认识它们的作用等也是可能的，但它把“特定价值发生作用的程度”看作非理性的行动。只有在指向新价值的前提下，对外主张价值判断的尝试才有意义。因而，关于宽容的价值判断就不应仅仅被理解为“个人人格”的表现：只有当我们感到它们表现出是适用的，是渊源于我们的最高的生活价值，而且是在同生活的艰难险阻斗争中，通过宪政体制和宪法制度的完善发展起来的时候，才会真正体现它们。

第二节　政体宽容：优良政体的理性选择

按照早期自由主义的那种意识形态化的价值观，宽容是自由的应有内涵或(真正的)自由的一个必然结果。但是，宽容并不仅仅体现为自由、平等的观念，它无处不在。更为根本的是，它能够在政治体制和政治制度中藏身，并为自由、平等(不受歧视和压迫)的制度保障提供框架支持。我把这种宽容称之为政体宽容。

在立宪自由主义的早期，政体宽容问题并没有凸显出来。在霍布斯那里，政体宽容问题并没有引起他的重视，因为在他看来，

① 〔法〕孔德：《论实证精神》，黄建华译，商务印书馆1996年版，第9—10页。

“无论一个共同体是君主制还是民主制，自由是同样的”[①]。不过，他那著名的《利维坦》却告诉人们这样一个事实：即便在法律的王国里，国家权力也始终存在着恣意侵犯个人权利的可能性。

其后，经由洛克、卢梭、罗尔斯等为代表的自然权利理论的建构与诠释，自由、平等、人权等基本价值诉求才逐步变成对抗政府权力、防止政府权力恣意干预个人自由的重要武器。对一个传统自由主义者而言，一个能够成功限制政府权力、保障个人自由和权利不受随意干涉和限制的政体，在某种程度上已然契合了宽容的价值诉求，而由此形成的宪政体制就可以称之为“宽容的宪政体制”。因为，宽容必定包含有权力受限制的本质内涵。一个不享有权威或不持有权力的人并不具备宽容的资本，即使他不宽容（权力持有者）通常也不会导致不宽容的后果。

如今，立宪主义的制度实践已经在体制层面发展并实践着宽容的理想，使“规范和约束公权力”成为宪法的一个根本目的，使“人权保障”成为宪法的一个核心功能。但是正如我在前文所指出的那样，早期的自由主义思想及其压制性宽容实践虽然在平抑专制思想和观念方面具有进步意义，在防范权力不宽容的方面也曾发挥过重要作用，但如果将这种观念及其法律实践推到极致的话，就容易产生一种新的不平等，即实质意义上的个体不平等，且产生两个相互依附的恶果：一是具有社会强势地位的人对弱势地位的人的一种歧视和掠夺；二是弱势群体对强势群体的仇视和不宽容。因而，如何建构一种限制政府权力、保障个人自由和权利不受随意干涉和限制的、体现宽容理念的宪政体制，就成为立宪（自由）主义在制度建构方面的一个首要选择。这一选择，并非是

---

① 〔英〕霍布斯：《利维坦》，黎思复、黎廷弼译，商务印书馆 1985 年版，第 149 页。

一蹴而就的,而是经历了一个漫长而曲折的发展历程。

一、代议制民主①与政党制度

君主专制、宗教迫害和民主暴政的惨痛历史教训,以及自由主义思想和天赋人权观念的迅速传播,使得自古希腊以来内生于西方国家的民主法治传统开始获得了全新的生命力。

在早期立宪自由主义的宪政实践中,民主制度由于符合民族国家的本质属性,具备防止国家(整体)利益被个体侵蚀和政府权力(公共权力)被个人篡夺的双重功能,成为保持整体利益和个人利益"合一"的首选政治法律制度。在新罗马法学家们看来,国家权力始终存在着侵犯个人权利的可能性,应当对国家权力给予法律上的限制。因而你必须生活在这样一种体制下——制定法律的唯一权力保存在人民或由他们委托的代表手中,政治体的每个成员(统治者和公民一样)都应当服从于他们所选择加之于他们自身的法律。惟其如此,那种以善良意志施加于你身上的奴役的可能性才会消失,你才是自由的。

在此观念下,新罗马法学家们提出了一种通过建立代议制民主政府的形式对国家权力进行限制的立宪主义理论。这一理论认可以下观念:民主是正义的基本形式,而平等是民主最高的道德。②

---

① "代议民主"(Representative Democracy)是西方现代史上运行最久的一种民主政治理论,如今受到"强势民主"理论和"参与民主"理论的强大冲击。其主要的诘难在于:(1)形成"政治平等"与"政治参与"背道分驰的互斥现象;(2)"代议民主"的垄断性阻碍了其他"正当民主形式"的追求;(3)一般民众的"政治疏离";(4)"代议民主"既破坏参与政治,又侵蚀"公民身份";(5)投票意义在秘密投票的隐私方式下丧失殆尽。参见郭秋水:《当代三大民主理论》,新星出版社2006年版,第85—86页。

② 参见〔德〕考夫曼:《法律哲学》,刘幸义等译,法律出版社2004年版,第228页。

从而，相对于古代罗马法的自然正义理论和霍布斯的权利理论来说，这种理论与其说这是一次巨大的进步，不如说是一次全新的“回归传统”。

代议制的最早实践可追溯至法国的“三级会议”制度。这一早期的代议制雏形，在今天看来并没有取得其应有的成功。由于议会本身的软弱性和妥协性，这种“尝试”最终归于失败。不过，法国的代议制政治实践并不能完全以“失败”这样的字眼进行评价。因为从当时“三级会议”的产生和实际运行情况来看，这种实践虽然只是政治压力和各种社会诉求的产物，但却让那些嗅觉敏锐的人们看到了“回归民主传统”的重要性，而它所遭受的挫折更加能够说明：没有一个建立在个人自主理念基础上的公民社会，人们就不会把满腔的政治热情投入到公共事务和公共生活中。[①]对此，基佐曾分析指出：

> 仔细研究一下法国历史上这些会议的特征，就会发现它们似乎是些偶然事件。国王的财库枯竭，不知如何摆脱困境，人民的苦难深重，没有良策解脱。于是人民和国王在走投无路时采取这最后的一招。贵族出席三级会议，教士也参加，但他们抱的态度是漠不关心，因为他们知道这不是他们

---

① 一个很好的例证可见于中国传统社会。与西方封建社会不同，中国传统社会通过统一的意识形态、统一的文字、统一的度量衡、四通八达的水陆交通网、驿站邮传制度、重农抑商的政策以及由儒生阶层构成的统一的官僚体系，使整个国家表现为“一体化”的结构。这一结构表现出“超稳定性”。在这种一体化的结构中，不可能出现西方意义上的那种地方自治组织，基层非官僚化的社会组织基本上是从属于官僚机构的，而个人只在其中获得一个特定的角色。参见金观涛、刘青峰：《兴盛与危机——论中国社会超稳定结构》，香港中文大学出版社 1992 年版，第 24—30 页。

可以有作为的场合，无助于真正提高他们在政府中的作用。市民们也不更为热衷；这不是他们想行使的权利，只是不得已而为之。由此可见，这些会议上的政治活动的性质，有时候无足轻重，有时候骇人听闻，碰上强有力的国王，他们卑躬屈膝，惟命是从到了极点。①

个人自主观念的盛行是西方社会回归其民主传统的一个重要标志，也是16、17世纪西方社会的一个主要特征，并预示着一个全新的公民社会的到来。在个人自主观念最为盛行的英格兰，政治力量相对平衡，议会受到普通民众的关注和期待，这些因素使其成为西方历史上第一个成功实践代议制民主制度的国家。1688年光荣革命后，英国的国内政治局势因其社会文化的影响发生了深刻变化，资产阶级和封建贵族对政权的分享、政治力量的相对平衡和社会民众对资产阶级把持的议会的期待，为英国以国王为代表的封建贵族和盘踞在议会的新兴资产阶级之间的妥协奠定了政治基础。1689年和1701年，英国相继通过《权利法案》和《王位继承法》，确认议会是凌驾于国王之上的最高立法机关，同时享有决定王位继承、财政预算以及监督政府等权力。

到18世纪末，以代议制为基础的民主政治实践历经风雨，在欧洲大陆逐步获得成功。然而，这样的成功并没有实现新罗马法学家们的宪政理想，民主的“多数压制”仍然像难以治愈的顽疾，处处与自由主义的精神相违背，并不时现出不宽容的病态。在密

---

① 〔法〕基佐：《欧洲文明史》，程洪逵、沅芷译，商务印书馆1998年版，第174页。

尔看来：

> 在每一个政府中都存在着一种比其余更强大的力量，这种最强大的力量总是倾向于变成唯一的力量。它有意无意地总是力求使其他的一切屈从于自己。当还有某种经常和它对抗的东西，和它的精神不一致的势力存在的时候，它是不满足的。但是，如果它成功地把一切对抗势力压下去，按照它自己的模子铸造一切，那么，这个国家的进步就会终结，而衰退就此开始。……只是当社会最强大力量和某个对抗力量之间，精神权威和世俗权威之间，军人阶级或地主阶级和劳动阶级之间，国王和人民之间，正统教会和宗教改革者之间进行着斗争的时候，社会才有过长期继续的进步。当任何一方取得结束争斗的完全胜利，又未发生其他冲突时，最初的停滞就跟着发生了，然后就是衰退。[①]

可见，代议制民主虽然远较古典民主进步得多，但单纯的代议制民主本质上并不能阻止法律的强制和社会的不宽容。因为在代议制民主政治体制下，法律下的自由并不一定能解放人们。相反，当法律变成一种压制的工具时，个人自由将不复存在。强大的“利维坦”不仅不能保障人们的自由，反而成了“公开强制”的代名词。对此，英国法学家昆廷·斯金纳曾一针见血地指出：

> 为了要剥夺你的公民自由，你并非必然一定忍受公开的强制。如果你纯粹落到了一种政治依从或政治依附状态，你

---

① 〔英〕J. S. 密尔：《代议制政府》，汪楦译，商务印书馆 1982 年版，第 114—115 页。

也就将变得不自由了。[①]

代议制民主实践表现出来的弊端，并没有改变新罗马法学家们对它的尊崇。在他们看来，代议制解决方案虽然不能独自实现自由社会的政治理想，但仍然是现代民族国家的一个完善政府的理想类型。因为，一方面，虽然至今仍有人坚持“民主”要求全体人民能够直接地确定统治者和法律，但在现代民族国家，即便是一个小的市镇，也无法将那种伯利克利时代的公民大会有效地运作起来。可以说，如果不实行代议制，现代民族国家就只能建立在等级制模式的基础上。对一种立宪的政治秩序的发展来说，代议制是生死攸关的设置。[②] 对此，密尔论说道：

> 显然能够充分满足社会所有要求的政府是全体人民参加的政府……但是既然在面积和人口超过一个小市镇的社会里除公共事务的某些极次要的部分外所有的人亲自参加公共事务是不可能的，从而就可得出结论说，一个完善政府的理想类型一定是代议制政府了。[③]

另一方面，从立宪主义产生的那一刻起，宪法就彰显了其“限制君权(统治权)与保障人权(被统治者权利)”的目的与功能，而这一目的与功能决定了民主政体的基础不能改变。

---

① 〔英〕昆廷·斯金纳：《自由主义之前的自由》，李宏图译，生活·读书·新知三联书店 2003 年版，第 48 页。

② 参见〔美〕斯科特·戈登：《控制国家——从古代雅典到今天的宪政史》，应奇等译，江苏人民出版社 2005 年版，第 297 页。

③ 〔英〕J. S. 密尔：《代议制政府》，汪楦译，商务印书馆 1982 年版，第 55 页。

自由一经确立，人们的政治热情就会焕发出勃勃生机，并促进自治团体向政党团体的发展和转变。竞争性政党制度的出现消弭了代议制民主的缺陷，并在大多数实行民主宪政的国家或地区获得了成功。一方面，它使传统民主发生了实质性的变化。在代议制民主的商谈政治运作过程中，多数意见虽然能够在政策和法律的制定过程中发挥主导性作用，但政党可以将少数的力量集中起来形成合力，使得少数也可以成为多数，从而实现了权力的有序而和平的交接。[①] 即便是少数的观念认识不占主导地位，随着人们对政治事务的理解，少数的一些观念可能会成为一种多数的观念认识，因而在多元政党体制下多数从来就是不确定的，多数也不敢贸然对少数的意见置之不理。另一方面，它在政治层面上进一步实践和发展着商谈原则，在观念层面将宽容理念内化于现代民主精神中。对此，英国学者沃尔特·白芝浩[②]说道：

> 人们在商谈中也学会了宽容，而且正如历史所显示的，宽容只能如此学习……成功的商谈需要宽容。像法国政治会议那样的地方，任何人听到不喜欢的意见就想用大喊大叫来压过别人，商谈一定是失败的。如果我们知道一个民族能够经得起持续的商谈，我们就知道它能够沉着持续地实践宽容。[③]

---

① 斯科特·戈登曾指出，在一个比市镇政府大的民主国家中，要在政敌之间实现有秩序而又和平的权力交接，政党则十分必要。这一点美国人在世界远未认识到时就已认识到了。〔美〕斯科特·戈登：《控制国家——从古代雅典到今天的宪政史》，应奇等译，江苏人民出版社 2005 年版，第 386 页。

② 也有人译为沃尔特·白哲特，本书在正文中一律采用沃尔特·白芝浩的译名。但在注释文献时尊重原书译者的翻译。

③ 〔英〕沃尔特·白芝浩：《物理与政治》，金自宁译，生活·读书·新知三联书店 2008 年版，第 114 页。

值得注意的是,虽然白芝浩认为政党民主能够通过代议制最为有效地实现商谈原则,但他认为自由的商谈政体①并不限于现代:

> 古代和现代的思想大进步几乎都和商谈政体联系在一起。雅典、罗马、中世纪的意大利共和国、封建时代欧洲的自治城市和国家,都有特别的令人振奋的影响应当归功于自由。而那些没有自由的国家从不交换意见。②

竞争性政党制度和代议制民主的结合(以下简称“代议制政党民主”),使得宪政与民主本质上“名异而实同”。代议制政党民主已经成为宽容宪政的保证者。凡是竞争性政党制度和代议制民主相结合的地方,宽容已经成为真正民主的一个重要的准则或判断标准,宽容少数人的意见成为一种观念,甚至成为一种“生活方式”;凡是没有实现多元政党民主和代议制相结合的地方,民主就不可能改变其“多数的暴政”或“公开强制”的特性;凡是没有实行宪政、没有自由的国度,人们总是不愿意交换意见(在这里,我所指的是开诚布公的交换意见,而不是那种私底下的“高谈阔论”)。法国和英国宪政实践的历史对比,可以为此推断提供经验的证明。

从代议制政党民主的实践中,可以获得一些有益的经验。对于那些集权制国家或尚未建立民主政治的国家而言,在对待代议

① 商谈政体(Government by Discussion),也可以称之为“自由政体”,与建立在习俗统治上的专制政体相对应,主要是指“由许多人参与的一种政体”,更多地指向“思想自由”和“言论自由”。在这其中,“公众可以自由选择有关观点”,“商谈持续不断、十分活跃并具有决定作用”。参见〔英〕沃尔特·白芝浩:《物理与政治》,金自宁译,生活·读书·新知三联书店2008年版,第115—127页。

② 同上书,第115页。

制民主的问题上，在政治商谈原则尚未成为人们共识的情形下，通过逐步开放民主的范围，训练公民的理性素养，也许是达至“渐进式民主法治”、防范公权力不宽容和歧视的一个基本路向。这种路向必须与宪政体制下的竞争性的政党制度结合起来，方能发生功用。但在对待多元政党的问题上，一个现实的问题是：先有均衡的政治力量还是先有宽容的宪政精神？一个显明的判断似乎是，一个均衡的政治力量是产生宽容的政治前提。不过，诚如郭华清教授指出的那样，国家是和谐的，国家和谐的基础在于一个宽容的宪法之下的议会、内阁、政党都能够通过制度宽容的约束而具有其宽容性，从而与民主宪政的自由、多元和宽容的政治理念相契合。尽管这样看来有点唯心主义的表象，然而那种认为先有了均衡的社会政治力量或其他客观条件，从而造成执政党宽容反对党或者政治团体或派别的精神，然后再拿这种宽容的精神去进一步改造社会政治的观点，乃是一种玩世不恭的观念。①

二、权力分立与制衡

多元政党（代议制）民主只是实现宽容宪政的一个必要而非充分的条件，一种驯服民主暴政的方式。虽然可以医治传统民主“多数决”的弊病，但它仍然无法全然落实宪政体制的宽容。因为无论从理论还是经验上，即便是通过宪法落实了多元政党（代议制）民主制度，也仍然会存在多数（党）派压制少数（党）派的可能：一方面，由于政治先于法律而存在，历史传统和政治现实通常会阻碍商谈原则的实现，法国第五共和国之前的宪政实践便是显明的例证；另一方面，宪法如果受政治的影响而成为党派的附庸，就会对思想与表达自由产生压制或负面的影响，并限制公民的民主政治诉求。因而从

① 参见郭华清：《宽容与妥协》，天津古籍出版社2004年版，第241页。

宪政宽容的视角出发,一种内在的体现宽容理念、保持政治权力平衡的宪政体制的设计,就成为立宪主义者的必然选择。

面对早期代议制政党民主面临的问题,新罗马法学家们开始寻求解决问题的全新思路。他们另辟蹊径,在坚持代议制民主和对西方传统契约思想进行深入挖掘的基础上,通过立宪主义的发展与完善来实现施特劳斯所言的“宽容的天赋权利”的宪政目标。为实现这一目标,洛克提出了一种建立在社会契约理论基础上的对国家权力进行限制的分权理论,从而为权力分立与制衡理论的进一步发展和完善奠定了基础。随后,孟德斯鸠通过其著名的《论法的精神》一书,提出了一种建立在代议制政党民主基础上的“三权分立与制衡”的系统理论体系(平衡政体理论),用以防止权力的滥用和不宽容:

> 政治自由只有在宽和的政府里存在。不过它并不是经常存在于政治宽和的国家里;它只在那样的国家的权力不被滥用的时候才存在。但是一切有权力的人都容易滥用权力,这是万古不易的一条经验。
>
> 从事物的性质来说,要防止滥用权力,就必须以权力约束权力。我们可以有一种政制,不强迫任何人去做法律所不强制他做的事,也不禁止任何人去做法律所许可的事。①
>
> 当立法权和行政权集中在同一个人或同一个机关之手,自由便不复存在了;因为人们将要害怕这个国王或议会制定暴虐的法律,并暴虐地执行这些法律。②

---

① 〔法〕孟德斯鸠:《论法的精神》(上),张雁深译,商务印书馆 1959 年版,第 184 页。

② 同上书,第 185 页。

> 如果司法权不同立法权和行政权分立，自由也就不存在了。如果司法权同立法权合而为一，则将对公民的生命和自由施行专断的权力，因为法官就是立法者。如果司法权同行政权合而为一，法官将握有压迫者的力量。①

由此，一种建立在代议制政党民主基础上的、权力分立与制衡的平衡政体理论开始建立起来。其后，在奉行立宪主义的国家和地区中，大都将孟德斯鸠的上述言论视为至理名言。

现代分权虽源自于古代的混合政体，但与混合政体中的分权有着显著不同：一方面，现代分权不是将权利与利益集团进行结合，也不是各个阶级或利益集团对权力的"分享"，而是将政府权力按其性质进行分割。而混合政体中的分权（斯科特·戈登将其称之为"对抗式的"）是与阶级或不同利益集团相结合的分权，比如贵族、君主、普通民众各自享有一部分权力，以防止任何一个阶级或利益集团持有主导性权力，防止国内的利益冲突。另一方面，现代分权更多地体现为一种宪法和法律的规范性权力，而混合政体中的分权虽然与法律的关系密切，但并不是真正的规范意义上的分权，不是立法权、行政权与司法权的分立，而是将国家的"集合权力"进行拆分，每一阶级或利益集团的代表机构都享有某种"集合权力"，如公民大会可能既享有立法权，又享有司法权，还享有行政权。可见，现代分权机制虽然是在启蒙运动下反对或限制君权的一个必然结果，但它并非古代分权制的翻版，而是在西方源远流长的民主传统中，伴随着公民社会的觉醒而出现的一种建立在全体公民利益基础之上的理论。这一机制建立的关键是"对抗式分

---

① 〔法〕孟德斯鸠：《论法的精神》（上），张雁深译，商务印书馆 1959 年版，第 185—186 页。

权”向“规范式分权”的过渡，其核心是民主传统的重新发掘和代议制民主制度的建立。在斯科特·戈登看来，英国1688年的光荣革命乃是确立立宪主义“分权与制衡原则”的重要标志。[①]

基于特殊的历史原因和国内政治背景，并深受分权与制衡理论的影响，美国是历史上第一个依据平衡政体理论对其宪政制度进行精密设计的国家。[②] 在早期的宪政实践中，种族歧视、奴隶制、选举权不平等问题仍然大量存在，但随着美国宪政实践的逐步深入，这种建立在权力分立与制衡（三权分立）基础上的平衡（共和）政体，开始展现出强大的生命力，并伴随其宪法变迁与宪政成长，逐步实现了当初制宪者都无法预见的宪政理想。

美国的“三权分立”宪政体制并不是一个纯粹的理性设计，其源头可以追溯到英国的宪政实践。与美国不同[③]，英国的权力分

---

① 斯科特·戈登认为，对抗的政府体系在英格兰的发展无论如何都不是连续的。直到“光荣革命”把分权和制衡的原则牢固地确立为英国立宪主义的拱心石，这种模式也没有稳定下来。〔美〕斯科特·戈登：《控制国家——从古代雅典到今天的宪政史》，应奇等译，江苏人民出版社2005年版，第300页。

② 美国1787年《宪法》第1条第3款规定：“本宪法规定的一切立法权赋予合众国国会。合众国国会由参议院和众议院组成。”第2条第1款规定：“行政权赋予美利坚合众国总统。”第3条第1款规定：“合众国的司法权赋予最高法院及国会随时规定和设立的下级法院。”

③ “我国并不是一个同质化的国家，并且因为我们拥有能够保留少数派的一些影响力的代议制政府，所以我们不能得到法国从普选权中得到的好处，尽管我们会得到某些坏处，因为我国聪明的手工业者就像在法国一样，数量会被其他人大大超出……为这一目的所提出的最为简单的权宜之计就是回到英国旧时的制度，即不同的自治郡县有不同的选举权。这一制度在1832年《法案》之前一直存在。不论这个制度能不能被复活，我认为废除这个制度都无疑是个错误。它恰恰在最为必要的地方给了我们的宪制一个变化的因素。”〔英〕沃尔特·白哲特：《英国宪制》，李国庆译，北京大学出版社2005年版，第209—210页。

立与制衡原则的确立，并不是经过精密设计的宪政制度设计而达成的，而是通过其立宪主义的政治实践自然而然生成的。在经历了中世纪的漫长的宗教冲突与不宽容的政治斗争洗礼后，英国的宪政实践在18世纪末也发生了重大变化，防止权力专断不宽容的分权思想逐渐深入人心，并内化于其宪政实践中。早期的斯图亚特王朝虽然把司法发展成“既制约国王又能限制议会的独立的权力中心，但那不过是争取国家强制性权力的一种手段而已，而法官的保证直到1688年光荣革命之后也没有写进成文法”①。1215年的反叛贵族们没有求助于民主，17、18世纪英国议会平民院与王权斗争时也没有求助于民主，18世纪末大西洋彼岸一个新的国家的诞生，在力图一劳永逸地解决权力专断问题的国是大辩论中，民主也显然不是国父辈的政治家们讨论的中心议题。②

在经典的“议会制政府时期”(1852—1866)，平民院将六届内阁拉下了马。议会除了“不能把男人变成女人，不能把女人变成男人之外”，几乎无所不能。这一时期，根据沃尔特·白芝浩的研究和描述，议会制政府更多的是“行政主导而非议会主导”，是“自上而下”的行动，而非“自下而上”的“人民控制”。但在1867年扩大选举权以后，“政党政府”的出现使英国的宪制产生了某些改变。这些改变有效地维护了行政权与立法权的分立，缓和了行政权与立法权之间的冲突，使宽容理念真正内化于权力分立与制衡的宪政体制中，而不是白芝浩所描绘的体现中产阶级选举人“专

---

① 〔美〕斯科特·戈登：《控制国家——从古代雅典到今天的宪政史》，应奇等译，江苏人民出版社2005年版，第303页。

② 齐延平：《自由大宪章研究》，中国政法大学出版社2007年版，第310页。

制权力”的政府“表面结构”。① 齐延平教授在总结英国《自由大宪章》的训诫时指出：

> 哪里没有分权，哪里便没有自由。没有合理的分权，便没有自由的存在空间。分权是自由和权利发展的要求，在分权未确立的地方便没有自由和权利，也就不可能有民主与宪政，因为在一个高度集权的专制社会中不可能形成真正合意基础上的政治性、公法性契约。②

英国权力分立与制衡的宪政体制可以在没有一个精密设计的宪法架构的下发挥效能，与其特有的自然长成的社会、政治和经济结构及多元文化关联密切。对此，张彩凤教授指出：

> 多元的社会、政治和经济结构及多元文化价值是英国自由法治成长的必要的社会基础，在此基础上发展着自由主义哲学本身体现的多元化价值以及实现这些价值的多元的社会规范制度。体现多元利益和价值要求的自由法治是一种宽容的社会合作，妥协的制度性安排，是一种人与人良好共处的、合理交往的平衡的互动的社会模式。在英国，势均力敌的各方社会力量，都可对与自己利益息息相关的社会事务和国家事务形成影响和支配。③

---

① 参见〔英〕沃尔特·白哲特：《英国宪制》“编者导言”，李国庆译，北京大学出版社 2005 年版，第 13—15 页。

② 齐延平：《自由大宪章研究》，中国政法大学出版社 2007 年版，第 310 页。

③ 张彩凤：《英国法治研究》，中国人民公安大学出版社 2001 年版，第 303 页。

由以上英国和美国的宪政实践及其分析可以得出一个基本的结论，即权力分立与制衡的宪政体制的形成可以有两个路径：一是精密的宪政制度设计；二是自然长成。但就其成功而言，却是其他国家难以复制的，特别是美国的“三权分立”的宪政体制。不过，就实现权力之间的分立而言，它确是弥补了代议制政党民主的弊端。而且，从目前世界各国的宪政实践来看，虽然受政治、经济和文化条件的制约，但权力分立与制衡的理论已经或多或少地影响了世界各国的宪政制度设计与实践。

如今，这一体制业已成为一种宪政共识，成为德国、法国、日本等诸多国家和地区宪政实践的“圣经”，并践行着体制宽容的伟大理想。不过，“权力分立与制衡”的宪政体制是否能够运行良好并发挥其实际效能，还要受诸多现实条件的制约，比如民主法治传统、尊重司法以及成熟的公民社会等。而且，“权力分立与制衡”在理论上也不是无懈可击的。因为在三权分立的情形下，如果说人民主权原则、基本人权原则和法治原则在各自领域内能够有效合理地实现作为公共机构的国家绩效的话，那么权力制约原则就成为上述原则在宽容和谐的环境下得以正常运行的有力保证。由此，这种经典的“三权分立”体制的运行，必然容易导致自由主义的相对主义，甚至陷入怀疑主义的泥潭：在权力制约的体制下，主权、人权、法治均不是绝对的。而这正是那些对宪法意义上的宽容抱有怀疑的学者的主要理由。在这些学者看来，立宪自由主义的“宽容”，实际上自身并不能独立成为一个价值，因为你无法回答下列问题：宽容谁？宽容什么？对“不宽容者”是否宽容？对无法宽容的内容是否应当宽容？

三、司法独立和违宪审查

虽然权力分立与制衡的宪政体制能够为宽容理想的实践提

供体制上的保障,最大限度地限制政府权力、保障个人自由和权利不受非法的干涉与限制,但就规范社会关系而言,宪法毕竟应当是"简短而概括"的,它只能就其关心的实体问题提供一个大体上的规范性框架,以保持它的开放性。[①] 因而,就实现宽容的目标而言,宪法的超越性并不能代替法律在实现平等中的作用。对立宪自由主义者而言,在宪政的制度设计中,如何保持法律不脱离宪制乃至"正义"的轨道——在"正确的路途"上,就成为体制宽容建构中的一个必须重视的宪政现实问题。

在立宪主义者看来,在权力分立与制衡的宪政体制下,一个独立的司法机关不受限制地维护宪法和自然正义的权威是必要的。虽然不能完全把独立的司法机关(如美国的最高法院和德国的宪法法院)看作人民的良心和自由的保卫者,但如果欠缺这样一个机构的话,一个显明的事实是,司法部门将会像立法机构和行政机构那样因无法脱离政治的舞台而受政治风暴的影响。对此,美国法官道格拉斯(Douglas)指出:

> 从崇高的意义上来讲,司法部门是人民的良心和国家法律的保卫者。它比行政机构和立法机构都更加远离政治舞台。它超然地处于社会之上,不受政府其他部门的压力和政治风暴的影响。它的裁决比政治上的权益措施更能反映传统和基本原则。[②]

可见,宪法权威如果不能通过正当的渠道得以彰显,就会使

---

① 这一问题在欧盟宪法制定时同样是一个被谈论的议题。参见 K. C. Wheare, *Modern Constitutions*, 2nd, Oxford University Press, 1966, pp. 33 - 34。

② 转引自悉德尼·胡克(Sidney Hook):"民主与司法审查",佟德志译,载佟德志编:《宪政与民主》,江苏人民出版社 2007 年版,第 69 页。

宪法成为一纸空文，成为行政机构或立法机构“肆意妄为”的工具。法国的第一、第二、第三和第四共和国时期的宪法，以及那些尚未实现司法独立和违宪审查制度的国家的“纸上宪法”，因其不能起到掣肘政治力量和其他权力机构的作用，往往无法避免衰败的命运。而在那些确立司法独立的宪法原则和建立违宪审查制度的国家或地区，一个显明的事实是：在构成政府的三个部门中，当权力机构出现冲突的时候，最高司法机构或者违宪审查机构往往能够起到制约或平衡的作用。

以美国为例，联邦最高法院通过一系列的宪法判例①，为适应少数群体的诉求而在某些方面发展了美国《宪法》第14条的平等保护条款，纠正了许多不适当的歧视性法律，消除了私人领域和公共领域的歧视行为，从而将联邦宪政体制始终保持在“正确的轨道”上，较好地实现了其“宽和政府”的目标。虽然它在对待民主和对待宪法文本的问题上总是处于左右摇摆的状态，甚至有时因为不能成为自然正义的维护者而受到普遍的批评，②但它无法超越它作为宪法和宪法权威维护者的身份。它是“宪法的保卫者，而且，在某些时候它也是宪法的主人”③。

法国的情况更加能够说明，司法独立和违宪审查的宪政体制

---

① 相关案例颇多，详细评述可参见张千帆：《西方宪政体系》(上)，中国政法大学出版社2004年版，第337—442页。

② 参见 Dennis v. United States, 341 U. S. 483(1954); Yates v. United States, 298 U. S. 483(1957); United States v. Lopez, 514 U. S. 549, 567 - 568 (1995); United States v. Morrison, 120 S. Ct. 1740, 1759(2000)。相关评论可参见 Sidney Hook, *The Paradoxes of Freeedom*, University of California Press, 1962, pp. 92 - 98; Jamin Raskin, *Overruling Democracy: The Supreme Court v. The American People*, Routledge, 2003, pp. 11 - 29。

③ 转引自佟德志编：《宪政与民主》，佟德志译，江苏人民出版社2007年版，第77页。

对于维持政体宽容的重要性。在《第五共和国宪法》产生之前，受"法国大革命"的方式和过程的影响，法国建立了"议会至上"的政治体制和政治理念，立法权在三权中具有决定性的地位，其宪政秩序一直处于变动不居的状态。虽然第四共和国宪法草案中增加了宪法委员会的设置，但新的制宪会议只是"为了使选民能够在全民公决中通过宪法草案，平息戴高乐派的不满而作的变动。在国民议会处于强大地位的情况下，作为进行违宪审查工作的宪法委员会所能起的作用可想而知"①。宪法委员会在存在的12年中(1946—1958)，只进行过一次活动。即1948年6月18日，在议会两院不能形成一致意见的情况下，宪法委员会提出了一项协调方案而为各方所接受，宪法委员会也就无须对此作出裁决。宪法委员会一次也没有作为违宪审查机关行使过违宪审查权。无怪乎有的学者认为，宪法委员会与其说是违宪立法审查机关，不如说是议会两院的调解机关和宪法修改的准备机关。② 直至1958年的《第五共和国宪法》，权力分立与制衡的宪政体制才得以真正实现，并确立了司法独立的原则，扩大了宪法委员会的职权。这一转变为1974年的《宪法》修改奠定了制度基础。在1974年的修宪活动中，将1958年《宪法》第61条"基于同样目的，各项法律在颁布以前应由共和国总统、内阁总理或两院中任何一院的议长提交宪法委员会审查"的规定，修改为"基于同样目的，各项法律在颁布以前可以由共和国总统、内阁总理、两院中任何一院的议长，或由60名国民议会或者60名参议院议员提交宪法委

---

① 胡锦光："论法国宪法监督体制"，载正义网 http://www.51zy.cn/free_read.asp?id=103639047。最后访问时间为2008年12月11日。

② 芦部信喜编：《讲座：宪法诉讼》(第一卷)，有斐阁1987年版，第155、302页。转引自胡锦光："论法国宪法监督体制"，载正义网 http://www.51zy.cn/103639047-1.html。最后访问时间为2008年12月11日。

员会审查”。这一修正案，使得少数派也可以提起违宪审查议案，从而在宪法体制上进一步深化违宪审查体制的同时，较好地保证了少数人的诉求能够通过这一体制得以实现。由此，法国的宪政体制开始具备了一种宽容的品格：法国宪法委员会开始成为维护宪法权威的“主人”，较好地维持了国内各政治力量的平衡，防范了“多数立法”所带来的歧视和不宽容，有力地维护了其宪政秩序的稳定。

以上仅列美国和法国的司法独立和违宪审查的宪政实践，至于奥地利、德国、英国和日本等国家，虽然在具体的宪政制度设计方面各不相同，反映了宪政发展的不同历史与文化传统，体现出各自的本土宪政文化特色，但都确立了司法独立原则和违宪审查（合宪性控制）机制，乃是一个不争的事实。

第三节　制度宽容[①]：对少数人（群体）的宪政保护

体制宽容的基本前提是“民主这一基本的正义形式”[②]，而民主制度的有效运行总是仰赖多数意见，并据此形成法律，以便于要求所有人服从。在这样的制度架构下，少数通常是无法将自己

① 对于制度宽容，任喜荣教授曾经从文化视角进行过概念上的建构。他指出，宽容的宪政制度从抽象的文化视角上看，是指这一制度能够客观地看待、反映和容纳文化进化过程中文化冲突的普遍性，能够提供一种公共的政治空间。每一个个体不管文化观点如何，都能够在这一制度框架中寻求保护自己权利的方式。参见任喜荣：“宪法典的文化意义”，《法学评论》2003年第3期。

② 关于民主是正义的基本形式的观点，参见〔德〕考夫曼：《法律哲学》，刘幸义等译，法律出版社2004年版，第228页。

的利益诉求上升为法律的。即便是在竞争性政党制度运行良好的情形下,诸如移民群体那样的少数人群体,虽然可以通过参与政治活动来实现其权利诉求,但也无法获得与多数相当的权利保障。这类少数人通常被称之为与自由权相关联的、制度意义上的少数人,主要是指那些在偏离主流思想和意识形态的少数群体(团体)。

同时,建立在个人主义和民主平等基础上的传统立宪主义原理,形塑了基本权利(人权)均等化的形式法治模式。在这一制度模式下,一些少数宗教团体、少数民族团体和少数族群,由于其特殊的宗教、文化和生活习俗的背景而无法融入传统社会,并造成了实质不平等的结果。由此,产生了"另类"的少数人。他们虽然同其他群体一样享有相同的自由权利及其保障,但由于长期处于政治、经济和文化的边缘或从属地位,使他们无法获得真正的平等权,这类少数人通常被称之为与平等权相关联的少数人。如今,伴随着文化多元主义的兴起,对这类少数人权利的宪政保护开始受到普遍的重视。从宪政的视角以观,积极权利以及种族性或民族性少数群体的有差别的社群权利的宪法规范,正是对这类群体提供宪政保护的重要宪法依据。①

从根本上来说,科学合理的宪政体制设计虽然能够有效地规范和约束国家权力、最大限度地保障人权,但合目的性的社会公益观,要求宪政体制既能够为个体自主和个人自由提供制度上的保障,又能够防止造成实质上的社会不平等。从政治哲学的鹄的

① 对于那些反对积极人权的自由主义者来说,积极人权不过是一种特殊的权利,虽然它具有一定的现实合理性,但因其强化了特权意识而不符合立宪主义基本原理。因而与其说是一种积极的权利,不如说是一种"平等地获取权利的资格"。关于平等权作为"平等地获取权利的资格"的阐述,参见本书第六章第二节"平等权原则与宽容"部分。

来看，对少数人权利的宪政保护如果不能落到实处，就会冲击到宽和的自由民主宪政秩序目标的实现，自然也就无从全然落实宽容的理想。由此，少数人权利保护就成为自由主义及其宪政实践必须面对的一个核心命题。

一、少数人(群体)权利保护的宪政发展历程

少数人权利保护制度的发展历程，主要是一个通过政治和法律实践逐步推进的过程。它在某种程度上是少数人政治斗争和权利保障诉求的一个应然结果，但也在某种程度上契合了宽容理念的意义和要求。在宪政民主制度施行良好的地方，它在防范多数压制少数而带来的歧视和不宽容方面，愈来愈发挥着重要作用。

根据历史的记载，对少数人权利保护的关注开始于宗教领域，[①]并成为宗教改革运动的重要推动力。最早关于保护少数人的法律是为防止宗教对抗而保护宗教少数团体的法令和条约，如1582年《教皇敕令集》、1598年的《南特敕令》、1648年的《威斯特伐利亚和约》等。宗教宽容在获致政治上的承认之后，这些法令或条约通过法律的形式得以最终确立。[②] 当时，对少数人的保护虽然局限于少数宗教群体的信仰自由方面，但就其作为一种自由主义的压制性宽容而言，1689年英国的“宽容法案”并不应像它实际的那样，被认为只是获得了一个冠冕堂皇的称号，而是一次伟大的成就：

> 从长远的观点来看，应该公平地认为它开启了最终导致

---

① Edward Chaszar, *The International Problem of National Minorities*, Matthias Corvinus Publishing, 1999, p. 4.

② 关于这些法令或条约的内容，参见王铁崖主编：《国际条约集(1648—1871)》，世界知识出版社1984年版，第12页。

所有英国人的宗教自由的潮流。①

自由主义的宗教宽容虽然表现为一种“压制性宽容”,但它在18世纪末在约束专权思想、平抑思想冲突方面发挥了非常重要的作用,为自由主义和公民社会的建构奠定了坚实的理论和制度基础,并对西方宪政制度的发展产生了深远影响。法国1789年的《人权与公民权利宣言》第10条作出如下规定:“意见的发表只要不扰乱法律所规定的公共秩序,任何人都不得因其意见,甚至信教的意见而遭受干涉。”第11条规定:“自由传达思想和意见是人类最宝贵的权利之一;因此,各个公民都有言论、著述和出版的自由。但在法律所规定的情况下,应对滥用此项自由负担责任。”而1791年的美国《宪法》“第一条修正案”则明文规定:“国会不得制定关于下列事项的法律:确立国教或禁止宗教活动自由;剥夺言论或出版自由;剥夺人民和平集会和向政府诉冤请愿的权利。”

进入19世纪之后,伴随着欧洲民族主义运动的兴起,对宗教少数群体的保护在欧洲大陆获得了普遍的政治基础,对宗教少数群体宗教信仰自由的保护更加全面和深入。如1814年维也纳会议上签订的关于尼德兰问题的“八项条款”规定:不应改变基本法中关于确保给予所有宗教信仰者同等的保护和权益的条款,并且确保所有公民,无论其宗教信仰如何,都有权力担任公职和高级职位。② 1830年英、法、俄联合签订的《伦敦议定书》规定:“三国

① 〔美〕斯科特·戈登:《控制国家——从古代雅典到今天的宪政史》,应奇等译,江苏人民出版社2005年版,第330页。

② 参见 L. P. Mair, *The Protection of Minorities*, Christophers, 1928, p. 30。

宫廷的全权代表希望保护该国免受因其内部宗教对抗所可能带来的灾难,他们同意新国家的所有臣民,无论其宗教为何,拥有获得所有公共职位、职责和荣誉的权利。不管其信仰上有何差异,在他们所有的关系宗教、公民或政治权利方面,应该受到完全平等的对待。"①又如1878年的《柏林条约》规定:罗马尼亚必须满足如下条件,其独立国家的地位才可获得承认:"在罗马尼亚,在享有公民和政治权利、担任公职、职务和获得荣誉,或者在任何地方从事各种职业和行业方面,宗教信仰和声明的差别不应作为排斥任何人和认为任何人无资格的理由。""在罗马尼亚,所有国家的臣民和公民,贸易者或其他人,将被不分信仰在完全平等的基础上对待。"②

20世纪以来,对宗教少数群体的宪法保护开始拓展到非宗教少数群体和非宗教信仰领域,从宗教宽容原则扩展到其他诸如"意义、价值和人类生活的目的"等方面,其核心是个人自主和良心自由的理念。以美国为例,美国联邦最高法院通过1880年的"州禁黑人歧视案"(Strauder v. West Virginia, 100 U. S. 303)、1896年的"车厢隔离案"(Plessy v. Ferguson, 163 U. S. 537)、1927年的"华裔子女入学案"(Gong Lum v. Rice, 275 U. S. 78)、1967年的"种族通婚案"(Loving v. Virginia, 388 U. S. 1)、1994年的"日籍居民隔离案"(Korematsu v. U. S., 323 U. S. 214)等一系列宪法判例,③适应少数群体的法律诉求,不断地纠正不适当歧

① 参见 L. P. Mair, *The Protection of Minorities*, Christophers, 1928, p. 31。

② 参见 H. W. V. Temperley (ed.), *A History of Peace Conference of Paris*, Vol. 5, Henry Frowde and Hodder & Stoughton, 1921, p. 118; L. P. Mair, *The Protection of Minorities*, Christophers, 1928, pp. 32 - 33。

③ 相关案例评述参见张千帆:《西方宪政体系》(上),中国政法大学出版社2004年版,第347—358页。

视的法律,以消除私人领域和公共领域的歧视行为,在某些方面发展了美国《宪法》第14条的平等保护条款,有力地维护了其"宽和的宪政秩序",使"宪政秩序在推行宽容理念时更加牢固"①。

以上少数人权利宪政保护的简略历程表明,对少数人权利的宪政保护依赖的是自由主义者所信奉的一种特殊的宽容观,这种宽容观不仅包括集体崇拜自由,也包括个体良心自由。自由崇拜也好,自由入教、脱教也好,都是个人的基本权利。对个人实施限制通常被看作对人权和基本权利的侵犯。② 在历史上,对少数人权利的宪政保护虽然曾以一种"非自由主义"的方式存在,亦即允许宽容群体差别并允许群体把限制性法规强加给它们自己的成员。但这种方式在今天已经不再被允许了,不管是约翰·密尔的"全面自由主义",还是罗尔斯的"弱完备自由主义",都不允许群体把限制性法规强加给它们自己的成员。③

由此可见,自由主义的宽容既保护个人脱离群体的权利,也保护群体不受国家迫害的权利。它限制反自由主义群体压制其成员的个体自由的权力,也限制自由主义的国家压制集体崇拜权利的权力。④ 建立在自主观念和个人良心自由基础上的宽容及其

---

① 陈斯彬:"宪政秩序的宽容品格",《探讨与争鸣》2006年第12期。

② 参见〔加〕威尔·金里卡:《多元文化公民权——一种有关少数族群权利的自由主义理论》,杨立峰译,上海世纪出版集团2009年版,第198—199页。

③ 对自由主义和个人主义的限制是罗尔斯政治自由主义的一个基本原则,并与约翰·密尔的"全面自由主义"相区隔。按照这一原则,需要"人们在私人生活中是社群主义者,而在公共生活中是自由主义者"。比如,群体禁止其成员脱教的规定,即便是群体的成员同意的情形下也不应被允许,因为它属于关涉公共生活的领域。而群体要求其成员"戴面纱"的规定,如果其成员同意的话则应当被允许。

④ 〔加〕威尔·金里卡:《多元文化公民权——一种有关少数族群权利的自由主义理论》,杨立峰译,上海世纪出版集团2009年版,第201页。

宪政实践，是不可能为“非自由主义”的少数群体提供保护的。或者说，宽容是有限度的，对少数人权利的宪政保护是建立在对“非自由主义群体”不宽容的基础之上的。

二、“少数人（群体）”的界定：一个待决的难题

从上述少数人（群体）权利的宪政保护历程可以看出，宪政保护的对象主要是那种制度意义上的、与自由权相关联的少数人，即通过法律上的正当程序所产生的与多数人相对应的少数人，以与人权保障的宪法目的相调和。由此，对少数人的界定主要是围绕其政治、文化、语言、种族等与自由权相关联的权利诉求出发的，并一直以来占据着主导地位。

早在 1555 年签订的《奥格斯堡条约》和 1648 年签订的《威斯特伐利亚条约》中就有关于保护种族的、宗教的或语言的少数人的国际性条款。在 1930 年国际常设法院就《公民权利和政治权利国际公约》的一项咨询意见中，少数人社群被认为是生活在一个国家或地方的人群，该社群具有自己的种族、宗教、语言和传统，依据这种种族、宗教、语言和传统的认同，该社群成员之间彼此团结，互相帮助，并主张保护他们的传统和宗教，确保依照他们种族或民族的传统和精神抚养和教育他们的子女。① 但国际社会却一直未曾对少数人权利的保护问题给予足够的重视。迄今为止，《公民权利和政治权利国际公约》（以下简称为《公约》）第 27 条，是保障少数人权利的唯一一条具有拘束力的普遍性人权条款。该条规定，在那些存在着人种的、宗教的或语言的少数人的国家中，不得否认这种少数人同他们的集团中的其他成员共同享

---

① 参见周勇：《少数人权利的法理——民族、宗教和语言上的少数人群体及其成员权利的国际司法保护》，社会科学文献出版社 2002 年版，第 3 页。

有自己的文化、信奉和实行自己的宗教或使用自己的语言的权利。从该条款的规定可以看出,传统上对"少数人"的界定仅仅考虑了与自由权相关联的"少数人"权利问题,即少数人的人种、宗教文化和语言等方面的自由权问题。

如今,旨在对"少数人"一词所下的任何普适性定义都难以获得国际社会的一致认可。这是由于:一方面,"少数人"的界定涉及的因素较多,如少数人的"自决权"问题,少数人的自由权及其保障问题,以及与平等权相关联的少数人特殊权利要求及其保障问题;另一方面,不同领域、不同阶层和不同价值观的人们对少数人群体可能会有不同的认识。比如在代议机关内部,不同于主流政治主张的群体是否属于少数人群体?少数人是否包括那些在政治上处于从属地位以及在经济上、文化上比较弱势的群体?这些都给少数人的概念界定带来了不小困难。

事实上,在不同的国家,基于不同的价值观和生活经验,对少数人的界定存在较大的差异性。那种试图为少数人给出一个普适性的定义的方式,往往难于关照不同国家内部的"少数人及其权利保护问题",也不利于少数人权利保护制度的发展与完善。联合国防止歧视保护少数人小组委员会为便于联合国保护少数人权利,曾三次向人权委员会提交少数人定义的决议草案,但都被退回要求做进一步的研究。[1] 这恰好说明了对少数人及其权利进行界定的难度。

虽然无法为"少数人"提供一个普适性的定义,但从制度宽容的视角,却可以在区分"制度意义上的少数人"和"与平等权相关联的少数人"两种类型的情形下分别对其进行分析和研究,以解

---

① 周勇:《少数人权利的法理——民族、宗教和语言上的少数人群体及其成员权利的国际司法保护》,社会科学文献出版社 2002 年版,第 4 页。

决少数人权利的宪政保护这一重大命题。这一命题的解决意味着,宪法制度能够提供一个容纳不同思想、观念或行为的公共活动空间,以使少数人能够在这一自由民主制度框架中寻求保护自己权利的方式。这样一来,就在某种程度上弱化或限制了政府积极主动进行干涉的权力(基于政治利益而主动保障"少数人"的政治愿望),强化了制度保障的开放性和程序上的正当性。进而,"少数人"的宪政保护更多强调的是那种因法律的正当程序而产生的"制度意义上的少数人"的权利保护,而不是"特殊利益要求的少数群体"的保护。不过,对"特殊利益要求的少数群体"的保护而言,如何获得宪政制度上的保障空间,也是制度宽容意义下的少数人宪政保护不得不面对的一个重要议题。

三、少数人(群体)宪政保护的两个面向

由前所述,制度宽容视角下的"少数人"宪政保护主要应当围绕两个方面予以展开①:一是与自由权相关联的、制度意义上的少数人的宪政保护问题,如同性恋婚姻家庭权保护、移民团体的权利保护、少数民族(族群)语言权利保护以及刑事罪犯的选举权保护等;二是与平等权相关联的具有特殊利益要求的少数人权利保护问题,如少数群体特殊的政治参与权、少数民族的司法终审权。但是,这种划分对于某种权利诉求来说只具有相对的意义。以自

---

① 少数人作为与多数人相对应的概念,具有两个层次的含义:一是法律上所确定的具有某种特殊利益要求的社会群体,此种意义上的少数人是与平等权密切相关的法律主体;二是制度意义上的少数人概念,即作为特殊意义上的通过法律上的正当程序所产生的与多数人相对应的少数人,因此它与民主制度是分不开的,制度意义上的少数人是与自由权紧密结合在一起的。参见莫纪宏:"宪政、普遍主义与民主——第五届世界宪法大会学术研讨会综述",《外国法译评》2000 年第 1 期。

治权为例,在一个单一制国家中,授予少数民族居住区的自治权而不授予其他的省,属于与平等权相关联的少数人权利保护问题。而在一个联邦制国家中,某个省或州内部的少数族群要求重新划分省或州的区域以获得自治权的问题,则属于与自由权相关联的少数人权利保护问题。除此之外,少数人权利还涉及个体权利与群体权利两个层面的问题。如上述"州禁黑人歧视案"、"车厢隔离案"、"华裔子女入学案"就属于个体权利问题,而自决权、多种族权和特别代表权则属于群体权利问题。

(一)禁止歧视:与自由权相关联的少数人(群体)的宪政保护

少数人及其群体获得平等的自由权保护,并不是自立宪主义开始就有的事,而是少数人争取其自由和权利的结果。少数人权利无法得到保障的主要原因是代议制民主制度本身的缺陷造成的。在立宪主义发展的早期阶段,少数人获得与多数人相同的法律权利保护,主要是通过政治途径完成的。但随着人权制度的完善和违宪审查机制的建立,这一问题的解决才更多地在宪政体制内获得司法上的保障空间。

与自由权相关联的少数人权利保护,主要目的在于"禁止歧视",包括两个方面:

一是防范立法歧视。立法歧视是由民主制度固有的缺陷造成的,如上面提到的"州禁黑人歧视案"、"车厢隔离案"、"华裔子女入学案"、"种族通婚案"、"日籍居民隔离案"等。如在上一节所分析的那样,防范立法歧视主要是通过违宪审查的宪政机制来实现,而这与宽容的宪政体制有关。从世界各国的宪政实践来看,要真正将保护这类少数人权利的制度落到实处,就不能脱离宪法的政体结构、权力分立与制衡原则和违宪审查机制。因而,对这类少数人的制度保护,与其说是一种法律制度的保护,不如说是一种宽容的宪政体制的保护，一种保护公民的利益和自由的权力结构机能程序在发挥着实际效用。

二是防范社会歧视。在立法不存在歧视的情况下，社会歧视是导致少数人长期处于社会从属地位的一个重要原因。之所以将这种情形划为与自由权相关联的少数人，乃是因为对这些少数人进行权利保护的目的，在于使他们的法律权利真正落到实处，以取得与多数人相同或相似的法律地位。不过，如果消除社会歧视是通过法律赋予特别的权利来实现的话，就会因与人人平等的形式法治观相矛盾而产生反向歧视，并转变成一个与平等权相关联的问题。

（二）避免反向歧视：与平等权相关联的少数人（群体）的宪政保护

为维持一种宽和的宪政秩序，自由民主宪政体制必须秉持一种宽容的生活方式，以保持文化的多元化和多样性。因为即便是确立了宽容的宪政制度架构，少数人的权利保护仍然受制于社会宽容的程度，而这恰是自由民主宪政国家特别强调少数人群体之特殊权利保护的根本原因。由此，对于那些长期处于社会从属地位的少数人群体，需要通过“超出一般性公民权的特殊法律或宪法措施予以包容”，以解决“差异性平等”问题。

对这类少数人群体的权利保护，可以从人类自身发展和完善的前途导出。从保持人类自身发展与完善的前提出发，应当保持多样性而不是消灭多样性，特别是要保持文化的多样性和差异性，而这对那些特殊人种、文化、习俗的少数群体或少数民族群体的宪政保护而言是非常必要的。

但对这类少数人群体的宪政保护却不能从传统立宪主义原理中获得理论上的充分确证。因为传统立宪主义的基本原理是建立在“人权先于国家而存在”的基础之上的。按照这一理论，为保障“普通人”的人权，应当建立有限政府，划定政府(通过法律)不得干涉的范围。而宪法只是限制政府权力、保持个人权利和自由的一个根本保障。从一定意义上来说，脱离普遍自由权的少数人群体权利是一种少数人的“特权”，一种可能产生反向歧视的权利。从权利文化的视角来看，这种群体权利的设定会强化人们的特权意识，并不利于人权保障的普遍性和规范性，甚至有害于普遍性人权保障之宪法功能的实现。正如有论者指出的那样，平等权的意义主要是道德上的，法律上以自由权作为平等权的代位权利比较合适，因为人的平等只有在自由的状态下才可能实现，不自由就不可能平等，所以法律上的平等权是靠自由权来定义的。在人权的法律保护体系中，自由权的法律保护是重点，尤其是表达自由等政治自由是一个民主社会保障平等价值的基础。没有对人的表达不平等状态的权利的法律保护，就很难产生有效地保障平等权利的动机。①

由此，对这类少数人群体的宪政保护是一个与平等权相关联、为保持群体的多样性而实现“差异性平等”的问题，主要包括两个方面：

一是群体权利与自由主义的关系问题。在多民族国家，对这类少数人群体的宪政保护，主要是保护少数民族群体的自治权、多种族代表权、特殊的参政权等。在个别的情形下，还涉及少数人族群的宪政保护问题。这些权利通常被认为是一种群体权利而不是个体权利。但通常存在一种误解，认为这些权利是与社群主义的观点相符合。实际上，社群主义反对个人自由主义而强调

① 莫纪宏：“宪政、普遍主义与民主——第五届世界宪法大会学术研讨会综述”，《外国法译评》2000 年第 1 期。

社群的自治性,对这些群体权利的保护,显然是符合自由主义而非社群主义的。

二是国家的保护义务问题。这里所说的国家保护义务,主要是强调国家在基本权利之外的保护义务。国家给予某些少数人群体特殊保护,在德国可由"人的尊严条款"导出,在日本可基于"人的福祉条款"导出。① 这种保护,可以由罗尔斯的优先规则(不能让处于弱势地位的人更加弱势)以及反面功利论者的"防止大多数人的不幸"获得其正当性。

不过,倘若赋予现代国家对"少数人"的某种积极保护义务,将会对传统的自由理论造成一定的冲击。虽然现代人权理论的发展特别是积极人权理论的拓展,已经赋予了现代国家的某种积极保护人权的义务,但这通常被认为仅适用于特定的权利类型且当立法上的保护措施并不具备时,作为国家机关的法院才可以介入其中并给予保护。对此,日本的芦部信喜教授指出,国家的人权保护义务理论,被认为是宪法之人权规定在司法上能够直接适用的一个理论论据。该理论作为人权规定的直接使用说颇为有力。但反对论者的观点也须加以充分的倾听:国家的保护义务,虽然就一定类型的权利自由而言可予以确认,但如果就所有的权利自由均加以强调,并与直接适用说密切结合,这在日本,反而使人权招致不当限制的危险也不小。② 相反地,如果不能给这些少数人群体(主要是指少数人族群)提供一种特殊的权利保护的话,就可能造成单一文化而降低了文化的自我反思能力,或者造成不

---

① 我国对此并无鲜明的宪法条款作为依据,但在国家政策层面,2002年3月5日的《政府工作报告》中明确提出了"对弱势群体给予特殊的就业援助",即是一个重要的国家保护义务的体现。

② 参见〔日〕芦部信喜:《宪法》,〔日〕高桥和之增订,林来梵、凌维慈、龙绚丽译,北京大学出版社2006年版,第100—101页。

稳定的社会秩序环境。

四、余论:国家的宽容义务

"对少数人权利的宪政保护"意味着既要保护他们的积极人权,也要保护他们的消极人权。① 但果真如此的话,如何在"干涉"与"反干涉"、"禁止歧视"与"避免反向歧视"之间保持适当的平衡呢?②

如前面分析的那样,对少数人权利的宪政保护,特别是那种与平等权相关联的少数人群体的保护,是无法完全通过积极权利的设定来完成的。或者说,它不应当通过以强化特权意识的方式来完成,而应当在制度层面另辟蹊径。在坚持传统法治原则的情况下,似乎通过强调国家的宽容义务和在教育领域落实宽容原则是一个不错的选择路径。因为,如此既能够获得一个正当的法理基础,又能够避免反向歧视。1995 年 11 月 16 日,联合国教科文组织第二十八届大会通过的《宽容原则宣言》第 1 条第 4 款规定:"宽容与尊重人权是一致的,它既不意味着宽容社会不公正行为,也不意味着放弃或动摇人们各自持有的信仰。宽容是指人们可自由坚持自己的信仰,并宽容他人坚持自己的信仰。宽容是指接受事实,即人在相貌、处境、讲话、举止和价值观念上天生不同,但均有权利按其本来之方式和平生活。它也

---

① 学界比较权威的观点认为,少数人权利是一项具有双重性质的权利。换句话说,它既是消极权利,也是积极权利。基于此,学理上通常认为,政府对于少数人权利负有双重义务,既要禁止歧视,也要提供积极保护。

② 我国学者李忠教授认为,政府既要禁止干涉并采取宽容政策,也要提供积极保护。但为了避免形成反向歧视,政府在对少数人实行积极保护时,必须遵循一定的原则。李忠:"论少数人权利——兼评《公民权利和政治权利国际公约》第 27 条",《法律科学》1999 年第 5 期。

意味着人之观点不应强加于他人。"并强调了国家的宽容义务（第 2 条和第 3 条），并特别指出应当在教育领域落实宽容原则（第 5 条）。可见，通过教育将宽容理念灌输到每一个公民的头脑中，特别是对下一代人的教育上，是国家的一项基本义务。

第四节　宽容的实现：从实体到程序的转变

如本章第二节所述，代议制政党民主、权力分立与制衡、司法独立与违宪审查的宪法权力结构机能已然发挥着体制宽容的功效。这种权力结构机能虽然可以通过宪法文本赋予它特殊的地位，但如要让它像生物体一样自然地运转良好，还需要人们在此等问题上达成一种共识。不过，虽然宽容作为一种宪法价值诉求值得期待，但并不意味着可以把它写入宪法，否则，它将因其不断的"歧义"成为"个人人格"的单纯表现，而让法变得毫无意义。

然而，恰如季卫东教授所言，理性或知性的人类并非没有事情可做。现在人文社会科学运用程序在其结构方面进行检验的研究，可以通过某种假设得到一系列的事实论据（这些论据是从已知的资料或者十拿九稳的方法上的观点中获得的）的支持。同时，也可以通过探讨相反的证据，对它们的分量与保护性论证进行权衡。在这里，程序便成为"辩护的论证"。

一、宪法的实体价值如何得以实现

作为宪法的客观精神，宽容限制或约束权力的内在属性，可以通过宪法程序的"辩护性论证"落到实处，盖因宪法乃是建立在一种权力结构机能程序中。如果借用拿破仑的那句"宪法应当简短而概括，尤其是应当为程序方面的"的名言，便显清晰而明了。

而赫伯特·J.斯皮罗(Herbert J. Spiro)在其《宪法控制的政府》(*Government by Constitution*)一书中的表达,似乎是直接触及了问题的实质:真正的宪法是由人民在政治与非政治范围内所使用的处理问题的程序规则所构成的。在他看来,虽然宪法不可避免地会包含有人们在长期宪政实践中所达成的一些基本价值原则,但由于人们在程序问题上达成共同信念是先于目标、价值或政策的,因而真正的宪法应当主要是程序方面的。当然,这种观念认识也许会超越规范宪法的范畴,但对于规范宪法而言,其所建立的规范结构本身也体现出一种程序性要求,也是宪法有别于其他法律的一个显著性特征,而这正说明了程序在实现宪政宽容精神方面的重要性。

即便如此,我们也不能得出相反的结论,说宪法可以不包括实体性价值。因为真正的宪法必定包含某些实质的价值或共同信念。实体性价值规范是观念的世界,体现的往往是人们的价值理想,其存在的正当性通常有赖于人们的共同理性及其认知程度,而程序性价值规范不过是实现这些理想或价值理念的手段而已。

在承认宪法实体性价值的同时,人们还必须清楚,实质价值或共同信念并非是基本程序上的价值或共同信念的先决条件。美国、英国以及瑞典等国家的宪政历史表明,真正的宪政规则(并不一定包含在正式的宪法文本中),特别是那些为一国国民所普遍同意的基本程序规则,能够确保一国的宪政游戏规则不会因人而异,而这已被历史地证明有助于一国宪政秩序的稳定成长。以美国为例,"美国的宪法体制与社会经济内容之间,所以能够维持不断的协调,是由于权力程序的机能结构的设计,使任何单独的权力持有人均无法对其他的权力持有人占有优势,同时任何社会阶级均不致长远地被否认其在政治权力中合法享有的那一部分权力"[①]。

如今，在英、美、法等宪政国家，宪法程序已经成为调和实体价值或政策性问题的常态。就美国1787年宪法而言，制宪者们对国家权力的组织和运作程序的制度设计，凸显了制宪者的智慧，可谓是"精雕细刻，用心良苦"。表现在宪法文本上，与其说"用词简约"，毋宁说它在实体规则上"适可而止"，而在程序规则上"字斟句酌"。因此，才有今天我们所看到的占全文篇幅一半以上的精细而复杂的美国国会议事规则体系。[②] 而对于英国这样一个宪政自然生成的国家，程序更加凸显出其特殊的价值功用：

> 英国国会所通过的几个法案，多多少少是对普通法整个发展历程中普通法法院所阐述的"裁决依据"的精练概括。[③]

但在那些实施宪政的条件尚不成熟的国家，宪政程序由于离人们的实际生活较远，通常不会引起人们的足够重视。[④] 虽然从现实经验出发来看待这个问题，能够很自然地得出宪政需以程序价值作为根本存在方式的结论，但也有一些反对的声音，比如程

---

① K. Loewenstein："认识宪法"，贺凌波译，载荆知仁主编：《宪政变迁与宪政成长》，(台湾)正中书局1981年版，第47页。

② 参见汪栋、刘毅："宪法程序与国家权力——美国联邦宪法的启示"，《理论导刊》2004年第8期。

③ 〔意〕布鲁诺·莱奥尼等：《自由与法律》，秋风译，吉林人民出版社2004年版，第145—146页。转引自季金华："论宪法程序的价值功能"，《法学论坛》2006年第5期，第25页。

④ 为了保持论述的连贯性和统一性，且在最后一章讨论中国的宽容宪政问题时可以方便地减省这部分内容，以下的讨论涉及中国学界关于宪法实体价值与程序价值的认识问题。

燎原教授曾指出：

> 西方宪政是由其文化传统、独特的价值体系、政治伦理和经济模式所决定的。宪政更主要地是从西方社会自然生长出的一种社会伦理和政治伦理，它首先表现为一套成熟的价值体系，如个人尊严、自由、尊重少数人的权利等，而程序则不过是为实现这些价值而设定的途径和方法。西方学者之所以把宪政问题的重心放在程序上，是因为那套既有的价值体系是人所共知的、不言自明的。①

在程教授看来，西方宪政首先表现为一套成熟的价值体系，然后才表现为一种实现这些价值的途径和方法。按照这一判断，程教授很自然地推出，对于那些尚未实现宽容体制的国家或地区而言，宪政的实现是实体而非程序问题："离开了实体问题的根本解决，'程序化'不仅不能实现宪政，相反可能会与宪政越来越远，甚至连'程序化'本身都变得不可能。"②

即便是抛开"宪政应当以程序价值还是实体价值作为根本存在方式"不论的话，程教授的观点也是值得商榷的：

第一，对于那些尚未实现"宽和的宪政体制"或"宽容政体"的国家或地区而言，虽然政治体制的形成过程往往有赖于一国政治文化的成熟，并与一国的政治背景、历史传统和经济发展等诸多条件紧密相关，但如果想在宪法的架构下通过宪法变迁与宪政成长的方式实现民主宪政的话，就需要使人权观念成为一种社会共

---

① 程燎原："关于宪政的几个基本理论问题"，《现代法学》1999 年第 4 期。

② 同上。

识。而这些实体价值要成为社会共识，因程序价值往往先于实体价值而达成共识之事实，往往有赖于程序是否发生实际的社会效能。

第二，宪法程序是确保宪法成为实质意义上的法律文件的根本所在。一部宪法要想成为一部实质意义上的法，它就必须通过实施来树立自己的权威。社会民众也只有在权利诉求的宪政程序机制中才能获得价值观念上的认同，从而维护宪法的权威。因为，“宪法所确定的规则及程序必须足够明确，可以为法院所适用，从而使宪法成为实质意义上的法律文件”①。

第三，宪法程序也是分割权力和连接权利的纽带，以便“通过法律意志对权力意志的制约，保障政治体制的理性化”②。以我国1982年《宪法》为例，由于宪法中关于国家机关的程序性规定较少，③现行宪法也“没有明确规定国家权力发生冲突时的权限争议解决程序”，导致“在实践中容易滋生两种制度上的弊端：一是国家机关的权力冲突最终以权力所具有的权威性为依据，权力的合法性和合理性成为解决权限争议次要考虑的因素；二是由于缺少必要的权力运作程序，国家权力很容易膨胀为无限大，国家权力的自我形成能力比较强，法治原则的约束比较软”④。而一旦权力运行出现了膨胀，权力与权利之间的界限就不再清晰，从而成为

---

① 〔美〕P. C. 欧德舒克：“立宪原则的比较研究”，程洁译，载《公共论丛——市场社会与公共秩序》，生活·读书·新知三联书店1996年版，第102—103页。

② 季金华：“论宪法程序的价值功能”，《法学论坛》2006年第5期。

③ “中国82年宪法原起草初稿时，写了14多条，曾对中央和地方国家机关的工作程序做了较为具体的规定，并设有宪法保障一节，有几条规定了宪法委员会。但主张宪法应短而精的观点占上风，所以把一些规定国家机关工作程序性条文删去，并认为设宪法委员会不符合中国实际，其条文也予删除。”蔡定剑：《宪法精解》，法律出版社2006年版，第89页。

④ 莫纪宏：“宪法程序的类型以及功能”，《政法论坛》2003年第2期。

阻止宪法成为法律的一股力量。

由此看来,程序的确是促进或实现实体价值的关键所在。莫纪宏教授关于"实践中出现的'双规'做法很显然超越了宪法的规定,但却仍然具有一定的合法性基础"①的看法显然是确当的。对此观念认识,季卫东教授也曾一针见血地指出,对于宪法精神以及权利的实现和保障来说,程序问题确系其致命的所在。既然程序问题是达成宪法实体价值社会共识的关键所在,那么接下来的一个问题是:它又在哪些层面得以体现呢?

二、宪法程序价值的体现及要求

就落实立宪主义的实体价值而言,宪法程序通常在三个层面发生功用:一个是立法层面。公民的意见通过立法程序可以汇集成法律意志,主要以实现个人或团体的利益诉求为依归。一个是司法层面或权利保障层面。法律事实通过司法程序可以得到法律性的评价,主要以宪法性权利的保障为依归。一个是行政层面和权利实施层面。社会关系通过程序可以转化为具体的权利义务关系,主要以宪法性权利的实现为依归。②

从宽容理念出发,连接这三个层面的基本价值观念,在宪政体制的范畴内是代议制政党民主、权力分立与制衡、违宪审查的权力结构机能在发挥作用。这种结构机能并不能以机械论的推论方式予以充分说明,因为构成宪政体制的任何一个权力结构部件都不能单独地发挥作用,它只有在各个结构部件的相互链接中,在结构程序中才能限制弊端和发挥效能。以民主立法为例,

---

① 莫纪宏:"宪法程序的类型以及功能",《政法论坛》2003年第2期。

② 详细论述请参见季金华:"论宪法程序的价值功能",《法学论坛》2006年第5期。

美国宪法程序的巧妙设置（如联邦参众两院）可以部分抵消或者化解多数决带来的威胁，而宪法修改程序的复杂限制，在很大程度上为社会中的少数派提供了保护自己的有利武器。这种程序性的设计，可以说最大限度地发挥了民主制度的优点而避免了民主制度的弊端，有力地维护了其"宽和的宪政秩序"。另以司法为例，德国基本法虽然修改较为频繁，但基本法对一些基本原则不可修改的限定以及联邦宪法法院的违宪审查制度，能够有效地形成对宪法权威的维护，并起到防范权力分立与制衡体制发生异质的危险，从而较好地实现了制度宽容。

仔细观察世界主要宪政国家的宪法及其实施还会发现，体制宽容主要体现为一种相互制衡的共和体制，一种建立在人类普适性人权价值观基础上的、宪法创建的权力结构机能。这种结构机能就像生物体一样，没有绝对重要和绝对次要的机构部件。连接这些部件并使之发挥效能的，不是代议制机构，不是行政机构，也不是司法机构或专门机构，而是宪法程序。

因而在不同的层面上，我们都会发现宪法程序的关键作用。在这里，程序已然成为链接价值、规范与事实的纽带，使不同的价值观念、高低位阶的规范和变化多异的事实连接在一起成为一个体系。在这个体系中，程序就像人体的血液和神经一样，成为"缓冲"或"调和"各种冲突的"软化剂"。美国 1787 年《宪法》建立的代议制、联邦制和三权分立与制衡体制，倘若没有《宪法》第 5 条和第 14 条修正案所确立的"正当法律程序"和"平等保护"原则来调和邦权与州权、权力与权利的冲突，宪法实施的实际效能和调和结构冲突的能力便会"大打折扣"。

由于这些宪法程序及其程序性原则起着调和不同价值观念、平衡机构冲突和保障公民权利实现的功能，在国家权力与公民宪法权利之间建立了一个制度性的连接渠道,使得宪法在调整国家权力与公民权利之间的关系方面的功能变得非常明晰。[①] 更为重要的是,它使宪法具有了一种自我调适和变革的能力,较好地保证了共同体自由与个体自由之间的总体平衡,起到了有效防范"歧视与不宽容"的作用。

当然,正如我们所看到的,美国宪法程序价值的实现主要是依赖一个独立的司法机构来完成的。这也是为什么"司法程序主义"为主导的推论方式在美国会成为宪法变迁的主要类型并占据主导地位。而在另一些宪政国家,比如法国,由于司法机构在人们心目中并不占据重要地位,完全照搬美国的司法程序主义模式并不妥当,所以正如我们所看到的那样,它采取了一种适合国情的"行政司法程序主义"为主导的模式。又比如德国,保守主义的观念是如此的顽固不化,德国基本法试图将那些"万世不易"的实体价值保存下来,使司法程序甚至无法超越基本法的"自然法条款"[②]的束缚而颇受诘难。但无论如何,程序仍然在其宪法的结构机能中具有突出的作用,并在实际的司法实践特别是联邦宪法法院的司法实践中发挥效能。德国基本法"对第三人效力"的司法判例,便凸显了司法程序在"调和冲突"方面的特殊"润滑"作用。

如今在欧洲,司法程序主义的功用愈来愈发扬光大,甚至出现在区域性法律冲突的领域。欧洲法院作为欧共体条约(宪法性法律)创设的司法机关,不断地通过宪法程序创造政策和法律,并

---

① 参见莫纪宏:"宪法程序的类型以及功能",《政法论坛》2003 年第 2 期。

② 德国《基本法》第 79 条第 3 项:"本基本法之修正案凡影响联邦体制、各邦共同参与立法或第 1 条与第 20 条之基本原则者,不得成立。"

使欧洲法院成为欧盟法律的一个重要的来源，其在解释主要立法和次级立法的过程中，已经发展出了一套判例法并在欧盟范围内确立了判例法的权威。[①] 由此，我们可以得出一个基本的结论：没有程序的链接，就没有真正的宪法，也就没有共同体自由与个体自由的相对平衡，宪政宽容自然便无从真正得以落实。

所以在宪法的结构机能设计中，虽然我们无法逾越历史而创造出“完美无缺”的宪法，但却可以通过程序的“辩护性论证”，使并不完美的宪法结构机能发挥其最大效能。当然，这里还会涉及另一个问题，即宪法程序的缺失如何解决的问题。这个问题的解决，似乎是有赖于在程序价值层面获得一种社会基本共识，并能够最终上升为宪法规范。在这里，程序问题就会变成一个实体性程序问题，而出现一个在社会科学领域似乎普遍存在的吊诡现象：实体价值的实现有赖于程序，但程序必须上升为实体价值方能实现自身的价值。

这的确是一个悖论。但很显然，在规范宪法学的框架内，宪法精神或理念似乎可以为此提供一种辅助性的启示。就纯然的宪法程序而言，是否可以在宽容理念的价值层面获得全新的观念认识？这是一个值得探讨的宪法学议题。对此问题的回答首要的是应当清楚，宽容理念在方法论层面如何为我们获得程序性价值的社会共识提供助力（对于这一问题，因主要关涉中国宪法问题，放在本书第七章“宽容之难”部分再进行讨论）。

---

① 参见季金华：“论宪法程序的价值功能”，《法学论坛》2006 年第 5 期。

第五章　宽容的再诠释：宽容宪政之理想模型

自从诞生那一日起，宪法就被视为一份努力实现两方面微妙平衡的文件：一方面，是用以实现公民社会那些宏大目标的政府权力；另一方面，是个体自由。

——劳伦斯·H. 却伯　迈克尔·C. 多尔夫

第一节　再诠释的必要性、意义与方法

自由主义者为宽容所作的论证，具有浓厚的自由主义意识形态色彩。在一些自由主义者看来，宽容是自由的应有内涵，名义上的自由或没有法律限制的自由会带来不宽容的结果；[①]而在另一些自由主义者看来，宽容是自由（指的是那种真正的自由）的必

① 霍布豪斯指出："个体自由如果不能以公共福祉为依归，那么就很可能背离真正的自由原则，成为社会不宽容的根源。因为，无论在哪种情况下，名义上的自由，也就是说没有法律限制的自由，可能会产生损害真正的自由的结果，也就是说，允许强的一方压迫弱的一方。"〔英〕霍布豪斯：《自由主义》，朱曾汶译，商务印书馆 1996 年版，第 71 页。

然结果。[①] 显然，自由主义者所要做的不是为宽容论证宽容，而是将宽容纳入自由、民主的内涵，或是在自由主义的价值观那里为宽容找寻适当的位置。时至今日，虽然主流的自由主义者们已经抛弃了那种“名义上的自由”（极端的个人主义）的观念，但它仍然无法抛弃传统自由主义那种形而上学的意识形态的影响。更近一步说，除了早期的自由放任主义[②]和现今自由主义的保守主义常常与歧视和不宽容发生勾连以外，自由主义者至今仍无法回答：人们为什么要宽容？宽容是否意味着它只是保持自由主义固有统治地位的一种政治姿态——“压制性宽容”呢？

要去除自由主义意识形态的影响，以科学的态度对宪法意义上的宽容进行再诠释，就需要回答：人们为什么要宽容？宽容是否意味着它仅仅是一种政治或法律上的策略行为？宪法的人权原则与宽容是一种什么样的关系？要回答上述问题，首先需要对立宪（自由）主义的理论依据进行必要的反思。

对于立宪自由主义者而言，宪法的本质属性在于保障人权，人权的概念是防范政府权力专横和不宽容的一个重要理论依据。虽然早期自然权利论的基础是自然法，它要求每一个人应当尊重

---

① 如吉兰·瓦特洛认为，现代宽容是在自由的名义和大家所承认的原则下，别人按照我们所没有的或我们并不同意的原则思考和行动。换言之，宽容是自由的必然结果。吉兰·瓦特洛：“人权与宽容的命运”，新慰译，《第欧根尼》1998 年第 1 期。

② 自由放任主义会导致无政府主义的滥觞，个人贪婪欲望的极致宣扬和拜金主义、享乐主义的盛行，从而形成社会性压制力量对少数人群体（弱势群体）的不宽容。在自由资本主义发展的早期，经济获得了快速发展，但人的德性却开始没落，及至垄断资本主义社会的极端不宽容，便是建立在这种观念下的宪政体制运行的结果。中国的情形目前而言呈现较为复杂的状况，一方面，政治宽容并未成为一种社会常态，而市场经济的引入和经济自由的向度却导致了社会性压制力量的歧视与不宽容。

其他人的权利和自由,从而合于现代宽容"对他人的观念或行为予以尊重"的本质内涵,但自然权利的概念很容易被自私地利用甚至滥用。特别是近代以来自由主义"宽容的天赋权利论传统",往往因其强烈的"个人主义"色彩和鼓励利己而备受批评。尤其是当人权的概念转化为宪法上的基本权利时,它就完全成为一种强者控制弱者的法律工具了。因为权利享有者完全可以说:这是我的权利,而我并没有尊重或同情弱者的义务。如此看来,那种试图使人权的概念成为独立于社会的"个体自由和权利"的概念的做法,虽然可以为合法(非合法律)政府提供理论支持,但它体现更多的是政治上的意义而非宪法上的规范意义。

伴随着人权理论的现当代发展,人权的概念已经从传统的消极人权逐步拓展到积极人权。但人权概念的新发展所带来的一个普遍缺陷是,它无法导源于自然,而只能求助于特定的文化和制度。比如,每个人所享有的经济、社会和文化方面的各种权利,往往仰赖"各国的组织和资源情况"。虽然也有论者认为这是一种公民的权利而非人权,但这会使得《世界人权公约》第 22 条的普遍声明受到某种程度上的限制,并使得人权的概念更加充满歧义和含混不清。假如像有的学者那样,将权利导源于管理人类关系的规范,那么权利基本上就是社会性的了。如此一来,权力也就成为一种社会关系,而合法权力受制于维护其他人权利的规范。① 但是,赋予权利者权力毕竟是权利作为一个概念的特殊现象,强调人权不过是在强调权利拥有者的道德责任—— 一种宽容对待他人(如道德主体般的尊重)的责任。所以,如果不试图将人

---

① 参见 Michael Freeman:《人权》(*Human Rights: An Interdisciplinary Approach*),汤智贸译,(台湾)巨流图书有限公司与"国立"编译馆 2006 年版,第 81 页。

权的概念复杂化的话，那么既不能将其推向极端的“个”的意义而否认其社会性，也不能将其全然看作社会性的产物而丧失其道德与人道的意义。

显然，人权不是绝对的，它不能成为道德或政治的全部。而且，基于国家是为着人的幸福而存在的意义，它还必须与其他价值（比如社会秩序）取得某种平衡，才能在宪政文化和宪法制度中发挥作用。在当今西方人的政治人权理论中，个人的领域或社会的领域两者必居其一这种绝对的对照，为讨论极端的个人主义和极端的集体主义提供了背景，而“大多数的社会政治理论都试图对这两个极端作平衡”①。

事实上，在一个以权利为基础的社会里，当谈及个人与国家（社会）的关系时，人们总是倾向于使用部分与整体这样一个抽象的、数量概念的原子主义的语言。但这并不意味着，个人与国家的关系就是一种全然对抗的关系，也不意味着个体可以脱离任何具体的社会组织，否则他就将失去作为一个社会人的任何有意义的生活。卢梭的理论之所以被西方学者看作一种“革命的理论”，正是因为他试图将这种对抗关系发展到一种极致的状态。由此，在制度层面应强调人权“独立自主”的个体意义并受宪法保护，以防范来自权力持有者的专断和压制。同时，人权也应当受到某种限制，以保持其社会性的一面。换言之，合法政府的权力既应当保障人权，又应当防止人权的滥用。传统上那种把宪法的根本属性看作是保障人权（强调政府的不干涉义务）的观念认识虽然是一种经验认识的结果，具有较高的反专制和反封建的政治意义，但今天看来显然是过于意识形态化了。

---

① 〔美〕郝大维、安乐哲：《先贤的民主——杜威、孔子与中国民主之希望》，何刚强译，江苏人民出版社 2004 年版，第 129 页。

从立宪自由主义的宪政实践来看,在自由与平等、权力与权利之间保持一种动态平衡,确是落实宽容理念之"认可与尊重他人的思想、观念与行为"的根本所在。但宪政实践经验一再告诉人们,这一平衡的获得通常仰赖一国宽容宪政体制的建构(参见本书第四章)。这一建构不仅能够为不同思想、文化乃至生活方式的个体或群体的权利诉求获得某种制度上的保障,而且能够保持社群(共同体)与作为其组成部分的个体之间的平衡,以较好地实现权力与权利、自由与平等之间的融合。虽然这只是一种理想,在实践中的表现也并不完美,但并非没有实现的可能。新自由主义作家密尔在《论自由》一书中对个人与国家、个体与整体进行重新界定,以寻求两者关系上的平衡的做法,即是一种有益的尝试。[①] 而罗尔斯在《正义论》和《政治自由主义》中,通过(宪政)实践理性的正义原则来实践宽容、力图实现国家(公共)利益与个人利益之间平衡的思考,更加突出地表达了这样的观念认识。

在当代,立宪自由主义的宪政实践已经超越了早期自由主义的愿望,不再将人权观念和宪法上的人权条款看作实现社会正义的唯一基础,而是通过体制宽容和制度宽容的架构,既不反对个体责任也不否认社群价值,以防范来自权力持有者(包括社会性权力)和利己个体的歧视与不宽容。不过,将宽容理念导入整体(国家)与部分(个人)的政治哲学关系范畴,却容易走入相对主义的泥潭。而且,如何去除主观上的臆断也是一个必须考量的问题;更为重要的是,如何为宽容理念提供一个"客观性的论证",以为其提供"正当性的声明"呢?

---

① 值得注意的是,密尔并没有抛弃自由主义的意识形态,因为在他阐述自由与平等的关系时,平等被弱化了,成为一个隐含在自由之下的概念,详细阐述请参见本章第二节相关部分的内容。

将宽容纳入整体与部分的哲学关系范畴中予以再诠释，还意味着它不再是一个哲学的本体论问题，而是一个方法论意义上的哲学问题或社会科学方法论问题。因为，哲学本体论探讨的是“本源”、“本质”、“共性”或“绝对”、“终极”的形而上问题，以确立其相应的哲学世界观和方法论。对于宽容而言，既然它存在于多元价值体系中，并坚持“真理的非绝对性和不确定性”（参见本书第三章“宽容与真理的关系”部分），那就意味着它无法获得坚持真理决定性的哲学本体论的支持。

在马克斯·韦伯看来，以“自然立场为出发点”的政治哲学，它本身如柏拉图“至善”的观念，是价值判断或价值理想的产物。它以某个价值观念为出发点，并不关注实在。因而，它是理想的、非现实的、一种不可变更的自然所规定的知识体系。随着历史意识的觉醒，这种纯粹观念的知识体系就只能被贴上一种绝对命令的“道德”标签了。不过，以历史的名义而非自然的名义为社会科学所做的“客观有效性”的论证，同样会使这种纯粹的价值判断发生异化。因为，这种“历史决定论”的观念和方法，总是试图通过历史规律性的一成不变的存在理想；将自己装扮为“救世主”，并假借“善”或“正义”的名义来实践自己的理想。总是试图站在某个历史的节点上，将自己贴上历史最高点的标签。

显然，关于什么是宽容的法哲学命题，似乎仅仅存在于人们的观念世界里。而这个观念的世界是一个什么样的世界？在今天看来，它实际上应当是一个理性和知性的世界：一种方法论的世界。或言之，建立在“客观有效性”论证基础之上的宽容问题，同正义问题一样，是一个正当性声明的问题。因为，价值观念不可能是“增长着的科学认识的结果”，它只有在与其他价值观念的斗争与冲突中才能发挥作用。一种价值观念倘若不是被压制性地强加给某些持有相反的价值理想的人们,而是在相互冲突与斗争的过程中形成的“共同信念”时,它们才能被经验地证明是一种“科学认识的结果”。

既然宽容只能是价值对立的产物,那它就必然支持多元的价值体系,其方法论也就不可能是那种价值绝对主义观念的产物——“历史决定论”或“价值绝对论”的方法。同时,它也不可能是相对主义观念的产物,自然不是相对主义的方法,因为“相对主义掩盖它的价值尺度”,会导致虚无主义的盛行。由此,宽容必须在多元的价值体系中获得“客观性的论证”,即在不同的价值关系(通常为一种价值对立的关系)中获得论证。或言之,它必须按照多元论的方法和价值无涉的立场,在价值绝对主义和相对主义之间寻找自己的道路(考夫曼教授所言的“第三条途径”),即在客观经验中表现出的相互对立的价值关系中、依据价值无涉的立场来确立宽容的位置。在此意义上,宽容的政治法律实践虽然可能偏离其原初的含义,但在“绝对正当”与“绝对不正当”、“绝对合理”与“绝对不合理”之间,其意义才能得以真正彰显。

如此一来,对于立宪主义而言,宽容的正当性声明问题就成为从国家与公民间的关系所涉两个不同的向度来阐释的问题。这一诠释不仅为我们评价宪政制度是否正当提供口实,而且能够解决宽容理念意欲解决的那些问题,并为此提供方法论上的支撑:通过宽容宪政之理想模型的设定,将宽容置于比自由、平等更高的地位,使其在宪法上的诠释与运用可以远离自由主义以及那种与“平均主义”相联系的平等主义的意识形态的影响。

从经验科学出发,这一“辩护性论证”的途径必定是曲折、自我调适且缓慢变迁的。这种变迁是否符合实践科学,有赖于它能够时不时地为自己提供一个正当性的声明。恰如罗尔斯试图通过交叠共识实现的那样,这一途径必须成为人们的自然且自发的共同信念方能发生实际的效用；否则，即便它符合经验科学，也将因脱离现实、走向纯然的“信条”而丧失其指导实践的意义。

第二节 整体与部分（个体）间的哲学关系范畴与宽容

一、人[①]的可完善性需求与个体自主

从人的自然属性来看，人的个体之间具有明显的差异性。有的人天生聪明，有的人天生愚钝；有的人体格健硕，有的人体弱多病；有的人喜欢主宰他人，有的人与世无争。即便是用现代科学技术如克隆技术创造出来的人，由于我们无法给其创造完全相同的生存环境，他（她）的天生的可完善的品性将导向我们所无法预测的结果——成熟的人的不同品格。因而在纯粹的个体意义上，自然所造就的个体品格决定了其自然不平等的存在。正如没有一片树叶是完全相同的，完全相同的自然人的个体也是不存在的。

但人们不能据此说不存在自然的平等，而只能说不存在自然的个体平等。因为自然平等的概念是基于“类”概念的产生而出现的，当谈到人的自然平等的时候，人们指向的只是某一类人的共同的自然属性和品格。比如，男人是“类”的概念，但同时也意味着具有男人共同属性和品格的人具有完全平等的资格，因而有时我们也会把男人指涉为一个个体的概念——一个男人资格或品格的概念。再比如，在现代公民社会，作为自然个体的人已经

---

① 此处是指“整体的人”、“本质的人”，不是指作为个体的人。

转化为作为公民个体的人,他(她)已经脱离了"自然的洞穴"。这种人的公民身份是建基于自然个体的身份之上的。如果否认这一点,就会彻底否定现代人的存在性本身。因而公民指涉的是一个资格或品格平等的个体概念,但它首先是一个整体的概念。这种整体的概念是非自然的,是人类创造人类事务的结果。当罗马人创造了"公民"概念的时候,也就意味罗马共和国开始在创造一个政治意义上的"类"或整体意义上的"公民"的概念,以区别于那些非"公民"身份的群体。

人类创造"类"的概念,是认识自然和人类政治事务的结果。因为有了"类"的概念,个体才能弥补因个体差异性对人的可完善性的阻隔,因人的可完善性需求而产生的古代部落和城邦也才是政治的产物。虽然未必情愿,也未必如亚里士多德所言,人全都是"天然的政治动物",但人(公民)只有在城邦(国家)中才能满足其可完善性的内在需求却是一个不争的事实。"人总在路上,但人类却活着"的哲学箴言,似乎也暗示着国家存在的必要性。而歌德的那句"只有全体的人才能认识自然;只有全体的人才能过人的生活"的名言,更为清楚地表达了这样的观念认识。

"类"的概念是为整体的善而发现的,这样的观念在整个古代哲学思想中随处可见。即便是在自由主义政治哲学占据主导性地位的时代,整体的善的观念也依然具有特殊的意义。马克思主义哲学思想对此进行了充分肯认。在马克思以"人的自由解放"为核心的社会政治哲学中,个体自由"确实是人所固有的东西,连自由的反对者在反对实现自由的同时也实现着自由:……没有一个人反对自由,如果有的话,最多也只是反对别人的自由"。但自由"有时候表现为特权,有时候表现为一般权利"。因而,自由应当是平等的、一般的、普遍的,自由只有符合"类特性"的时候,它才是真正的自由。

因为在马克思看来："类无用的时候，种能有什么用呢？"①

但是，自由主义政治哲学的发展史表明，个体基于对整体的需要将自己"奉献"给一个政治体，并不意味着他应当被"同质化"。恰恰相反，个体只有在蕴涵多样性和差别性的整体中才能获得其完善性。没有婚姻，就不能繁衍后代；没有友谊，就不能相互补足品德；没有对话和交流，就没有"真理片段"的显现；没有爱，就没有群体的完善性。

虽然人类以整体的善为依归，但如果将其推到极致的话，对个体的歧视与不宽容就会成为常态，甚至会阻碍人类的发展与完善。消灭某个人种同消灭某个阶级一样，既不符合多样性，也不符合人类的可完善性需求。在个体自由受到严重压制的地方，那种因宽容而获致"过度宽容"的担心显然是多余的。因为在人类较长一段时间的进化过程中，其普遍遵从的乃是一种"强者生存"的丛林法则，而"宽容异己"并非人类社会的一种常态。这种观念曾经是如此的强烈，至今仍然以某种近似意识形态的形式存在着。②

宽容是由人类的可完善性需求所决定的，是伴随着自然个体的人对"类"观念的认识而产生的。换句话说，整体优先于部分或善优先于权利的观念是与宽容的内在要求相一致的。但是，坚持（整体的）善优先于（个体的）权利的观念并不意味着可以基于整体的善而压制个体的自由，除非个体在整体的善的达成过程中已经获得应有的自由与尊重。因为公共生活需要个人的自负其责，也需要个体自由。如果整体善的达成是在自由的制度下完成的，

① 马克思：《第六届莱茵省议会的辩论（第一篇论文）》，《马克思恩格斯全集》（第一卷），人民出版社1972年版，第63页。

② 这种意识形态的主要表现形式，在一国内部通常表现为强者对弱者的歧视与不宽容，特别是对少数人群体的歧视与不宽容；而在国际上，它主要表现为一种霸权主义。

那么自由的个体就必须自负其责来维护这一公共生活的善,由此自由民主制度需要公民养成自主和自负其责的精神,才能更好地维持这一制度。可是人们常被教导说,为了维护国家(共同体)的善,个人利益应当服务于公共利益,个人自主和自由只有在不违背国家利益的时候才可以落实。但是社会国家不过是个人的集合,其目的只能是人而非其他。没有个人自主和自由,也就没有国家的充分发展。人们还被教导说,国家的维持需要秩序,而秩序的维持需要个人做出一定的牺牲。但很显然,国家秩序的维持并不需要以牺牲个人自主和自由为代价。在个人自由获得充分保障的地方,由于权力受到很好的控制,同样会形成良好的权力秩序。由此人们也就能够理解,为什么西方社会把个人自由描述为一种控制权力的价值观。更为有趣的是,人们还喜欢把家庭看作一个国家的缩影,把父权看作一切权力的来源。但是,父权的存在并不意味着家庭其他成员应当完全依附于父亲,也不意味着父亲在任何家庭事务上都可以将自己的意志强加给家庭其他成员。

在早期自由主义的理论体系中,古典传统中的整体与部分间关系被颠倒过来了,部分获得了优先于整体的地位,个人因其天赋人权而优先于国家。这样一来,就把个人与国家的关系假定为一种对抗的关系,而个人主义则是与反对来自政治和经济领域的各种权威相联系的。中国的经验似乎可以否定这一假设。因为正如郝大维所指出的那样:“中国人对个人与权威的关系明显是一种非对抗性的,就如同个人与家庭之间的关系是非对抗性一样。”①造成上述认识上的差异的一个重要原因是,中国的文化场域是一种

---

① 〔美〕郝大维、安乐哲:《先贤的民主——杜威、孔子与中国民主之希望》,何刚强译,江苏人民出版社2004年版,第117页。

“同一性”的关系场域。这一关系场域之所以是“同一的”，主要源自于汉民族的统一文化、统一语言、统一度量衡等。虽然中国也有少数民族，但他们在这一场域中的地位是微不足道的。更为根本的是，在这一文化场域中，个人不过是一个“焦点”，一个属于家庭这个社会基本单位的特殊角色。家庭既然是一个基本单位，那么维护社会秩序的功能就由“家”（包括现在的组织单位）而不是个人来承担。所以，中国封建制度比较重视集体权利而非个体权利，个人权利只有寓于集体权利中才能得以真正体现。而自秦朝以来的“连坐制度”及其实践更加突出了“集体利益”，弱化了“个人利益”，从而强化了个人的道德和法律服从义务。①

如今，世界各国的政治法律实践以及现代科学技术的迅猛发展，客观上使人们的生活方式发生了根本性的改变。② 这一改变业已使自由主义者对其理论进行必要的“修正”：将宽容纳入自由、民主的内涵之中。这样一来，就“颠覆”了古典自由主义“把个人与国家（部分与整体）之间的关系看作是一种对抗关系”的理论假设。因为将宽容纳入自由的内涵意味着个人不再自恃他是真理的唯一持有者，因而也就不能认为他的权利（相较于他人的权利以及政府的权力）具有绝对的优先性，个人与国家、整体与部分之间的关系也就不再是一种全然对抗的关系。对此，约翰·格雷指出，自由主义总是有两张面孔。从一方面看，“宽容是对一种理想生活形式的追求”。“在这些生活形式当中，有一些的价值是无

---

① 在倡导建设社会主义法治国家的今天，这种状况仍然存在。虽然通常以牺牲个人权利作为代价，社会上强调个人利益服从集体利益的观念仍然比较盛行，个人在面对集体时仍然非常的弱小，而动辄道德评价的现象，进一步加剧了这种倾向性。

② 个人取得经济上的独立地位，并逐步获得了法律上“独立自主”的主体地位。

法比较的。当这样的生活方式相互对立时，它们中没有一个是最好的”。因此，“对于主导性的自由主义宽容理想来说，最佳生活也许是无法实现的”。从另一方面看，“它是寻求不同生活方式之间实现和平的条件”。这只是一种“权宜之计”，其“目标不可能是平息价值观之间的冲突，而是调和那些崇尚彼此冲突的价值观念的个人和生活方式，使之共同生活。要和平地共同生活，我们并不一定要有共同的价值观念。我们需要多种生活方式可以共存的制度”，以“找到不同生活方式能够融洽相处的条件”。①

对于强调集体主义的人来说，如果将国家与社会看作一种对立的关系，将个人权利的存在看作产生社会分裂和社会压迫（不宽容）的根源，那就意味着应当消灭个人的权利差别。这同样是不宽容的，因为虽然人所固有的人格和自由可以作为权利的基础，但在人所固有的权利和自由之外，还有个人的权利和“个人利益”，特别是那些“弱势群体”和“少数人群体”的“特殊利益诉求”。对此，夏勇教授曾指出：

> 如果我们不把利益看作权利的唯一的或关键的要素，如果我们承认在个人利益之外还有人所固有的人格和自由可以作为权利的基础，那么，从这种道德意义而非功利主义的立场出发，我们就应该说，不仅在公有制下会存在个人权利，而且，公有制度应当容许和鼓励个人权利，任何以实现共产主义为目标的社会都没有理由扼杀个人权利。②

---

① 参见〔英〕约翰·格雷：《自由主义的两张面孔》，顾爱彬、李瑞华译，江苏人民出版社 2002 年版，第 2、5、6 页。

② 夏勇：《人权概念起源——权利的历史哲学》，中国政法大学出版社 2001 年修订版，第 22 页。

二、国家的起源与本质属性

由上述的分析可以看出，宽容既是人类同情的需要，也是人类繁盛的条件。没有宽容，就没有人的可完善性；没有宽容，整体就不会容纳个体的多样性。但认识宽容之于人类生活的重要意义，却有赖于一国长期的政治法律实践及其社会生活方式的根本改变。经验地看来，这种改变与现代国家的产生及其历史演变有关，也与对国家起源及其本质属性问题的认识关联密切。

国家的产生及其发展是一个历史过程。在这一过程中，古代国家与现代国家的起源并不相同。而现今存有的有关国家起源的诸多观点，都“体现”或“排斥”了某方面的价值诉求。这在意识形态领域产生了不同甚或截然相反的信条。比如，那种视国家为神意的产物的观念虽然对于宗教国家仍有其特殊的意义，但那不过是“文化幼稚时代的思想之产物”①。又如，那种将国家的起源归结为“实力的征服”的观点，虽然以实力作为国家存在的根据并无疑问，但显然属于一种“强盗逻辑”。再如，像中国封建社会那样将国家建立在道德心理上的观念，虽然是维持国家存在的有力根据之一，但却容易忽视国家的政治属性而以偏概全。当然，这些认识虽带有某种主观的因素在里面，但都含有“前理解”或“前见”的认识，因而这些各不相同的观点都有其合理的或客观的成分在里面。因为根本就不存在什么“绝对的主观”与“绝对的客观”，除非你否定“前理解”或“前见”本身，而否定“前理解”或“前见”是与科学的观念背道而驰的，诠释学哲学和符号学早已向人们揭示了这一真理。

---

① 〔日〕美浓部达吉：《宪法学原理》，欧宗祐、何作霖译，中国政法大学出版社 2003 年版，第 119 页。

古代国家的起源并不是单一的。有的主要与家族的观念有关,如亚洲一些国家;有的主要与财产领地的观念有关,如中世纪的一些欧洲封建国家;而与文化观念发生关联的,虽在现代国家的起源中发挥着关键作用,但在古代国家的起源中却鲜有例证。从实然的层面来看,早期国家的产生通常是基于生存的目的而由一定区域内(如领地)的一个或多个群体(主要是族群)结合而成的。它不仅仅是为了对抗自然,而且也为了对抗来自不同地域和文化传统的"野蛮人"的侵扰。在个别的情形下,一个族群或一个民族基于其膨胀的欲望也可以通过武力(实力)建立一个国家。

现代国家的观念源自于近代。一方面,它是反封建的产物;另一方面,它是现代经济发展的产物。但在根本上,它与现代国家的政治文化和统治方式有关。现代国家的起源通常不是基于家族或领地而产生的,有的源自民族和文化心理,如德国;有的源自地域和文化认同,如英国、美国、澳大利亚、欧洲共同体等。其中,不管是民族文化还是地域文化,都在现代国家的起源中发挥着举足轻重的地位。现今的欧洲共同体虽然是由一个个国家组成的组织体,但也体现了某种文化认同。在西方学界关于现代国家起源的学说中,契约说和心理说取代过去的家族说、财产说和实力说成为主导地位的观念,也与文化认同有关。而亚洲诸国在从古代国家向近现代国家的过渡过程中,地域文化认同越来越发挥决定性的作用,恰也说明了这一点。

现代国家的产生及其历史演变促使社会生活方式和政治法律实践逐步发生变化,及至发生了根本性改变。以盛行于17、18世纪的欧洲且至今仍占主导地位的"契约说"①为例,这种关于国

① 英国的霍布斯、洛克,德国的普芬道夫、康德,法国的卢梭,都认为"契约说"是近现代国家的合理的根据。

家起源的学说并不鲜明地区分作为实体的国家与作为统治者的政府。从政治哲学的角度，这种学说与其说是关于国家起源的学说，不如说是关于政府（统治者）合法性的学说。虽然两者经常表现为“同一性”，但国家并不能等同于政府或统治者，将国家等同于政府的观念是片面的。因为现代国家更多的是基于地域、民族及其文化而存在的，它通常不会发生改变，而政府却是经常更迭的。而且这种学说还无法回答：为什么已经缔结契约，就不能不永久受拘束？① 事实上，不是基于人民的契约而存在的国家至今仍然存在，也是一个不争的事实。

契约说作为一种政治理论，有其固有的优点在里面。其最大的优点是：国家与政府合一的观念能够弥合一直以来国家与社会二分所造成的弊端。这一弊端，在早期资本主义国家那里表现得尤为明显。国家与社会二分的传统使国家的意志与人民的意志相分离，使国家脱离社会，成为凌驾于社会之上的一种力量，一种对抗社会的力量。对此，恩格斯曾一针见血地指出：

> 国家绝不是从外部强加于社会的一种力量。国家也不是像黑格尔所断言的是“伦理观念的现实”，“理性的形象和现实”。毋宁说，国家是社会在一定发展阶段上的产物；国家是表示：这个社会陷入了不可解决的自我矛盾，分裂为不可调和的对立面而又无力摆脱这些对立面。为了使这些对立面、这些经济利益互相冲突的阶级，不致在无谓的斗争中把自己和社会消灭，就需要一种表面上凌驾于社会之上的力量，这种力量应当缓和冲突，把冲突保持在“秩序”的范围以

---

① 〔日〕美浓部达吉：《宪法学原理》，欧宗祐、何作霖译，中国政法大学出版社 2003 年版，第 124 页。

> 内；这种从社会中产生但又自居于社会之上并且日益同社会脱离的力量，就是国家。[①]

可见，马克思主义政治哲学并不是要消灭作为观念的国家，而是要消灭作为实体的、凌驾于社会之上的国家力量，以彻底地解放全人类。

将国家的起源建立在“人民的契约”之上，不仅弥合了国家与社会的冲突问题，而且将对国家的关注更多地置于国家的政治合法性问题上。这改变了一直以来人们在国家本质属性问题上的认识。以往那些诸如“实力说”[②]、“道德说”[③]、“有机体说”[④]等虽然都有其合理的成分在里面，但就今天政治国家的本质属性而言，只有“统治团体说”[⑤]最能与国家起源之“契约说”相契合。因为，将国家看作一个统治团体，必然具有统治机关的意思在里面，而统治机关的意思如能与人民的意思相一致（因契约），那就为其提供了合法性的基础。

这一观念认识上的改变以及相应的政治法律实践使宽和的政治秩序逐渐成为可能，从而改变了人们以往对于国家本质属性

---

① 恩格斯：《家庭、私有制和国家的起源》，《马克思恩格斯选集》（第四卷），人民出版社 1985 年版，第 170 页。

② 该说将“法”与“统治权”割裂开来，认为国家是依据强者的实力而支配弱者的形态。依据该说，国家的统治权并非来自于法律，而是源自事实上的威力。

③ 该说认为国家是一道德上的团体，是实现人类道德理想的制度。依从该说，国家负有实现人类道德理想之义务。

④ 该说是源自于自然科学上的观念，认为国家在本质上是一个“有机体”，是“人类的天性之自然的产物，而非人为的制造物”。据此，国家“具有单一的意思力”。

⑤ 该说为现今之通说，认为“国家为具备统治力之人类的团体”。该说最具争议的是国家有无自身之目的。

的认识，而这种认识与对宽容之于人类生活的意义的认识几乎是同步进行的。因为，建立在契约理论基础上的自由主义，其目标不是平息价值观之间的冲突，而是调和那些崇尚彼此冲突的价值观念的个人和生活方式，以使和谐的共同生活成为可能。而这为提供多种生活方式共存的制度提出了现实上的要求，以找到那些不同生活方式能够融洽相处的条件，从而实现宽容的宪政理想。

但是，正如我在前文中所指出的那样，自由主义关于国家起源及本质属性的上述主导性理论阐释，只是解决了政府的合法性及防范权力不宽容的方面，仍然无力于解决社会不宽容的方面。以当今的日本宪政实践为例，其自由主义式的宽容宪政制度设计，虽然有效约束了权力的专断与不宽容，但人权保障的实践表明，在实现社会宽容方面仍然还有很长的路要走。① 尽管当今日本的宪法理论试图通过新的人权理论——如人权的国家保护义务理论——的拓展来实践这一理想，但诚如本书第三章所分析的那样，自由主义政治哲学和自由主义法学原理根本无从解决这一难题。

三、部分(个体)与整体间的内在冲突与宽容

城邦、民族国家和团体组织的存在，为个体依托政治组织和社会寻求个体能力的补足提供了可能，而这也为"作为整体的国家或组织"保障抑或压制"作为个体的人(公民)"提供了方便。由

① 日本属于成功的实现宪政转型的亚洲国家之一。继受自西方文明的立宪主义原理，以及规范与约束国家权力、保障人权的宪法功能，已经成为日本宪政理论与实践的主要来源。但在社会层面，不同阶层之间的歧视与不宽容仍然大量存在。倘若赋予国家的积极保障义务，必然会对传统的立宪主义原理和对自由的界定产生冲击，而这也是目前日本宪法理论与实务面临的主要挑战之一。

此，在政治哲学领域，部分（个体）与整体的关系一直以来颇受哲学家们的重视。然而，在哲学上一直以来存在着两种截然相反的观念："整体优先于部分（个体）"的观念与"部分（个体）优先于整体"的观念。这两种观念是如此的不同，以至于不敢断然赞同或排斥其中的任何一个，而这也是人类为着个体的生存和人类的完善必然面对的矛盾之一。

在和平（发展）时期，部分（个体）优先于整体的观念就会抬头，而在战争（混乱）时期，整体优先于部分（个体）的观念就会被强化。在国际政治和国际法领域，"和平与战争"一直以来都是一个不可忽视的主题。而在政治哲学领域，为弥合国家与个人（公民）之间的冲突，肇始于整体与部分（个体）关系范畴的"权利优先于善"还是"善优先于权利"的哲学论辩及其实践，似乎还远没有结束的迹象。

在古代，城邦必须具备调适城邦与城邦居民关系的能力，而城邦居民与城邦的关系是个体与整体的关系。由于当时的经济发展水平非常低下，为了生存，城邦必须限制个人的自由和利益，维护城邦的公共利益。由此，在古典政治哲学那里，整体优先于部分（个体）的观念就会受到推崇。在亚里士多德看来，"城邦的利益（公共利益）必定优先于个人利益，因为个体并不自为地满足自己，故而对国家的关系便相当于部分对整体的关系，从而，国家就本性而言乃是先于家庭和个体的，因为整体必然先于部分。"①这种为了生存而推崇"整体优先于部分（个体）"的古代观念，为城邦创造不平等提供了正当性的依据。不管西方社会还是东方世界，为了整体的利益可以牺牲个体的利益，这样的观念充斥着整

---

① 〔德〕费尔巴哈：《基督教的本质》，商务印书馆编辑部译，商务印书馆1984年版，第207页。

个古代社会。对此，房龙说道：

那个古代世界把生存问题看得很重要，我们现代人发现要去正确地理解这一点是非常困难的。①

伴随着近代民族国家的诞生，整体优先于部分（个体）的观念随着个人自由和权利观念的兴起受到冲击，但整体优于部分（个体）的观念仍然是那样的强烈，以至于它曾经创造了无尽的不平等，甚至于试图抹杀民族国家的基础——人的社会平等的共同品格——公民身份。公民身份的不平等如特权、就业歧视、性别歧视等成为不宽容的源泉，其所造成的伤害有时会甚于自然的不平等给人们造成的伤害。不宽容甚至已经成为社会的一种常态，排除异己，恶意杀戮，宗教与种族歧视，不一而足。霍布斯笔下的“利维坦”曾经验证了这种观念的强大威力，而早期基督教的那种超自然的、“仅仅在与类直接的、无区别的统一里面来设想和理解个体”，同样走向了极端的不宽容。即便是追求超自然个体自由的早期基督教思想家和神学家托马斯·阿奎那也认为，为了整体的利益，个体应当牺牲自己：“每一个部分都天然地爱整体胜于爱自己。每一个个体都天然地爱其类之善胜于爱自己单独的善或利益。”②对此，密尔描述道：

人类在他所真正关心的事情上是这样自然而然地不能

---

① 〔美〕亨德里克·房龙：《宽容》，晏榕译，国际文化出版公司 2007 年版，第 25 页。

② 《神学大全》第 I 部，第 60 问，第 5 项。转引自〔德〕费尔巴哈：《基督教的本质》，商务印书馆编辑部译，商务印书馆 1984 年版，第 207 页。另请参见本书第三章第三节中关于“宽容与自由的关系”之部分。

宽容,以致宗教自由实际上很少在什么地方得到实现……即使在最富宽容的国度里,在几乎一切宗教人士的心中,对于宽容义务的承认还是带有暗含的保留的。……总之可以说,凡在多数之感还真切强烈的地方,就不会看到服从多数之主张会多少减弱。①

当宪政成功地限制了民主的弊端、公民社会从幼年走向成年时,这种状况才会有明显的改观。也就是说,一个实现宽和的宪政秩序的成熟公民社会并不是一蹴而就的,而是要经历一个漫长而痛苦的自我完善和选择的过程。因为,人们已经习惯了依存于整体、依存于国家和各种社会组织。托克维尔在《旧制度与大革命》中说道:

如果撇开不同时期不同国家发生的曾经暂时改变大革命面貌的所有偶然事件,而只考察大革命本身,人们就会清楚地看到,这场革命的效果就是摧毁若干世纪以来绝对统治欧洲大部分人民的、通常被称之为封建制的那些政治制度,代之以更一致、更简单、以人人地位平等为基础的社会政治秩序。②

但他同时也指出,大革命建立了人人平等的新社会,也建立了自由的政治制度,恢复了地方自治,但是不久人们就忘记了自由,甘当"世界霸主"拿破仑的"平等的奴隶"。③

一个最极端的例子是空想社会主义。空想社会主义为了给

---

① 〔英〕约翰·密尔:《论自由》,程崇华译,商务印书馆 1959 年版,第 9 页。

② 〔法〕托克维尔:《旧制度与大革命》,冯棠译,商务印书馆 1992 年版,第 59 页。

③ 参见同上书"序言"(张芝联),第ⅵ页。

国家强盛、民族富强的正当性提供论证，将“无差别的个人平等”①建立在作为类或群体的人是可完善的基础上，以无差别的个体构成的整体的概念取代了多样性个体的概念，突出强调那“偷梁换柱式”的整体优先于个体的观念，忽略了人的自然不平等所带来的现实的不完善性而走向另一个极端，并造成了极端的不宽容。在理论上，空想社会主义虽然肯定法国大革命所提出的“自由、平等、博爱”的口号，但仍将其理论建构在卢梭“人是社会动物”的命题之上。② 而这就意味着，它延续了古典政治哲学一直以来强调整体优先于部分(个体)的观念。③ 所以，法国空想社会主义者皮埃尔·勒鲁特别强调平等的主导地位，甚至要将其提高到信仰的高度：“平等是一种原则，一种信条”；“这项原则已被公认为司法原则”；“现在社会的罪恶来自这个原则与其对立面的斗争”；“要确立政治权力的基础，必须达到人人平等，在此以前则没有权利

① 需要特别指出，“无差别的个人平等”的概念是一个类的概念，或者说是一个整体的概念，而不是一个个体的概念。在空想社会主义那里，无产阶级就是这样一个类的概念。况且，空想社会主义并不单纯把它作为一个群体的概念，而是要将其扩大到全人类，实现人类真正的“无差别的平等”。

② 皮埃尔·勒鲁指出：“但是社会的人，政治的人，总而言之，公民不仅是一个表现的人，也是一个与别人建立实际上相对联系的人。”〔法〕皮埃尔·勒鲁：《论平等》，王允道译，商务印书馆 1988 年版，第 13 页。

③ 皮埃尔·勒鲁事实上是反古典传统的，他对亚里士多德、柏拉图和苏格拉底进行的“批判”并非建立在政治哲学的基础之上。因为他混淆了政治原则跟法律原则的区别，混淆了政治哲学追求“最佳的政治秩序”的哲学鹄的与“政治权力的基础”的区别。当然，他那类似“政治语录”的“批判”也雄辩地揭示了古典政治哲学在追求真理的过程中忽视“人的可完善性”所带来的哲学困境。对此，他曾指出：“在亚里士多德生活的世界上，一个自由人也就意味着三十九个奴隶；亚里士多德认为这种情况既正常又合法。……可是怎么啦？难道这种低等人就不能提高、完善和改变吗？”〔法〕皮埃尔·勒鲁：《论平等》，王允道译，商务印书馆 1988 年版，第 82 页。关于古典政治哲学的困境的分析，请参见本书第三章第二节“自由主义政治哲学与现代宽容”的结尾部分。

可言……"①

整体对应着整体利益，即公共利益。整体意义上的国家追求的如果不是整体利益，就会违背国家的本性而不可避免地走向衰亡的命运（因对外战争导致的国家灭亡属于例外的情形）。比如，中国古代的历代封建王朝，由于追求皇权至上、皇族（集团）利益至上，根本无法改变其改朝换代的命运。同时，整体意义上的国家从其本性而言，需要建构一种建立在类概念基础上的国家制度。明君圣主所统治的国家，即便追求的是公共利益，倘若其实行的不是体现整体意义的国家制度——民主制度，个体的自由或利益最终必然会被官员们的权力所侵蚀，同样会因违背事物的本性而必然走向衰亡。

整体优先于部分（个体）的观念与不宽容有着紧密的关联性。那种极端的国家主义和集体主义，由于追求国家利益和团体利益的至上性，必将因整体压制部分的权力倾向，造成权力侵害个人自由权利的滥觞和极端的不宽容。对此，马克思曾旗帜鲜明地指出：

---

① 参见〔法〕皮埃尔·勒鲁：《论平等》，王允道译，商务印书馆 1988 年版，第 20、22、61、72 页。值得注意的是，他所强调的是实质平等而非法治意义下的形式平等。在该书第三章，他说："事实上，你们不得不承认今天的司法并不在一个人与另一个人之间做出区别；既然这两个人都具有人的特征，他们在司法的眼中就是平等的。"（同上书，第 23 页）在该书第四章，他说："我理解的公民平等是公民在刑法、政法、民法各个方面的平等。""要是司法在穷富之间一律平等，首先当初就不应该区分穷人的孩子和富人的孩子；换句话说，应该使人人受公共教育……"（同上书，第 27 页）众所周知，法律之下的公民平等原则所指向的乃是个体自由或人权层面的个体概念，因而应当是一个极其重要的司法原则。但由于勒鲁生活在资本主义社会法治发展的初期，对法治的失望和随处可见的不宽容，使得他看到了"在作为事实的平等和作为原则（此处应指法律原则——笔者注）的平等之间，存在着孟德斯鸠所说的'天壤之别'"，并试图从形式上的法律平等原则转向一个类概念的实质平等原则。

> 自由就在于把国家由一个站在社会之上的机关变成完全服从这个社会的机关；而且就在今天，各种国家形式比较自由或比较不自由，也取决于这些国家形式把“国家的自由”限制到什么程度。①

为了消除“整体优先于部分（个体）”所带来的不宽容，现代民族国家的人们重拾个人自由的武器，用以反对权力持有者的压制和不宽容。但这并不意味着推崇“部分（个体）优先于整体”的观念就可以防止歧视和不宽容的发生。因为，自由并不一定导致宽容的结果。极端的个人自由主义必将导致无政府主义的盛行、个人贪婪欲望的极致宣扬和拜金主义、享乐主义的盛行，从而形成社会性的压制力量对少数人群体（弱势群体）的不宽容。在自由资本主义发展的早期，经济获得了快速发展，但人的德性却开始没落，及至垄断资本主义社会经济性权力的极端不宽容，便是建立在这种观念下的宪政体制运行的现实。此种现象，在今日的中国经济领域亦有显现，为富不仁、个人歧视和不宽容的现象时有发生。

那些敏锐的自由主义者已经注意到，个人自由只有在共同体或国家的自由中获得适当的位置，才能起到防范不宽容的作用。由此，国家开始被重新定义，爱国者也开始被重新定义，以弥补个人利益与国家利益之间的冲突：

> 在人们意想中（除开在希腊时代一些平民政府中而外），统治者必然处于与其所统治的人民相敌对的地位。所谓统治者，包括实行管治的“一夫”，或者实行管治的一族或一个

① 马克思：《哥达纲领批判》，《马克思恩格斯全集》（第十九卷），人民出版社 1972 年版，第 30 页。

> 世袭阶级,其权威系得自继承或征服……他们的权力被看作是必要的,但也是高度危险的……因此,爱国者的目标就在于,对于统治者所适用于群体的权力要划定一些他所应当受到的限制;而这个限制就是他们所谓自由。①
>
> 现在所要的则是,统治者应当与人民合一起来,统治者的利益和意志应当是国族的利益和意志。国族无须对自己的意志有所防御。②

表面上,密尔强调的是自由在限制权力及其不宽容方面的重要性,但实际上他力图对个人与国家、个体与整体的关系进行重新界定,试图在两者之间的关系上寻求一种新的平衡,用以削弱自由主义一贯强调的部分对整体的主导地位。这个平衡点并不只是个体自由对权力和权力持有者的限制,而是将两者统一起来的自由观念。因为个体自由必然意味着平等的观念。但在密尔的逻辑中平等被弱化了,成为了暗含在个体自由观念下的"自由平等"的个体概念。

个体对应的是个体利益,即个人权益和需求。个体利益需要建构一种建立在个体概念基础上的制度予以保障,保障个人自由和财产的制度就是这种观念的产物。在发展了的自由主义者(非如科布登学派的自由放任主义者)看来,法律是消除社会个人或团体依其能力而不宽容的重要手段。如果这样来理解 1789 年《人权宣言》中"法律之前人人平等"的话,那么就实现了第一个层面的法治。但是,这里需要一个前提条件,即法律必须是公平正义、不偏不倚和大公无私的。因而对于自由主义者而言,要使法

---

① 〔英〕约翰·密尔:《论自由》,程崇华译,商务印书馆 1959 年版,第 1—2 页。

② 同上书,第 3 页。

治成为保证自由的一种手段，它就必须在自由与限制方面保持某种睿智的选择。对此，霍布豪斯指出：

> 从理论上说，这样的自由是生活在相互交往条件下的众人不可能实现的。从社会意义上讲，它是个矛盾，除非一切人的愿望都自动地向社会目的看齐。因此，任何时代的社会自由都以限制为基础。……以牺牲他人为代价获得的自由不是好的自由，所有生活在一起的人都能享有的自由才是好的自由……①

而柏克在评价法国大革命时则曾语重心长地说道：

> 要建立一个政府并不需要有什么很多的审慎。安排好权力的座位，教导人民服从，工作便完成了。给人以自由则更加容易，这无需指导，只要放开缰绳就行了。但是，要形成一个自由的政府，也就是要把自由和限制这两种相反的因素调和到一个融贯的作品中去，则需要有深思熟虑和一颗睿智、坚强而兼容并包的心灵。②

在现代民族国家，为保持国家与公民之间的平衡，建立在公共利益基础上的民主制度和建立在个体利益基础上的自由保障制度被统辖于宪政体制之下，规定于宪法规范之中，并被赋予至高无上的地位。就整体与个体之间的关系而言，过度地推崇“整体优先于部分（个体）”或者“部分（个体）优先于整体”的观念都会

---

① 〔英〕霍布豪斯：《自由主义》，朱曾汶译，商务印书馆1996年版，第44—45页。

② 〔英〕柏克：《法国革命论》，何兆武等译，商务印书馆1998年版，第315页。

产生不宽容。在通常情况下,不宽容乃是人类政治社会的一种常态。① 只有在整体与个体之间取得平衡时,两者才不会发生内在的冲突。值得一提的是,这种平衡观在中国的传统道德哲学那里被称之为“中庸之道”,具有根深蒂固的地位和社会影响力。但该观念没有被引入到政治法律领域,是颇令当代的中国人感到遗憾的。② 以历史的眼光,重新评估建立在儒家中庸哲学基础上的中国古代封建政治制度,人们会发现,这种制度较之同时期的西方社会制度似乎来得更加宽容,人民也更加具有个体自由。③ 但如前所述,这种制度是以违背国家的现代属性而为的,仍然具有极不宽容的一面。

幸运的是,立宪主义的近现代发展已经完全超越了它在诞生

---

① 在黑格尔看来,这种“名”与“实”的不相符是整体与部分关系异化的结果。“只要全体与部分这种关系的概念[名]和它的实在性[实]彼此不相符合,这种关系便是不真的。全体的概念必定包含部分。但如果按照全体的概念所包含的部分来理解全体,将全体分裂为许多部分,则全体就会停止其为全体。……一个坏的政府,一个有病的身体,也许老是在那里存在着。但这些东西却是不真的,因为它们的概念[名]和它们的实在[实]彼此不相符合。”参见〔德〕黑格尔:《小逻辑》,贺麟译,商务印书馆 1980 年版,第 282 页。

② 作为整体的国家必然建构在类概念的国家制度之上。西方意义上的协商政治之所以在中国的政治法律领域没有被引入,盖因中国古代并不存在现代国家的概念,国家的利益也就是帝王的利益,其所建构的体制也只能是一种个体(团体)观念下的体制,故而并不存在形式意义上的国家与个人、国家利益(公共利益)与个人利益之间的冲突。所以,推翻帝制、打破国家名义下的个人利益或团体利益,建构符合现代国家本性的整体概念下的民主制度乃是中国走向现代民族国家的必经之路。

③ 这样的判断可能会产生不小的歧义,比如就妇女的婚姻自由而言,相较西方社会妇女并不具有更大的个体自由。但是,妇女自由受到极大地限制是在明清以后的事,并不能代表中国几千年的封建历史。而且就政治制度而言,法治观念特别是“人人遵从法律”的观念并不强烈,使得法律的强制力被一定程度地削弱了。

初期的描绘图景，它已经事实上做出了改变，并将这种改变巧妙地安置于其宪政制度中，并成就了今天宽容宪政的辉煌，虽然它仍然难于扔掉“自由主义”的旗帜，虽然它还时不时地表现出“左右摇摆”的状态。

第三节 融合与吸收：“民主平等”和“自由平等”[①]的宪政体制与宽容

如前面分析的那样，(民主)平等通常指向的是一个类或整体的概念，而自由(平等)指向的则是一个个体的概念。当我们宣讲个人自由和权利的时候，我们是在突出个体的主导地位，有时为了强调不同个体之间的直接平等，我们也会使用“自由平等”的概念。但当我们在宣讲平等的时候，我们突出的则是类或整体的概念，比如我们经常会说到“民主平等”的整体概念。因而平等注定是与个体自由相矛盾的，除非它在个体自由的概念之下转变为一个“自由平等”的概念。

---

① “自由平等”，也即自由原则之下的平等，是一个个体性的概念，恰如我们今天所言“平等权”的概念，而“民主平等”概念则是一个整体性的概念。因为“自由平等”指向的是个体的意志，而“民主平等”指向的则是整体的意志。但“平等”的概念却极容易给人们造成混淆，在不同的语境下，可能指向不同的含义。美国学者约翰·罗尔斯在其《正义论》一书中使用的是“平等自由原则”，他使用这一概念的目的在于强调一部正义宪法应当体现公平的正义原则，也即“基本权利和自由及其优先性”、“民主的平等和差别原则”。参见〔美〕约翰·罗尔斯：《正义论》(修订版)“序言”，何怀宏等译，中国社会科学出版社2009年版，第1—2、58—63、173—178页。此外，日本学者美浓部达吉认为，“自由主义的思想，又于最近的时候，因社会主义的思想之普及，而受显著的变化”，而将自由主义表述为一种“自由平等说”，亦即修正的自由主义。〔日〕美浓部达吉：《宪法学原理》，欧宗祐、何作霖译，中国政法大学出版社2003年版，第340页。本书采用美浓部达吉的用语表述。

整体与部分(个体)之间的哲学关系范畴,在政治和宪法领域表征为国家与公民、公共利益与个体利益、平等与自由的关系。从宽容理念出发,既要防范权力持有者的不宽容,又要防止因多样性和差异性而产生的社会压制性力量的不宽容,就必须保持民主与自由之间的平衡关系。但首要的是在宪政制度和权力结构机能设计中,应依事物的本性把握好"民主平等"和"自由平等"的宪政制度设计问题。

一、"民主平等"的宪政体制与宽容

作为类或整体概念的民主平等,曾经隐藏在民主自由的影像下创造了极端"平等自由"的古典奇迹,贡斯当则把它称之为"共同体的自由"①,而霍布斯则把它称为"国家的自由"②。这种整体意义上的自由概念与民主平等概念的统一,蕴涵的是作为整体概念的"平等自由"的价值诉求,所以古代特别强调"普遍遵从法律"的法治原则。伯里克利在其著名的"葬礼上的演说词"中说道:

---

① 贡斯当指出:"古代人的自由在于以集体的方式直接行使完整主权的若干部分:诸如在广场协商战争与和平问题,与外国政府缔结盟约,投票表决法律并作出判决,审查执政官的财务、法案及管理,宣召执政官出席人民的集会,对他们进行批评、谴责或豁免。……所有私人行动都受到严格监视。个人相对于舆论、劳动,特别是宗教的独立性未得到丝毫重视。……社会的权威机构干预那些在我们看来最为有益的领域,阻碍个人的意志。……公共权威还干预大多数家庭的内部关系。……法律规制习俗,由于习俗涉及所有事物,因此,几乎没有哪一个领域不受法律的规制。""整体的概念意味着你享有某种主体的资格,在一个团体内部,组成团体的成员的资格就是这样。"〔法〕邦雅曼·贡斯当:《古代人的自由与现代人的自由》,阎克文、刘满贵译,上海人民出版社 2005 年版,第 34—35 页。

② 霍布斯指出,古希腊罗马人的哲学与历史书以及他们那里承袭自己全部政治学说的人的著作和讨论中经常推崇的自由,不是个人的自由,而是国家的自由。〔英〕霍布斯:《利维坦》,黎思复、黎廷弼译,商务印书馆 1985 年版,第 166 页。

在公家的事务中，我们遵守法律。这是因为这种法律深使我们心悦诚服。[1]

在这里，人们应当清楚的是，伯里克利宣扬的"普遍遵从法律"的法治原则，不过是今天那种狭隘见解上的"法律面前人人平等"的古典原型。因为他还说道：

我们的政治制度之所以被称之为民主政治，因为政权是在全体公民手中，而不是在少数人手中。解决私人争执的时候，每个人在法律上都是平等的。[2]

"普遍遵从法律"的法治原则，实质上是一个推崇整体优先于个体、共同体自由优先于个人自由的法律原则，因为他所服从的是整体的意志而非个人的意志。而且从整体概念的本质内涵出发，这个原则只有建立在民主平等的制度基础上，甚至可以说，它只有建立在直接民主平等的基础上，才能符合作为整体的国家的本性而令人心悦诚服。否则，它就只能成为今天那种狭隘见解上的"法律面前人人平等"的宪法原则或"法律面前适用平等"的宪法原则了。当然，古代这种建立在整体概念上的极端民主平等，对于共同体公民群体的完善性是不可或缺的，也符合作为城邦或国家的整体性之本性，能够最大限度地保持共同体的自由，防止"权力持有者"[3]的专断可能造成的不宽容。

---

① 〔古希腊〕修昔底德：《伯罗奔尼撒战争史》(上册)，谢德风译，商务印书馆 1960 年版，第 147 页。

② 同上。

③ 在这里，"权力持有者"是指个体意义上的，比如古希腊政治城邦的执政官、监督官、平民官等，但其手中持有的权力体现的却不是其个体意志。

不过,如果欠缺成熟的公众理性而被习俗所控制,这种民主平等的国家制度就很容易限缩个人自由的空间,并形成多数民主的"阶级立法"对少数的强大压制性力量和立法上的不宽容。在我国的政治文化领域,平等作为一种试图从体制上消除人为不平等和最大限度地实现平等诉求的社会主义政治理想,[①]一直以来占据着主导地位,并一再地出现在政治家的治国方针中。[②] 在中国的"文化大革命"中,平等主义大旗下的整体观念被推至极致,社会中"越穷越光荣"的信念成为一种共识,这种共识实际上是农

---

① 对平等作为一种政治理想的批评往往意旨那个体现在社会主义所有缺陷中的政治理想,这些缺陷既是理论的也是实践的,既是真实的也是虚构的。在有关于论述自由、民主和法治的大量文献中,平等的概念大概已经改头换面而在其他的名称下吸引更多积极的注意。比如,民主推崇公民参与决策的政治平等或代理人的资格平等、自由推崇个体平等、法治表达法律平等的理想,等等。参见〔英〕杰弗里·托马斯:《政治哲学导论》,顾肃译,中国人民大学出版社 2006 年版,第 178 页。

② 作为力行平等理想的政治家,建立一个在生产资料公有制基础上的政治、经济与社会平等的社会主义社会是毛泽东一生的理想。他指出:"中国无产阶级、农民、知识分子和其他小资产阶级……他们必然要成为中华民主共和国的国家构成和政权构成的基本部分。……必须实行无男女、信仰、财产、教育等差别的真正普遍平等。"(参见《毛泽东选集》(第二卷),人民出版社 1991 年版,第 674—677 页)在八届二中全会上,他告诫全党:"我们一定要警惕,不要滋长官僚主义作风,不要形成一个脱离人民的贵族阶层。谁犯了官僚主义,不去解决群众的问题,骂群众、压群众,总是不改,群众就有理由把他革掉。"(《毛泽东选集》(第六卷),人民出版社 1991 年版,第 326 页)邓小平发展了这种平等观,试图在解决社会主义基本理论前提(高度发达的生产力是科学社会主义的一个基本理论前提)方面有所作为,即通过发展经济提高生产力,从而为社会主义的发展与完善奠定经济基础。为此,他指出:"社会主义的目的就是要全国人民共同富裕,不是两极分化。如果我们的政策导致两极分化,我们就失败了。""我们是社会主义国家,国民收入分配要使所有的人都得益。""社会主义本质是解放生产力,发展生产力,消灭剥削,消除两极分化。""社会主义不是少数人富起来,大多数人穷,不是那个样子。社会主义最大的优越性就是共同富裕,这是体现社会主义初级阶段本质的一个东西。"(《邓小平文选》(第三卷),人民出版社 1993 年版,第 111、161、364 页)

民阶级的共识对当时处于社会少数群体(包括工商业者、知识分子)的一种加强主张,并造成了掌权者的极大不宽容。对此,美国学者费正清分析道:

千百年来积累下来的农民的态度,不是充满善意的和宽宏大量的,相反,倒是有一种报复性的,反对知识分子的情绪,似乎表达了一种世代积累的对少数上等人的仇视。……是具有极大的破坏能量。①

整体优先于部分(个体)的观念在政治上和法律上的推崇,使得人们不得不将自己的利益依附于团体的利益。对此,斯科特·戈登指出:

作为一句政治口号,"法治而非人治的政府"是有吸引力的,但是与绝大多数政治口号一样,它往往是言过其实的。……与科学法则不同,法律的法则是为了人类的目的而制定出来的,制定它们的人们就得考虑这种目的的价值;而它们又是由警察、法官、陪审团和其他在法律施行的所有这些阶段行使道德的、功利的和实用的判断的人所运用的。唯一能够从"法治而非人治的政府"的口号中抢救出来的东西就是良好的法律不应当把权力交到任意地或反复无常地行动的权威的手中这个观念。这就再一次把我们带回到立宪主义的核心问题即控制强制权力的问题上来了。②

---

① 〔美〕费正清:《伟大的中国革命》,刘尊祺译,世界知识出版社 2000 年版,第 351 页。

② 〔美〕斯科特·戈登:《控制国家——从古代雅典到今天的宪政史》,应奇等译,江苏人民出版社 2005 年版,第 7 页。

这种状况在古希腊导致了缺乏宽容的政治倾向以及贵族派与民主派的政见之争,并成为导致古希腊政治城邦解体的重要原因之一。但在出现联邦制以后,现代民族国家开始出现了一些不同于古代政治城邦的特点,其中一个重要的方面是联邦政府与地方政府的关系问题。① 麦迪逊将整体与部分关系通过制衡理论加以拓展,来论证联邦政府与地方政府之间的关系。为了论证联邦政府存在的必要性,他指出:

> 没有这样一个整体对部分的制衡,我们的体制就会落入帝国的某些弊端。如果说在任何一个社会中总会在某些地方存在着完全的霸权的话,那么,对权力的控制是最起码的,正是这种对权力的控制使得联邦的权力得到捍卫,从而避免各下级权力的侵犯,而且,正是通过这样的控制,后者也受到拘束,从而避免了互相的侵犯。正如人们曾经认为的那样,尽管不列颠议会中的至上权力对于那样的帝国的和谐是不可或缺的,但是,我想,这样的事实还是明显的,也就是说,没有一个威严的否决权,或是一个对等的控制权,体制的完整性就会受到破坏。对于古代的城邦来说,没有诸如此类条款就是致命的,而且,缺乏此类条款也成为现代城邦的弊病。②

---

① 对于需要转向现代民主的大国而言,国家与地区之整体与部分的关系问题颇为重要。倘若在地方实现民主法治的话,必然会冲击其传统的政治集权体制,甚至会导致政治体制轰然倒塌而造成社会混乱的危险。因而,就需要一个地方自治的宪政原则予以保障,并需要通过宪法明晰中央与地方的权限划分及其关系问题。所以,对于将要实现法治宏伟目标的国家而言,第一重要的恐怕是在宪法上确立一个地方自治的宪法原则,通过组织法制逐步明晰地方自治的范围,并努力使之成为一国国民的政治共识,从而在较小的区域范围内为民主法治的生成提供政治土壤。

② 〔美〕詹姆斯·麦迪逊:"我们的宪法"(摘自《给杰斐逊的信》,题目为编者自拟),佟德志译,载佟德志编:《宪政与民主》,江苏人民出版社2007年版,第5页。

针对18世纪80年代州议会滥用特权和制定许多不正义的法律的状况，麦迪逊同时指出，在州立法当中，“地方精神”正在破坏“社会的整体利益”，而且这些地方主义的精神与那些小区或镇选出来的选举是“不可分割”的。[①] “比起一个暴君来，173个暴君自然不会逊色”，“一个选举出来的暴政不是我们为之浴血奋战的政府。”[②]

值得注意的是，我们承认民主是个人利益与整体利益的结合，但又必须超越这个观念。阿兰·图雷纳在其“在当代，民主意味着什么？”一文中对此给予了充分的讨论，他指出：

> 我们承认民主是个人利益与整体利益的结合，但又必须超越这个信念。这个结合离不开一种信念：人与人之间虽然因才能和财富的不同而有所区别，毕竟人人平等。从历史上来看，这一条原则表现为两种形式，在某些人看来它的基础在于宗教；在另一些人看来，它存在于共和国的理想中。……以公民意识为民主制度基础的想法要想成立，必须依靠宗教自然法思想；后者信仰人人平等，因为人人都是上帝的孩子。[③]

在阿兰·图雷纳看来，民主必然包含一种人人平等的价值诉求，也即一种民主平等的价值诉求。它与选择自由特别是政治选

---

① 〔美〕戈登·伍德：“民主与宪法”，佟玉平译，载佟德志编：《宪政与民主》，江苏人民出版社2007年版，第22页。

② Thomas Jefferson, *Notes as the State if Virginia*, ed. by William Peden, University of North Carolina Press, 1955, p. 120. 转引自佟德志编：《宪政与民主》，江苏人民出版社2007年版，第22页。

③ 〔法〕阿兰·图雷纳：“在当代，民主意味着什么？”，载中国社会科学杂志社编：《民主的再思考》，社会科学文献出版社2000年版，第25—26页。

择自由紧密联系,在某种程度上也与保障少数人权利的宪政制度相关联。在根本上,它必须借助于自然法的力量,为政治权利提供一个不得超越的界限。在一个真正的宪政国家,这种力量是通过人权原则的最高宪法规范效力的确认来完成的。显然,在阿兰·图雷纳那里,“民主平等”的观念和制度已从整体转向部分,从而转向“自由平等”的观念及其宪政制度建构。

二、“自由平等”的宪政体制与宽容

部分自由主义学者认为,作为个体概念的自由发端于斯多葛学派的哲学思想,[①]被隐藏在自然法的影像下创造了“自然正义”的古典奇迹,成为一种试图消弭自古希腊以来“普遍遵从法律”的法治传统之下的、法律平等适用所致弊病的准则这一准则,被西塞罗创造性地解释并运用于罗马法中,被哈耶克认为是“构成了罗马共和国的自由的基础”[②]。

但是,这一准则并不意图建立保障个人自由的新制度,而是建立一种民主平等原则之上的保障“自然正义”[③]的“自然法”准

---

① 许多自由主义学者如罗素、爱德华·S. 考文、乔治·萨拜因、格林、马克斯·韦伯等认为,现代自由主义发端于希腊化时代。参见罗素:《西方哲学史》(上),何兆武、李约瑟译,商务印书馆1982年版,第293页;爱德华·S. 考文:《美国宪法的高级法背景》,强世功译,生活·读书·新知三联书店1997年版,第4页;Dirk Karsler, Marx Weber, *An Introduction to His Life and Work*, University of Chicago Press, 1979, pp. 24-25。

② 〔英〕哈耶克:《自由秩序原理》(上),邓正来译,生活·读书·新知三联书店1997年版,第208页。

③ 在这里,必须清楚地指出,“自然正义”是一个整体概念,而不是一个个体的概念。它在英文中因使用“natural right”一词而容易与“自然权利”相混淆。在一般情况下,当我们采用“right”一词的复数形式时,“natural rights”通常指的是“自然权利”。关于对这两个概念的说明,参见〔美〕列奥·施特劳斯:《自然权利与历史》一书的“译者序言”。

则—— 一个更高位阶的整体概念的原则法，以消除“立法上的不宽容”。古代自然法只是“一个解决问题的工具”，一个诠释和评价现实法律的手段，这便是它的全部意义所在。这一认识，可以从西塞罗的学说那里获得印证。在西塞罗看来，人类乃是一个普世性的共同体，而自然法便是表现这一共同体的永恒的法，“由上天秉受理性的人”是可以通过自然法的理论体系来诠释和评价现实法律的：

> 真正的法律，乃是与法自然相符合的正理（right reason）；它是普遍适用的，不变而永存的……一种永恒不变的法律将适用于一切民族与一切时代，在我们之上也将只有一位主人与统治者，那就是上帝，因为他乃是这法律的创造者、颁布者与执行它的法官。①
>
> 不管我们怎样为人类下定义，一个定义便足以适用于所有人类。……凡是由上天秉受理性的人，也一定秉受了正理，因此，他们也秉受了法律……如是，人皆秉受理性；因此人皆秉受正义。②

而在圣奥古斯丁看来：

> 法律不成其为法律，除非合乎正义。③

根据登特列夫的考证，自然法或自然正义的概念的确是从“人类平等”这个整体性概念推演出来的：

---

① 转引自〔意〕登特列夫：《自然法——法律哲学导论》，李日章译，（台湾）联经出版事业公司 1984 年版，第 15 页。

② 转引自同上书，第 16 页。

③ 转引自同上书，第 39 页。

> 这里的这个人类平等的观念是从人类联结成一体的那条纽带之存在推演出来的。人类平等乃是自然法之直接结果，自然法则是关于人类的首要与基本信条。①

关于这一点，德国法学家施塔姆勒的说法也可以印证上述结论：

> 在我看来，这（指自然正义——笔者注）就是罗马古典法学家的普遍意义；这就是他们的永恒价值。他们有着把目光从日常的普通问题移向整体的勇气，并且在思考特定事件的局部情况时，他们的思想却注意到全部法律的总原则，即使生活中的正义得以实现。②

由此可以说，自然法是一个在正义的旗帜下试图保障共同体自由和个人自由的法，一个对法律家而言普遍有效的正义的准则。

这种公平正义的自然法准则，是以自然理性的名义或以上帝的名义，建构一套内在和谐的自然法理论体系，来评价和诠释共同体制定的法律是否合乎正义。它并不试图在民主平等和个体自由的关系上保持平衡，它之所以打着“人类平等”旗号，是因为“人类一律平等”的观念是一个整体与个体合一的理想观念，这一观念可以有效地弥补整体与个体之间的内在紧张关系。同时，它也不是一个有关于个体自由的正义原则，那种“认为个人自由的观念起源于古代自然法理论”的观点显然是不确切的。因为，能够从自然法或自然正义原则所引申出来的，不仅仅是个人的自由与正义，同时还有城

---

① 〔意〕登特列夫：《自然法——法律哲学导论》，李日章译，（台湾）联经出版事业公司 1984 年版，第 16 页。

② 〔美〕乔治·萨拜因：《政治哲学史》（上），盛葵阳译，商务印书馆 1986 年版，第 212 页。

邦的自由与正义:"只要是正义之命令所要求,人就有义务服从世俗统治者。"而且,自然法理论的近代转向使它"根本就不是关于法律的一套理论,而是有关权利的理论"。这种转向与近代自然法学家(如普芬道夫、柏拉马奎、华托等)试图建立一个"具有清楚、自明与一贯三大特点"的自然法理论体系有关。随着社会契约理论的出现,近代自然法开始具备了强烈的俗世的"理性主义特征",开始真正转变为"自然权利理论"。[①] 为此,登特列夫指出:

> 社会契约是一个框架,也是一份蓝图,对它的各种不同的解释,都有一种共同的特征:它们的起点都是个体。它们的基础都是近代的俗世的自然法观念,以及由此衍生的人之"地位"(station)。[②]

显然,正是自然法理论的近代转向,使得自然法观念成为完全俗世理性观念的产物,才导致了契约理论的产生。契约理论为"自然权利"的个体自由概念的产生,提供了至今也无法证成但却为人尊崇的理论基础。启蒙运动使得自然法与实在法的关系被法哲学家们按照社会契约的思维模式进行诠释,获得了社会的普遍认同。由此,"社会契约理论"[③]成为一种社会进步的思潮,而"自由平等"则成为近代民族国家破除封建制度的重要武器,并建构了在今天看来如此辉煌的"宽容的自然权利论传统"。

---

① 参见〔意〕登特列夫:《自然法——法律哲学导论》,李日章译,(台湾)联经出版事业公司 1984 年版,第 40、51、52、54、57 页。

② 同上书,第 54 页。

③ 按照契约理论,人人享有自由,不被统治,而且根据法律,人人都是平等的。其实质便在于表明国家的目的,在于保障自然法,保障人的自然的权利(根据最激进的卢梭的观点)。

如今,宽容理念被自由主义者普遍认为是来自"自由平等"的观念,并发展出一系列的规则。如霍布斯指出,人们不应该把不喜欢的事情强加于任何人,谁也不得伤害其他的人。同样,普芬道夫提出,每一个人评价和对待其他的人,从本性出发,应该是平等的,或者说"同样都是人";每一个人只要有可能感到方便,就应当促进他人的利益(功利),以后又引申出其他的专门的规则,诸如人们必须恪守各种契约等。直到今天,人们仍然在乐此不疲地发展着这个系统,部分以契约的名义,部分以天赋的名义。

由此,个体优先于整体的观念开始在近代成为时尚,自由放任主义和个人利益至上的观念风靡世界许多国家。在那些国家主义占主导地位的区域,自由放任主义的诸多的观念和价值原则无疑已经成为争取个人自由的重要武器。但在那些奉行自由放任主义的国家,社会经济性权力和文化性权力的压制和不宽容时有显现,垄断资本主义产生的社会不宽容即是显明的例证。在政治和思想领域,自由主义成为一种社会意识形态,成为压制不同政治观念的不宽容的社会力量,即便是在社会宽容度极高的英国,这种社会压制和不宽容依然存在。① 在法学领域,法律实证主义开始盛行并成为主导的法律理论,奠基于古希腊罗马时代的自

---

① 约翰·密尔作为自由主义的代表人物,充分意识到了问题的所在。他指出:"人们会说,我们现在已不把倡导新意见的人处死了……真的,我们不再弄死异端者了;现代舆情所能容忍的对于即使是最有毒害的意见的惩罚,其程度也不足以根绝那些意见。但是,还是让我们不要阿谀自己,认为我们现在已经免于法律迫害的污点了。""在我们这里,以每十年或每一代来看,异端意见极少取得或者甚至还丢失了它们的阵地……使得我们这个国度不能成为一个精神自由的地方的正是这一点,正是人们对于不信仰他们所重视的信条的人所抱的意见和所怀的情绪。……在社会戒律之下,敢于发表意见的事比在他国,在法律惩罚的危险下,还要少得多。……我们现在仅仅有点社会的不宽容,这既不杀死一个人,也不拔出意见,但是却诱导人们把意见掩藏起来……"〔英〕约翰·密尔:《论自由》,许宝骙译,商务印书馆 1998 年版,第 34—37 页。

然法学已经被蚕食殆尽，代之而来的是"法即正义"的观念。这种观念成为那些打着民主幌子的篡权者实行专制独裁的工具，却是古典自然法学派[①]和古典自由主义者所意想不到的了。

新自然法学派和新自由主义者意识到："自由而无平等，名义上好听，结果却悲惨可怜。"[②]过度强调个体自由所带来的个体（团体）不宽容以及"伪自由平等"问题，开始受到普遍的重视和诠释，财产权利也不再被看作不言自明的了。在密尔看来，自由权利在实践中可能是彼此难于调和的，如果个人自由是根本性的，那么它就可能受到一种所谓给予多数人无限压制性权力的政治自由的威胁。而在新自由主义者（如霍布豪斯）看来，要维持个人自由和平等，就必须扩大社会控制的范围。[③]

随着自由主义和自然法理论的进一步发展，自由主义的相对主义、文化多元主义逐渐成为西方宪政国家防治"社会压制性不宽容"[④]的理论武器。而新自然法理论则试图通过"宽容政体"[⑤]

---

① 本书中的"古典自然法学派"和"新自然法学派"，统称"近代自然法学派"，以区别于契约理论出现之前的"古代自然法学派"。

② 〔英〕霍布豪斯：《自由主义》，朱曾汶译，商务印书馆 1996 年版，第 42 页。

③ 同上书，第 71 页。

④ 在这里，"社会压制性不宽容"主要是指因主导文化产生的、对非主流文化抱持者的不宽容。

⑤ 新自然法学派把这种政体称之为"平衡政体"。本书将其称之为"宽容政体"，盖因：其一，宽容理念并不仅仅在"平衡政体"理论中发挥功用，其在宪政制度的具体设计、宪法原则的选择以及宪法价值取向、宪法学方法论等诸多方面皆有功用，实为理性宪法之精髓。其二，平衡政体理论是由对抗政体理论发展而来，更加关注政治力量和权力的平衡问题。如联邦党人认为，有效地限制政府不是通过吝啬地授予权力来实现——倘如此，其结果必然是产生一个非违反宪法无法完成其工作的政府——有效地限制政府也不是通过结构简单就能实现的——结构简单只能引来专制——而是通过一个恰当设计的复杂内部结构来实现的。参见〔美〕赫伯特·J. 斯托林：《反联邦人赞成什么——宪法反对者的政治思想》，汪庆华译，北京大学出版社 2006 年版，第 100—101 页。

解决“伪自由平等”的问题,以防止那种打着平等旗号的“变异专制政府”①,从而寻求政治权力之间以及国家的自由和个人自由之间的平衡。

进入20世纪以来,实践哲学获得了更为尊崇的地位,宽容理念被重新提上“议事日程”,成为学者们普遍关注和研究的政治哲学、法哲学和宪法学的问题之一。在罗尔斯看来,宽容宪政并不等于要把宽容作为真理来谈论,相反,是把它当作一种合乎理性的正义观念来谈的,因而在宪政的框架内,宽容的观点就应当被严格地限定在政治价值与宪法价值的范围内。同时,宽容理念所达致的原则与理想是建立在政治实践理性与宪政实践理性相关联的宪政实践理性原则基础之上的,这也是宽容理念之于宪政的实践理性原则得以应用的意义所在。

而西方的宪政实践表明,依存宽容理念建构的宪政实践理性原则,是一种通过正当的程序而达致的结果。只有在此情形下,宪政实践理性原则通常才被看作合乎宽容理念的。由此派生的宪政原则所形成的判断也才被认为是合乎理性的。在此基础上,政治自由主义和宽容宪政才有可能,对政治之根本问题的公开自由讨论才能在宪政的框架内进行。值得注意的是,宽容理念以及由此形成的宪政原则,并非仅仅是当代理性多元主义宪政文化的特有现象,但它却是在这里找到自己的终极归宿——

的确,自由宪政的成功是作为一种新的社会可能性的发

① “变异专制政府”是指那种打着民主、自由、平等幌子的专制政府形式,以区别于近代宪政民主政府。这种专制形式的渊源似可追溯到古希腊的僭主政体。参见〔古希腊〕亚里士多德:《政治学》,吴寿彭译,商务印书馆1981年版,第162—169页。

现而出现的：这是一种理性和谐而又稳定多元的社会可能性。在具有自由制度的各社会中成功而和平的施行宽容之前，人们无从了解这种可能性。①

可见，虽然自由主义表面上倡导的仍然是一种“个体优先于整体”的观念，但共同体自由和个体自由的观念已经并存于西方社会的传统和宪政制度设计之中，不同的是谁占主导地位的问题。而且，为了消弭整体与部分（个体）之间的紧张关系，宽容理念已经深入到现代宪政民主国家的宪法规范、宪政制度设计及其运行当中，并通过“自由平等”的宪政制度得以落实。如今，人们已经抛弃了那种通过宗教伦理制度的建构来规范社会生活的做法，取而代之的是民主宪政的制度保障。在宪政民主体制下，自由的实现有赖于（民主）体制和制度的宽容。体制和制度的宽容因应着政治观念（生活）的多样性而追求共和理念，从而有助于保障个体的权利和自由，推动文化多元主义的发展。因而，国家和谐的基础在于一个宽容宪法之下的立法机构、行政机构、司法机构和政党受到制度的约束，从而与立宪主义民主与自由、多元与宽容的宪政理念相契合。

综上分析和论证，从整体与部分（个体）的哲学关系范畴出发，宽容已经获得了高于“自由”、“平等”的地位，成为判断“共同体自由”和“个人自由”是否滥用的一个准则，并据此可以推导出宽容宪政体制的理想类型。按照马克斯·韦伯的社会科学分析方法，这一理想类型已经抛弃了自由主义意识形态的标签，并超越了自由主义政治哲学“宽容的天赋权利论传统”。虽然不同国

---

① 〔美〕约翰·罗尔斯：《政治自由主义》，万俊人译，译林出版社 2001 年版，第 13 页。

家的宪政体制因其政治法律传统的不同会表现出较大的差异性，但从纯粹经验的角度来看，那些主要的宪政国家，诸如英国、美国、德国和法国等，都在某种程度上实践着宪政宽容的理想（参见第四章第二节“政体宽容”和第三节“制度宽容”部分），并为维护国内政治和谐提供了体制和制度上的保障。由此，从整体与部分（个体）的哲学关系范畴导出的宽容理念，就可以在调和国家与地方、国家与个人关系的宪政体制和制度层面获得“客观有效性”的论证，并成为宪法解释或评价的一个重要依据。

第六章　宽容理念在宪法上的应用

自由宪政的成功是作为一种新的社会可能性的发现而出现的：这是一种理性和谐而又稳定多元的社会可能性，在具有自由制度的各社会中成功而和平的施行宽容之前，人们无从了解这种可能性。

——约翰·罗尔斯

宽容作为宪法的客观精神，虽然已经获得了“正当性的论证”，但如若将宽容理解为一项宪法价值决定，就会限缩它在宪法解释学上的运用空间。因为根据价值无涉的立场，宪法解释应当尽可能地避免价值判断，并将其运用的依据限缩在宪法规范上。但宪法解释学不是也不应当是那种纯粹教义学上的解释路径，宽容作为理想宪法的客观精神，在宽容宪政的理想类型所涉及的层面（防范两种形态的不宽容），就应当成为解释宪政体制与宪法制度①、宪法原则和宪法权利的重要依据。除此之外，宪法意义下的宽容理念的诠释及其实践方面的应用，对于宪法的开放性及其变迁而言，有着更为深远的现实意义。

---

① 作为一种评价标准或方法，其运用可参见第五章第二节、第三节。

第一节　宪法意义下的宽容及其宪法价值要求

在现代宪法中，未曾见“宽容”的宪法规范用语。在我所能查到的宪法规范文本中虽可见一些诸如“忍耐”、“尊重”、“平等”、“中立”的用语，且这些用语的含义往往与宽容发生勾连，但宽容既不是宪法所明定的一项宪法上的基本权利，也不是公民的一项具体义务。

对于传统立宪主义而言，国家与公民的关系是宪法学的一个基本范畴，而基本权利（或言基本权、基本的权利、基本人权、宪法权利等）则是型构这一范畴的核心概念。既然宪法是以“规范国家权力、保障人民自由权利”为核心，那么如果宽容具有宪法上的意义的话，就应当是“用来拘束国家，特别是作为国家干预人民自由权利行事依据之一”。[①] 如此一来，由立宪主义基本原理中的平等原则（如美国宪法上的“平等保护原则”、德国《基本法》上的“法律上的平等与禁止恣意原则”）、中立原则、比例原则等，可以推出国家公权力对公民自由权利的尊重义务，其本身已然内含着“宽容的意义”[②]。在德国，《基本法》将“人性尊严”条款作为一项宪法基本价值要求，被认为是已经包含了“公权力在行使时应尊重宗教、政治和文化诸领域中的不同思想、观念与行为”的意蕴，而该意蕴恰恰与现代宽容的本质内涵——对不同的思想、观念和行为予以认可与尊重——相符合。

---

①　参见李震山：《多元、宽容与人权保障——以宪法未列举权之保障为中心》，（台湾）元照出版有限公司 2005 年版，第 74 页。

②　考夫曼教授曾指出，“宽容原则”在过去早已蕴涵在“公平”及“责任”之中。我将此一原则特别予以抽离出来，其原因在于，宽容在当今世界所扮演的角色要比过去来得重大。参见〔德〕考夫曼：《法律哲学》，刘幸义等译，法律出版社 2004 年版，第 412—413 页。

从纯粹实证主义的观念出发，宽容原则显然不能成为其他宪法原则的替代性原则，但这并不意味着宽容在宪法解释中已经变得毫无意义了。在协调国家与地方、国家与个人间关系的宪政体制和制度层面，宽容因其“客观有效性”的论证而应当成为宪法解释或评价的一个重要依据。德国学者甚至认为，宽容应当在其整体《基本法》中扮演重要角色，或者说，宽容应“作为支配公权力的普遍宪法要求”①。

然而，宽容并未在世界各国的宪法学理论和实践中获得其应有的地位也是一个不争的事实。究其原因，一方面，在世界各国的宪法诉讼、合宪性控制和违宪审查实践中，宽容的宪法要求在大多数情形下已经被“平等原则”和“责任原则”（国家保护义务）所涵摄，而只能在这些原则无法统摄的领域发挥功用；另一方面，传统宪法学基本原理诸如有限政府的基本原则至今仍然发挥着无法取代的作用，这在某种程度上限缩了“宽容的宪法价值诉求”及其应用空间。

作为一种价值诉求的宽容虽然应受限制，但在运用于诸如自由与平等、权力与权利、公共利益与个人利益等宪法基本关系范畴的诠释时却意义重大：在界定平等原则的内涵问题上，宽容理念作为一项普遍的宪法要求，可以发挥其独特的效能；而且，既然宽容是宪法的客观精神，那么它就应当在传统的基本权利问题上有所作为；特别是在人权理论获得新发展的今天，基于消极自由的立宪主义原理已经发生改变、积极自由的基本权利保障受到普遍重视的情况下，宽容理念就可以在诸如宪法未列举权利、国家保护义务理论等方面发挥其不可替代的作用；更进一步，在国家对人民的关系问题上，“宽容同时包含国家对自己的无知，或未确知的宽容”，特别是在与科技领域、教育教学领域有关的公权力行使上，凡是容许不同价

① 李震山：《多元、宽容与人权保障——以宪法未列举权之保障为中心》，（台湾）元照出版有限公司 2005 年版，第 75 页。

值、观念或行为的做法，是否可以理解为一种国家宽容的宪法要求，甚或发展出一个独立于平等原则之外的宽容原则，颇值得认真对待。

第二节　平等权原则与宽容
——以平等和自由的关系为向度

在传统公法学领域（不考虑立宪体制问题），自由与平等的关系问题已经部分地转化为国家与公民的关系、公共利益与个人利益的关系问题。① 在传统立宪主义原理那里，这类问题至今无法得到

---

①　在域外，通常并不将国家利益与公共利益进行区分，因为从现代民族国家的本性出发，国家利益与公共利益在内涵上应当具有某种同构性。在私人利益相关的领域并不存在国家利益的概念，但却与公共利益的概念发生关联。在美国，如同个人的私有财产权一样，国家获取个人私有财产的强大权力也是先于现代宪法而存在的，被视为“政治需求的必然产物。”（Kohl v. United States (1875)，91 U. S. 367，371，23 L. Ed. 449）在早期，通常运用公共所有权（McQuillen v. Hatton (1884)，42 Ohio St. 202；Nichols at 617）和公共使用（Wendell E. Pritchett，“The ‘Public Menace’ of Blight，Urban Renewal and the Private Uses of Eminent Domain ”(2003)，*Yale Law and Policy Review*，21，1，9－10）的概念。其后，自 2005 年著名的“凯洛诉新伦敦市案”（Kelo v. City of New London）以后，继“公共所有权”和“公共使用”的定义方式，“公共目的”的定义方式成为一种更加宽泛的定义方式。从美国关于公共利益的解释我们发现，在公共利益与私人利益之间寻求一种平衡，使两者达到共存的状态乃是一个基本的宪政原则。而在欧洲，各国对于“公共利益”通常普遍运用比例原则进行广义解释，以寻找公私利益之间的平衡点。比例原则的含义是：要确定某一项举措是不是为达到立法目的所必需的；如果是，那么这项举措是否很好地平衡了个人利益和整个社会的利益之间的关系。一般来说，如果征收当局能够证明以下几点，那么征收就是符合比例原则的：对财产权进行干预的目的足以使对私权的限制具有正当性；为达到目的所采取的方法和这一目的在理性上是相关联的；干预财产权的方法不能超越为达成目的所必需的范围；干预财产权对个体造成的影响不能是过分的或不成比例的（Richard Clayton，“New Directions in Compulsory Purchase”，*Journal of Planning and Environment Law*，2006，Feb.，pp. 133－146）。

妥当的诠释，这与宪法意义下的宽容理念[①]在通常的情形下不受关注有关。究其原因，当歧视与不宽容并不显著地成为一个问题时，传统上的公平与责任原则通常是解决此类争议的主要依据，而宽容的意义并没有凸显出来。虽然如此，在正确理解平等问题时，宽容理念仍然可以发挥其终极的作用，以使这些不同的理解不至于偏离“正确的路途”——保持自由与平等之间的平衡。尤其是，在今天“构建和谐社会”的大背景下，促进社会公平的“和谐正义观”是当下法制建设面临的一个重要命题，对平等权原则的深入研究更为迫切。

一、平等与自由的关系

自由与平等的关系问题并没有引起学界的足够重视与诠释，盖因在一般观念上，自由往往意味着平等。而在实体上，“几乎所有自由权的宪法案件都会涉及平等权问题”，“两者在形式上是并行不悖且相辅相成的”。[②] 世界上大多数国家的宪法大都将两者同时规定于宪法文本中，似乎是通过宪法规范的表述明确地表明了两者紧密而不可分割的关系。如我国《宪法》的“法律面前人人平等原则”与基本权利条款、美国《宪法》的“人权法案”与平等保护原则、德国《基本法》的人权条款与“法律上的平等与禁止恣意原则”等。而《人权和公民权利宣言》第一条则庄严宣布：“在权利面前，人们生来是而且始终是自由平等的。只有在公共利益上面才显出社会上的差别。”

就人权的普遍性而言，形式上的平等的确是自由的应有之义，或者说，平等只是“自由的平等”，两者间是并行不悖的。在考夫曼

---

① 指将宽容作为一种宪法价值要求，成为宪法规范构成的组成部分。

② 张千帆主编：《宪法》，北京大学出版社 2008 年版，第 139、140 页。

教授看来,"宽容原则"在过去早已蕴涵在"公平"及"责任"原则之中。[①] 此"公平"责任在传统宪法学上呈现为平等原则——一种法治意义上的形式平等。这种平等被认为天然地蕴涵宽容的意蕴。[②] 对于那些与我们不同且犯有"错误"的人,依据宽容理念,应当给予他们同等的法律权利和政治权利,如平等的选举权;不应当剥夺他们从公共物品中受益的权利,如教育、公共安全、卫生保健、受法律制度的保护、使用公共设施等。除此之外,在基本公民权利和利益的分配中不应当歧视性对待那些处于弱势地位的群体或个人。

形式平等的价值观在政治制度层面主要体现为代议制立法体制。该制度设计能够最大限度地保障法律管辖范围内的大多数人利益。在理论上,虽然一定的立法体制可以保证所有的人都具有相同的法律地位或从事某种活动的自由和权利,但规范社会生活的法律却只能符合大多数人的利益,而不可能是所有人的利益。甚至可以说,这种制度不过是把古代的那种"阶级立法"变成了一种政党政治运作下的"社会立法"而已。所以人民代表大会制度同西方的议会制度一样,并不能全然落实"平等"。

在当今世界的宽容立宪政体中,为防范代议制可能带来的"多数专制"和民主的"真空陷阱",通常都通过宪法设置有对立法予以防范的制度——违宪审查制度,以防止"歧视性立法"、确保人民平等的自由和权利。但立宪体制对立法的约束在某种程度上也只具"形式上的法治"特征,它仍然不能保证不会产生歧视与不宽容,因为此等宪法并不能全然落实平等。而在奉行成文法系

---

① 参见〔德〕考夫曼:《法律哲学》,刘幸义等译,法律出版社 2004 年版,第 412—413 页。

② 在非政治范畴内,平等的自由是防范歧视与不宽容的根本保障。因为没有平等,就没有对他人的思想、观念或行为的认可与尊重,也就不可能存在宽容的社会基础。

传统的国家或地区，法律对社会生活的规制不可能做到如此的细密，以至于它能够关照到所有人的差异性；否则，它就会成为那种"永远也读不完"的法律典籍了。同时，社会生活变动频繁，致使法律在制定出来以后，还将不得不面对"法的安定性"与"法的稳定性"之间的内在冲突。

显然，通过法律施行的平等和通过宪法予以保障的自由权利之间存在着某种显而易见的冲突，或者是以平等的名义，或者以自由的名义。在实质平等的社会公平正义层面上，平等和自由之间的冲突更加明显，甚至两者之间经常表现为一种矛盾关系，因为"自由竞争的结果往往是不平等的(实质不平等——笔者注)，而要通过国家强制平等则必然意味着自由的减损"①。由此，宪法制度如果不能在自由与平等之间保持一种适度的平衡，就必然会导致两种情形——来自国家的权力持有者和来自社会的个人或团体——的歧视与不宽容的发生。② 一个显明的例子发生在教育领域，教育机构特有的规定或偏好，如果不是提供一种生活方式的选择的话，特别是当这些规定成为一种普遍现象时，它就会成为一种"教育歧视"。因而在规范宪法学领域，平等问题就应当在平等与自由之间的关系、宪法理念及其规范两个层面进行诠释。

二、平等属于权利还是原则？

在传统宪法学领域，对平等问题的研究，一个首要的问题是：平等属于权利还是原则？对此问题，国内曾一度产生过较大争

---

① 张千帆主编：《宪法》，北京大学出版社2008年版，第139页。

② 权力不受制约是造成权力持有者歧视与不宽容的一个主要原因，而不公平的竞争环境则往往是造就个人或团体歧视与不宽容的原因所在。这两个方面有的时候是相互关联或交错的。国家的存在如果是出于对人类幸福的考虑的话，那它就应当是防范这两种歧视与不宽容的组织体，而不是相反。

论。类似的争论在域外也同样存在。纵观学术界"关于平等属于权利还是原则"的不同观点，主要有权利说、原则说、权利原则二重说以及权利原则资格三重说等几种。[①] 从目前的学术观点来看，主流观点似采权利原则二重说。

（一）平等作为权利

按照传统观点，"平等"本身并不创造权利，它不可能成为一种抽象的权利存在形态，或者说它不可能作为一种实体性权利形态独立存在。因而，它是自由权利的一种人际形态或依托自由权利的一种人际权利形态，本质上仍然属于自由权的个体性权利。这种观点在理论上之所以容易被认可，是因为从自由权的本质内涵出发，完全可以推导出"平等权是一种自由权所派生的权利"的结论。

将平等权看作一种自由权的人际形态，会使它具有某种反射效力，获得一种对抗权力的"能力"，亦即使之成为一项防范权力的歧视与不宽容的宪法原则。但在根本上，这种"能力"还无法发挥其防范社会压制性不宽容的功能。因为，它并不能因此"约束平等权以便保障其他人权领域的平等待遇"[②]。对此，法治斌和董保城教授指出：

> 在以往平等仅被视为一项解释宪法的原则，平等只是客观的法，其效力在个别权利范围内只具有反射效力而已。但在二

---

① 对于域内外各种观点的介绍，参见朱应平：《论平等权的宪法保护》，北京大学出版社 2004 年版，第 21—25 页。

② 雷蒙德·杨(Raymond Youngs)认为，平等权是一种以同样的方式对待其他人的权利（除非实行不同的待遇有令人满意的理由）。因而从其最广义的形式来说，平等权是让政府的活动以及私人活动（主要是用人权条款对抗私人的活动）接受司法审查的一种理由。*Raymond Youngs*，*English*，*French and German Comparative Law*，Cavendish Publishing Limited，1998，p. 140.

次世界大战以后，平等已逐渐被承认具主观上公权力性质，为实体法上的权利，其一旦受到侵害，可以诉求法院救济。①

从宽容理念以观，将“平等权”仅仅界定为“依托自由权利的人际权利形态”或“权利的保障形式”②(亦即学界通常所言的“平等权原则”)是不甚妥当的。因为，自由意味着(形式)平等，但平等(既包括形式平等也包括实质平等)却并不意味着自由。自由的结果往往是(实质上的)不平等，两者之间是存在张力的。在将平等作为权利而不仅仅是权利的保障形式时，其目的和功用并不局限在防范国家机关的行为恣意方面，而是从法律实证的层面保障平等权，以阻止对某些类型的人实行歧视。更为重要的一个理由是：“没有权利就不能肯定权利的主旨和意义。不管是在法律上还是在物质上，不管是自愿的还是一种真正的障碍的结果，都暴露出得到肯定的权利的虚幻性，如果不是虚夸的话。”③

显然，平等不仅是一种依附自由权利的人际形态或权利的保障形式，而且是一种“平等地获取和享受权利的资格”，一种独立的权利形态。当然，平等权作为人际权利形态，以及作为平等地获取和享受权利的资格，在广义上都可以被看作一种权利。如果如此理解的话，关于平等性质的权利原则资格三重说与权利原则

① 法治斌、董保城：《宪法新论》，(台湾)元照出版有限公司 2005 年版，第 243 页。

② 关于“平等权是权利的一种保障形式”的说法，参见张千帆主编：《宪法》，北京大学出版社 2008 年版，第 140 页。类似的说法，如“平等权概念意味着它是实现基本权利的方法或手段”，参见韩大元：《宪法学基础理论》，中国政法大学出版社 2008 年版，第 250 页。

③ 《人权》(*Les Droits de l'homme*) ，巴黎，1978 年，第 87 页。转引自吉兰·瓦特洛：“人权与宽容的命运”，新慰译，《第欧根尼》1998 年第 1 期。

二重说也就没有什么本质上的差别了。

(二)平等作为原则

"平等"发展至今,不仅是个人人权,更是解释所有基本权利的重要原则。它不仅拘束立法机关制定法律,在行政委任立法、职权立法以及依职权发布的决定、命令等,凡是具有法律效果的均应受平等原则的拘束。① 单纯把"法律面前人人平等"或"平等保护"的宪法规定解读为平等权,显然是不确当的。

根据权威观点,宪法权利均具有主观规范和客观价值功能,但并非所有的宪法权利都具有主观规范价值,或者说并不是所有的宪法权利都具有可诉性。况且近些年来,"涵盖高度实质平等本质的社会权分类的出现,使得平等权应有的位置也较淡化。这些都是促成平等成为一种总则性原则的原因,如此比较能与人权的分类调和"②。

几乎所有涉及自由权的宪法案件都会涉及法律的"立法归类"(Legislative Classification)问题,或者说平等权存在的一个基本前提是法律的"立法归类"。因为,"实际大致平等地位的法律主体适用同一法律要求,就法律地位不平等的法律主体适用不同的法律要求"乃是达成一个合乎正义的法律秩序所必需的。平等权作为一项人际权利(Interpersonal Right),在本质上仍然属于自由权的个体权利形态,是不能解决立法归类是否正当问题的。或者说,它只能解决自由权是否同他人一样受到了法律适用上的同等对待问题,而不能解决自由权是否受到"立法归类"的"歧视"问题。显然,没有一个平等原则来指导立法的归类和解释

---

① 法治斌、董保城:《宪法新论》,(台湾)元照出版有限公司 2005 年版,第 243 页。

② 许庆雄:《宪法入门》,(台湾)元照出版有限公司 2000 年版,第 62 页。

宪法，平等权就无法得以真正落到实处，因自由竞争所产生的不平等和社会不宽容问题就无法得以有效消弭。

如果将“平等”单纯界定为平等权的话，那么我们就很容易从平等权推导出一个“法律适用上平等”的宪法原则，而这已经被证明并不符合现代立宪主义的意旨。

第一，法律适用上的平等原则必然要求平等权的实现，但这个原则显然与美国法上的平等保护原则是不同的。法律适用上的平等原则比平等的法律保护原则的保护力度更弱，因为它只是规定人们应该得到同样对待，除非法律以其他方式做出规定；而后一个原则的本质是，法律应该用同样的方式对待人们，除非有合理的正当理由。

第二，该原则的基本功用在于，通过国家强制性手段来保证平等权的实现，而其结果则是对自由的减损。在西方的古代政治城邦，建基于民主制度上的法律是限制社会团体和个人依其能力而不宽容的重要手段，因而民主平等就成为维护国家自由的重要方式。在今天，假若我们这样来理解宪法上的平等原则的话，也许我们就能够理解法治的第一个层面的含义：法律面前人人平等，人人平等地遵从法律。但这里面有一个基本的前提条件，即法律是公平正义且大公无私的。古罗马的共和政体及其自然法即是试图确保法律本身“公平正义且大公无私”的古代政治法律制度设计，但受经济发展和公民社会不成熟等诸方面的制约而无法实现。但在今天，如果我们仍然将宪法上的平等原则理解为一种狭隘的法律适用上的平等，而抛弃其赖以存在的民主制度前提，这一原则就会成为一句空话，甚至成为一种保持权力持有者歧视和不宽容的力量了。

第三，就正义的观念和公权力的运用而言，法律适用上的平等要求公民在宪法上的自由和权利应受法律上的平等保护。这个目标的实现，有赖于一个基本的假定条件：人在实际上的平等条件的具备。然而,在真正的现实世界里,由于人们在社会事务中并不具备或者说不可能具备实质上的平等条件,那么宽容理念所要实现的法律上的平等保护的目标就变成了一种虚幻的理想了。不过,就法作为实现平等的前提或标准而言,宽容理念不得不对其寄予厚望。因为就"实际大致平等地位的法律主体适用同一法律要求,而就法律地位不平等的法律主体适用不同的法律要求",乃是达成一个合乎正义的法律秩序所必需的。但是平等原则如此古老,它是先于法律而存在还是因法律之规定而存在虽然一直以来颇有争议,但自德国学者格哈德·雷伯豪兹(Gerhard Leibholz)将平等原则从其与法律的从属关系中解脱出来,并将其解读为一种先在的、一种为适用法律而存在的基本定理以后,单纯的法律适用上的平等就变成为一种不具正当性的或者说不正义的荒谬见解了。①

综上可见,鉴于代议制下的"立法归类"可能造成的歧视和不宽容,将"法律面前人人平等"理解为平等权或者是一个法律适用平等的原则都是不妥当的,它仍然有进一步诠释的余地。从立宪主义的角度来看,需要相应的宪法原则对其给予明确的界定,或对传统上的"法律面前人人平等"做出符合上述要求的解释。同时,由于立法归类问题涉及平等权的范围界定,平等原则作为一项极为重要的释宪原则,用以防止因立法归类而造成的平等权失衡问题,已经无可置疑地成为当今世界主要立宪国家防止"立法歧视"的重要依据。不过,将平等原则作为先于法律而存在的基本定理,使之超越于法律一跃而成为一项重要的宪法原则,并成为美国宪法判例所贯彻的那样的拘束法律的原则之一,从而使之与法律适用上的平等原则或者合法律原则之间产生冲突,甚至与

---

① Wilfried Schaumann:"平等及合法原则",邵子平节译,载荆知仁主编:《宪法变迁与宪政成长》,(台湾)正中书局 1981 年版,第 477 页。

长期以来为实证主义法学所倡导的法律保留原则之间产生冲突，却是预先不可知晓的事了。因而，在宪法学上需要对平等原则有一个更加清醒的认识。一方面，依据宽容理念对其含义进行重新诠释，以方便解决我们可能遇到的宪法适用问题；另一方面，寻求相应的宪法制度和原则对此予以回应。

三、平等原则与宽容

虽然平等被认为天然地包含有宽容的意蕴，但“宽容并非像一般人通常所认为的那样，是一种与礼貌同一层次的世故德性。宽容不是，或者说不应该是那种会使人类意志的齿轮能够不考虑差异性而更容易运转的润滑油”①。就平等原则在世界各国宪法上的规定及其宪政实践而言，虽然因不同国家宪政制度和法治文化传统的不同而存在较大差异，但都体现了宪法的宽容精神。以下仅列举美国（英美法系的代表）和德国（大陆法系的代表）宪法上的平等原则进行讨论，以期进一步深化对“平等、自由间的关系与宽容”的认识。

（一）美国宪法上的“平等保护原则”②

美国宪法上的平等保护原则符合宽容的内在要求，盖因民主立法往往强调多数人的利益，而宪法的主要功能之一是保障个人而非多数人的自由权利。在民主法治的立法体制下，通过充分的

---

① 李鸿禧：《宪法与人权》，（台湾）元照出版有限公司 1995 年版，第 176 页。

② 在今天的宪法法理中，平等保护意指做出区别的立法必须有这样做的合理基础。如果有了可供做出评价或行使自由裁量权的范围，那些承担解释、适用和执行法律的机构不能做出专断任意的区分。它们必须保证法律适用的统一。参见 *Black's Law Dictionary* (Seventh Edition), West Group, 1999, p. 557。

思想自由特别是言论自由和新闻自由，虽然能够最大限度地消除政府权力机构和社会压制性力量的歧视与不宽容，但由于民主法治得以运行的基础是“多数决规则”，仍然无法全然解决法律对少数特别是政治上弱势群体的歧视和不宽容问题。以美国各州在联邦宪法制定之前的民主法治为例，“在18世纪美国独立后的十年里，各州通过了越来越多的法律，比整个殖民地时期通过的法律还要多。其中的许多法律是非正义的，如纸币法（*Paper Money Acts*）、滞留法（*Stay Laws*）以及其他种种形式的债务免除法立法，这些立法严重地伤害了社会上各种各样的债权人的利益，而且侵犯了个人的财产权。对某些人来说，比起以前王室任命的州长来，立法机关似乎更恐怖”①。

借助美国普通法判例所形成的普遍观念和原则，美国《联邦宪法》“第14条修正案”所确立的平等保护原则被联邦最高法院在一系列的宪法案例中不断加以运用和解释，成为中立的司法机关防范立法机关以及法律解释、适用和执行机构不宽容和歧视的重要原则和主要手段。以美国的“校区隔离案”为例，联邦最高法院运用《宪法》“第14条修正案”为黑人提供法律上的平等保护，其主要功能在于防范国家机构的歧视与不宽容。除此主要功能外，平等保护原则还被联邦最高法院用于解决“社会团体和个人之间不正当的和非法的歧视问题”。②

显然，美国宪法上的平等保护原则所依据的不是一种实证主义的法治观念，而是一种发展了的自然法法治观念。这种观念无法通过宪法规范加以明确和具体地表述，只能通过一个独立的司

---

①〔美〕戈登·伍德：“民主与宪法”，佟玉平译，载佟德志编：《宪政与民主》，江苏人民出版社2007年版，第22页。

② 参见 T. R. S. Allan, *Law, Liberty, and Justice*, Clarendon Press, Oxford, 1993, pp. 163－164。

法机构对宪法平等保护原则进行诠释。在宪法的目的及其与目的相关联的程度上，以自然正义或正当性的名义寻求裁判的宪法依据。从美国平等保护的司法审查标准来看，严格审查(strict scrutiny)标准主要适用于那些有关种族、民族血统以及某些时候外侨身份等案件，用以保护那些长期处于社会不利地位的少数弱势群体(suspect class)。中度严格审查(middle-level standard)标准主要适用于那些与立法或政府行政行为所要达成的目的或利益具有充分关联性(substantially related)的案件，一般用以保护那些接近弱势群体(semi-suspect class)的特殊群体，如与"性别"、"非婚生"等相关的特殊群体。合理基础审查(rational-basis test)标准主要适用于那些系争立法或政府行政行为，没有把任何弱势群体作为分类标准，也没有违背任何宪法基本权利的保障的案件。只要其具有合理正当的立法目的，且其所选择的手段与目的间具有合理的关联，则这些系争的立法或行政行为通常会通过合宪的审查。这些审查标准的确立，与其说是实体性正当法律程序理论的"失宠"，不如说是美国联邦最高法院开始将司法审查的焦点转移到"平等保护"上。

可见，平等保护原则的有效运用往往有赖于一个中立的、有着良好法学素养和正义观念的高素质的法官群体。为确保这一群体的中立性，必须有一个司法独立的宪政原则及其司法审查制度方能保障平等保护原则的实现。即便如此，古希腊政治城邦以及法国、美国等国家的宪政经验告诉我们，建立在纯粹民主政治基础上的民主法治是不能单独依靠司法独立就能够落到实处的，除非存在一个真正成熟而理性的公民社会；否则，建构一种分权与制衡(包括立法机关自我制衡①)的宪政制度就显得颇为必要了。

---

① 立法机关自我制衡的宪政制度设计，主要是指两院制的立法权分立与制衡体制，如英美等国的两院制(众议院和参议院)。

无论从理论上还是从美国的司法实践经验上来看，美国的司法至上的宪政体制安排都是“反民主的”。对此，斯科特·戈登说道：

> 把这种政体简单地描绘成民主制并不能抓住其中的政治组织的根本特征。在存在着普通公民对公共政策形成的广泛参与上，它们是“民主的”；但它们也是“立宪的”，那就是说，它们包含着用来保护公民——包括那些也许属于少数的公民——的利益和自由的权力控制的制度化结构。①

不过，一个有趣的现象是，在美国民主的概念因美国宪法的成功而被扩大化了。学者们开始“一以贯之地在民主的范围内研究宪法。他们扩大了民主的概念，把分权制衡(check and balance)、司法审查(judicial review)、照顾少数权力以及个人自由等观念也包括进来。这些观念曾经被认为是与民主对立的，现在却被认为与大众选举的立法机关中的多数意志一样民主”②。

综上来看，通过平等保护来实践宽容理想的体制和制度前提是，一个司法独立的宪法原则，一个司法至上的分权与制衡的立宪体制，以及一个建立在判例基础上的违宪审查的司法制度。这些都成为美国维护自由与平等之间和谐关系的重要制度保障，在保障人权和维护社会公平的道路上发挥了至关重要的作用。

(二)德国《基本法》上的“法律上的平等与禁止恣意原则”

由于不具备美国式的那种衡平法传统以及建立在普通法基

---

① 〔美〕斯科特·戈登：《控制国家——从古代雅典到今天的宪政史》，应奇等译，江苏人民出版社2005年版，第5页。

② 〔美〕戈登·伍德：“民主与宪法”，佟玉平译，载佟德志编：《宪政与民主》，江苏人民出版社2007年版，第17页。

础上的司法体制，大陆法系国家特别是德国，在发展和完善其成文法传统的过程中，特别强调通过立法来实现人类平等的理想。如《基本法》第3条规定：(1)法律之前人人平等。(2)男女有平等之权利，国家应促进男女平等之实际贯彻，并致力消除现存之歧视。(3)任何人不得因性别、出身、种族、语言、籍贯、血统、信仰、宗教或政治见解而受歧视或享特权。任何人不得因其残障而受歧视。[①] 该条规定以及其后的第4条至第19条的平等权规范，直接明确地确立了法律上平等的原则和消极自由权的基本法规定，明确了立法不得干预的基本权利事项，界定了立法干预的范围、界限和程序，使得平等权条款和平等原则成为禁止或约束公权力机关歧视或优待的重要手段。

在对待自然法问题上，鉴于德国特有的政治历史传统以及实证主义法治观念产生的深远影响，德国《基本法》另辟蹊径，将自然法条款写入其中。[②]《基本法》第20条第3款“立法权应受宪法之限制，行政权与司法权应受立法权与法律之限制”的规定表明，《基本法》采取了一种实证主义的法治观，但《基本法》中的将联邦宪法法院的权力进行限缩的宪法条款却是一条无法证明的自然法条款。这样一来，由于宪法之超越于法律是一个不容置疑的事实，德国联邦宪法法院就不能(类似于美国联邦最高法院依据其平等保护原则所做的那样)以自然正义的名义进行裁判了。

就实证主义的法治观念和宪法的法律属性而言，宽容显然无法通过一个平等保护的宪法原则发挥效能，它还必须依赖一个重要的道德原则——“宪法的合法性”原则。而将自然法条款写入

---

① 包万超教学资料选编(一)：《国际人权宪章与法德美俄宪法典》。

② 德国《基本法》第79条第3款规定：“本基本法之修正案凡影响联邦之体制、各邦共同参与立法或第1条与第20条之基本原则者，不得成立。”

《基本法》,以及那种假借"宪法的合法性"而通过宪法条款将法律保留原则宪法化,开始使这一问题变得更为复杂:一方面,宪法法院的能动性被大大限缩了,另一方面,只能通过《基本法》以及《基本法》对法律的授权这一条路径来防范立法上的不宽容了。因而在德国宪法学者那里,将宽容理念乃至平等原则的实现寄望于法律,以及将平等原则解读为法律上平等的观念,就不是什么令人感到稀奇的事了。①

在对待平等保护问题上,虽然《基本法》第 1 条第 1 款的规定("人之尊严不可侵犯,尊重及保护此项尊严为所有国家机关之义务")通常被学者解读为平等保护原则,但该条款之规定较美国宪法修正案所确立的平等保护原则似乎更为笼统,且将其限制在尊重及保护人的尊严的狭小范围。与美国联邦最高法院通过平等保护原则解决"社会团体和个人之间不正当的和非法的歧视问题"不同,《基本法》通过第 1 条第 3 款的规定("下列基本权利拘束立法、行政及司法而为直接有效之权利")以及第 19 条第 3 款的规定("基本权利亦适用于国内法人,但以依其性质得适用者为限")为拘束私人主体不正当和非法的歧视问题提供了《基本法》依据,被学界普遍地认为是"《基本法》对第三人效力"。

可见,德国《基本法》基于其实证主义和成文法传统,通过《基本法》的规定,一方面对平等原则和平等权进行了细致而精准的规定,试图为立法、行政和司法划定界限;另一方面,为拘束私人主体不正当和非法的歧视问题提供了《基本法》依据,从而为法律上的平等原则之诠释与应用提供了空间。但《基本法》的上述规定如何落实《基

① 关于法律在实现平等原则方面的功能之详尽分析,请参见 Wilfried Schaumann:"平等及合法原则",邵子平节译,载荆知仁主编:《宪法变迁与宪政成长》,(台湾)正中书局 1981 年版,第 478—485 页。

本法》之"自由民主宪政秩序"以及防范立法上的不宽容，确是一项未尽的事业。为此，德国联邦宪法法院通过一系列判例，确立了禁止恣意的宪法原则，从而为立法上的平等释义提供理论支持。对此，德国联邦宪法法院指出，立法者假若想要对同等事务予以差别对待，需要找出一个一般说得通、普遍被接受的理由，否则立法者之法规范就是一意孤行、恣意妄为，即违反平等原则。禁止恣意原则支配德国《基本法》平等释义，几乎与平等原则同义。①

从德国《基本法》的规定以及联邦宪法法院的《基本法》实践来看，虽然宽容理念并没能够被确立为一个宪法上的宽容原则，但其作为宪法的基本要求还是得到了普遍的认同，受到了应有的重视和诠释。德国《基本法》第 1 条第 1 款、第 2 条第 1 款、第 3 条第 3 款以及第 33 条第 3 款②，通过德国联邦宪法法院的一系列判例，被认为是体现了宽容的宪法价值决定。它作为"自由民主的重要原则"③，既是"国家接纳人民、团体不同见解之必要形式"④，也是"扩大保障而非限缩基本权利之依据"⑤。

---

① 参见法治斌、董保城：《宪法新论》，(台湾)元照出版有限公司 2005 年版，第 246 页。

② 德国《基本法》第 1 条第 1 款：人之尊严不可侵犯，尊重及保护此项尊严为所有国家机关之义务。第 2 条第 1 款：人人有自由发展其人格之权利，但以不侵害他人之权利或不违犯宪政秩序或道德规范者为限。第 3 条第 3 款：任何人不得因性别、出身、种族、语言、籍贯、血统、信仰、宗教或政治见解而受歧视或享特权。任何人不得因其残障而受歧视。第 4 条第 1 款：信仰与良心之自由及宗教与世界观表达之自由不可侵犯。第 33 条第 3 款：市民权与公民权之享有，担任公职之权利及因担任公务而取得之权利，与宗教信仰无关。任何人不得因其信仰或不信仰某种宗教或哲学思想而受歧视。

③ 转引自李震山：《多元、宽容与人权保障——以宪法未列举权之保障为中心》，(台湾)元照出版有限公司 2005 年版，第 75 页。

④ 同上。

⑤ 同上。

四、保持自由和平等间的适度平衡:社会法治国原则作为宪法根本原则

形式平等与实质平等的分野,在 20 世纪 70 年代古典自由主义与新自由主义的论争中得到了具体的呈现。依托近代宪法所确立的自由法治国原则产生的平等是一种"形式平等",是法律面前的自发的社会秩序中的机会平等。这种机会平等并不问站在现实起点上的具体的"人"是否具有对等的前提条件,更不问自由竞争之后的结果是否平等,其实质乃是保障人人享有的自由权利(人权)。与其说它是平等的观念,不如说它是自由的观念。

这种法治观念所追寻的形式平等,更加注重自由人是否具有同等的竞争机会,从而在形式法治的合法性外衣下出现了非自然的,甚至是人为的不平等——结果上的不平等。这种不平等使得人们努力追求的机会平等,开始部分地走向它的反面,成为施特劳斯所言的"不宽容的源泉"。在法治国原则下,宽容理念被认为早已蕴涵于公平与责任原则之中,但是单纯地保障这种自由意义上的平等,有可能导致社会整体意义上的不平等和不宽容的状况。唯一能够对它进行纠偏的也就只能是实质平等(公平责任)的追寻。

在现代福利国家的背景下,"实质平等"的主张开始受到重视。实质平等与形式平等相对应,是指根据每个人的不同属性分别采取不同的方式,对作为每个人的人格发展所必需的前提条件进行实质意义上的平等保障。简单讲就是具有正当性为宪法所允许的差别对待;换言之,符合实质正义的不平等。[①] 但是,对实

① 吴庚:《宪法的解释与适用》(上),(台湾)三民书局 2004 年版,第 182 页。

质平等的追寻并不意味着要否认“形式平等”。因为历史经验一再告诉人们，如果偏离宽容理念的指导，过度追求实质平等（公平责任）的理想，必将摧毁平等观念赖以建立的自由的大厦，从而使其走向自由的反面。作为一项法律原则，平等是建立在个人的权利基础之上的，无差别的平等之所以是“不宽容的源泉”，是因为这样的观念必然意味着否定平等观赖以存在的人权基础，并进而否定或排斥人的多样性之事实。

从人权的历史哲学来看，人的多样性事实本身并不意味着只需保持“实然意义上的”、“以个人自由为基础”的平等就能够实现人类幸福的终极理想。因为个人权利和自由如果仅仅建立在“人与人分离的基础上”，而不是建立在“人与人结合起来的基础上”，就是狭隘的、封闭在自身的个人的权利。① 显然，即便是马克思主义的人权观也不否认人权制度，“并不排斥以自由、平等、民主、追求幸福等权利作为自己的实在法的原则和内容”，而是“试图克服近代人权概念的狭隘性、局限性”。② 社会主义乃至共产主义，不过是克服西方近代人权制度的狭隘性和局限性的一种手段，社会主义制度同资本主义制度一样，同样应当能够防范西方近代人权制度的不宽容的一面，而不是彻底地否认人权制度本身。

社会主义制度既然不否认人权制度，同时又能够防范人权制度不宽容的一面，那么必然意味着承认多样性而不是试图牺牲多样性。从社会主义经济制度的设计来看，如果承认公有制是防范

---

① 参见《马克思恩格斯全集》（第一卷），人民出版社 1972 年版，第 438 页。

② 参见夏勇：《人权概念起源——权利的历史哲学》，中国政法大学出版社 2001 年修订版，第 214 页。

人权制度不宽容的制度设计的话，那也应当承认私有财产制是保障人权的必要补充。但是，如果承认人权的多样化特别是基本经济制度的多元化，那就意味着不同类型的人权乃至不同的经济制度之间会发生冲突。在解决这种冲突上的那种“是”或“否”的“两者择其一”的观念，只会带来“生活及文化的平整化和空洞化”，是一种“多样性的牺牲”。①

由此看来，社会国与法治国之间是存在张力的，一如自由与平等之间所存在的张力那样。社会法治国原则不过是对法治国原则的一种“纠偏行动”，即将谋求福利社会的社会国原则与追求形式上平等的法治国原则进行统一和平衡。在观念上，人们更加能够接受社会法治国原则，因为它是符合宽容理念要求的。或者说，该原则及其制度保障让人们产生一种期望，即在追求形式平等的法治国原则与追求实质平等的社会国原则之间保持某种平衡，以防范来自国家和社会的两种形态的歧视与不宽容的发生。

当然，法律毕竟不是万能的，实质平等（公平责任）在法治乃至宪政的架构内也只能实现其部分的功能，它无法完成宽容理念的更多要求。对于个人的人格发展需要的前提条件而言，实质平等是无法通过法律的形式予以具体明确的。而通过积极权利来实践实质平等的主张并不总是有效，因为积极人权的宪法保障通常依赖一国的环境资源、经济和文化条件，如果欠缺了上述条件，就会变成无法实现的宪法政策。我国 1982 年《宪法》总则部分第 14 条第 2 款（《宪法》增修条文第 23 条）、第 19 条、第 21 条和第 26 条的规定，除了可以作为宪法未列举权利的宪法政策依据外，其与“法律面前人人平等”以及“建设社会主义法治国家”的宪法规范

---

① 〔德〕考夫曼：《法律哲学》，刘幸义等译，法律出版社 2004 年版，第 417 页。

条款间的关系,按照宽容理念是否可以推导出社会法治国原则值得认真推演与思考。其中,上述条款都涉及不少宪法上的不确定性法律概念,而目前并没有相应的宪法解释机制对此给予回应,这在某种程度上限缩了该条款的解释空间。

第三节 宽容的界限及其程序性要求 ——以权力和权利的关系为向度

在纯然私的领域,宽容通常被看作一种美德,甚至在处理公共事务时被当作是容忍原则(toleration principle)。但在公的领域,宽容就具有很高的价值,成为处理国家与个人、自由与平等、权利与权力间关系的核心理念。① 从终极意义上来说,国家存在的目的应以组成国家的公民的最大幸福为己任,国家的目标是共同的行动或合作绝不是建立起某个真理,更不是通过强制个人放弃错误的信仰和采纳正确的信仰来将这一真理强加于人。② 否则,国家将走向人民的对立面,成为黑格尔所言的那样一个"超验的实体"。

因此,必须为保持国家的宽容而确定一些权力约束的原则,并通过保护那种思想自由、信仰自由乃至表达自由及其权利来予以落实。但这只是防范权力持有者不宽容的一个方面。在防范权利持有者如不宽容的宗教团体、鼓吹政治革命的政治团体的不宽容方面,仍然会遇到很大的困难。因为基于同样的理由,国家

---

① 纯然私的领域是指纯粹私人(团体)关系的领域,该领域通常与公权力无涉。与此相对应,纯然公的领域是指纯粹公权与私权的关系领域。

② 参见〔法〕莫妮克·坎托·斯佩伯:"我们能宽容到什么程度",钟良明译,《第欧根尼》1999 年第 1 期。

存在的目的既然以公民的公共福祉为己任，那就意味着，国家可以采取必要的手段（在法治原则下采取法律限制的方式）防范公民和社会团体的不宽容。这真是一个两难的选择，因为权力的本性总是倾向于被滥用，而权力一旦被滥用，就会像脱缰的野马，随意践踏那已经建立起来的“权利的大厦”。

一、宽容在宪法上的界限

宽容作为宪法的客观精神而发挥功用似乎并无疑义，但它一旦被当作一种价值要求，成为宪法解释学上的依据，就应当受到一定的限制。因为与自由相类似，不加限制的宽容会击溃宽容本身。波普尔在《开放社会及其敌人》一书指出：

> 如果我们把无限制的宽容甚至扩大到那些不宽容者身上，如果我们不准备保卫宽容的社会，使之免遭不容忍者的侵犯，那么，容忍者就会被消灭，容忍亦随之不复存在。[①]

波普尔的上述观点虽然正确，但如果不加限制地对不宽容者施加不宽容而将其推到极致的话，同样也会击溃宽容本身。因为同正义问题一样，在具体事项上人们通常无从了解“宽容是什么”以及“应当对谁宽容”，或者说，人们在遇有具体情事时根本无法达成一种宽容的社会共识。

可见，对不宽容者不宽容同样是有条件的。这个条件与波普尔划分开放社会与封闭社会的标准有着紧密的关联性。在波普尔看来，政治制度的推翻对于开放社会而言（即政府的合法更迭）

---

① 〔英〕卡尔・波普尔：《开放社会及其敌人》，杜汝楫等译，山西高校联合出版社 1992 年版，第 326 页。

是不需要流血的，而对于封闭社会则在所难免。波普尔的宽容原则以及他的“对不宽容者不宽容”的论断，是建立在他的开放社会和认识论原则基础之上的。即在争辩双方不能保证自己正误的情况下，只有在讨论的基础上才有可能使自己的观点更接近真理。他之所以主张民主制的宽容限度在于不能宽容那些反对民主制的人，其目标直指法西斯主义。

在一个开放社会，如果抛弃“政治先于法律”的观念而将宽容运用于法治实践的话，宽容原则就应限制在最低水平，不能以对不宽容者不宽容为理由来剥夺反对者的声音。在美国学者约翰·罗尔斯看来，“虽然不宽容团体自身没有权利抗议对它的不宽容；但只有当宽容者真诚地、合理地相信他们自身和自由制度的安全处于危险之中时，他们才应该限制不宽容团体的自由。只有在这种情况下，宽容者才可以压制不宽容者。最主要的原则是要确立一部具有平等公民权的各种自由的正义宪法”①。

此种自由的正义宪法，如我在本书第四章第四节所分析的那样，应当是一部体现程序正义的宪法（罗尔斯将其称之为“不完善的程序正义”）。在这样的一部正义宪法中，宽容的正当性声明是在一种相互对立的关系中通过正当的程序获得的。但正义的程序并不一定会导向公平的结果，过于相信程序就会忽视正义的内涵与经验，一如目前行政法学上的平衡论。②

所以，必须为正义的程序理论补充一些原则。这些原则主要是论证原则、共识原则以及无法避免错误原则，其目的在于能够

---

① 〔美〕约翰·罗尔斯：《正义论》（修订版），何怀宏等译，中国社会科学出版社 2009 年版，第 172—173 页。

② 平衡论在行政法学上的引入，受到了行政法学界一些学者的重视，但它作为一种哲学上的方法论，只有在实践理性原则下，依据正当程序方能获得其正当性声明。

获得一些理性的基本价值认识。① 此等理性价值认识(主要是自由、民主之共识)在宪法之正义程序的链接下构成一宪法秩序。这些理性价值所构成的宪法秩序具有一种关系性质,即人与人之间的关系性质。因为,法律是由"使每个人取得他作为个人所应得的"来正当化的。在这里,人既是目的又是关系。所以,以人为理论基础的法律必须是体现某种程序正义的"人性的法律"。

既然宽容被认为是正义宪法的精神所在,那么只有依赖一个合乎宽容理念要求的宪法秩序(主要表现为体制宽容、制度宽容和正当程序价值要求的制度架构,详细阐述请参见本书第四章第二节、第三节和第四节),方可导出宽容的界限。也就是说,必须在一部具有平等保护公民权的宪法下才能获得压制不宽容者的正当理由;否则,所谓宽容的界限就容易成为不宽容的借口了。

正义宪法的人权条款可以被看作确立"宽容的界限"的一个重要依据。立宪主义发展较早的英美法系国家,如英国和美国,在民主受到宪政制度有效约束的情况下(如我在本书第四章所详细讨论的那样,主要是体现为一种宽容的宪政体制),其天赋人权理论和人权之宪法原则,通常被看作宽容的一个基本界限,也就是说,践踏(天赋)人权者是不能被宽容的。即便是以宽容的借口,自由主义也无法容忍少数人群体侵犯其成员人权的做法。而在属于大陆法系的德国,其《基本法》将"《基本法》之宪法秩序"作为宽容的界限,②而我国台湾地区学者李震山称其为"自由民主

---

① 关于这三项基本原则的详细阐释,参见〔德〕考夫曼:《法律哲学》,刘幸义等译,法律出版社 2004 年版,第 400—403 页。

② 德国《基本法》第 2 条第 1 款规定:"人人有自由发展其人格之权利,但不以侵害他人权利或违背合宪秩序或公序良俗者为限。"第 9 条第 2 款规定:"结社之目的或其活动与刑法抵触或违反宪法秩序或国际谅解之思想者,应禁止之。"第 20 条第 3 款规定:"立法应受合宪秩序之约束,行政应受法律及法之约束。"

宪政秩序”。[①] 至于何谓“《基本法》之宪法秩序”或“自由民主宪政秩序”，德国宪法法院通过司法实践发展出扩张型、限缩型和折中型三种类型，这三种类型被统摄在客观价值秩序或价值体系之下，已成为自由民主宪政秩序的核心内涵。至于德国《基本法》第9条第2款所规定的“国际谅解之思想”，可否被看作宽容的基本要求，并进而推导出对于“不宽容的结社自由”应当禁止的意蕴，仍然存有一定的争议。[②]

我国1982年《宪法》以及其后的四次修正案并未如德国《基本法》那样，确立一个“《基本法》之宪法秩序”或“自由民主宪政秩序”作为宽容的界限。但很显然，我国1982年《宪法》及其后的四次修正案所确立的宪法文本已经内含了限制权力、保障公民基本权利的思想。“尊重和保障人权”和“建设社会主义高度民主”的宪法规定，可否看作一种保持权力与权利之间平衡的“宪法秩序”，并据此推演出一个宽容的界限，值得反复考量。

二、宽容界限形成的程序要求

要使宽容及其原则成为扩大而非限缩基本权利的重要依据，在纯然价值的层面上，只有在保持权力和权利之间平衡的情形下始能得以落实。而要保持权利与权力以及保持民主多数与尊重少数之间的平衡，恰如李震山教授所言：“或许只有求助于正当法律程序的法律要求，即在对公民基本权利作成诸多界限之前，是否已经透过实质公正、公开、参与的正当程序完成，是在人民知情，充分沟通下获得的共识之界限，才有良性循环的可能，而正当

① 参见李震山：“论宽容与宪法”，载刘幸义主编：《多元价值、宽容与法律：亚图·考夫曼教授纪念集》，(台湾)五南图书出版公司2002年版，第416页。

② 参见同上书，第417—418页。

法律程序，自然应当内含着尊重与宽容的因素。质言之，宽容界限在实质上有其必要，但其形成的正当性在于程序，即其形成过程是合乎程序正义的。”①

“正当法律程序”(Due Process of Law，照字义可以解释为法的正当程序)一词可以追溯到14世纪英国的宪法文件。② 作为一种可靠的“辩护性论证”，程序正义显然是各宪政国家对基本权利进行限制的一个基本限制。美国《宪法修正案》第5条和第14条被普遍认为是正当法律程序的宪法规定，是对立法的限制依据，即“国会不能随意通过立法来剥夺公民的自由和财产，而必须符合普通法”③。

我国宪法虽没有类似美国宪法增修条文关于正当法律程序的规定，但在学理解释上，学者们一般从《宪法》第27条、第2条和第5条导出正当法律程序原则，也有个别学者认为可以依据《宪法》第37条和第40条的刑事正当程序类推导出该原则。但在实际上，由于没有相应的释宪机制，正当法律程序无法通过个案司法解释或全国人大常委会的立法解释获得实然的效力，导致在基本权利的限制之限制方面，无法获得正当法律程序的宪法依据。

值得注意的是，即便是为宽容的界限提供正当法律程序的依据，程序的工具主义特性也可能导向不正当的目的，甚至成为非法目的的一个帮凶。所以程序正义必须辅之以“宪法共识”，才能在“容忍的原则”下允许个人或团体参与公开的讨论。或者说，宽容的

---

① 李震山：“论宽容与宪法”，载刘幸义主编：《多元价值、宽容与法律：亚图·考夫曼教授纪念集》，(台湾)五南图书出版公司2002年版，第419页。

② 吴庚：《宪法的解释与适用》(上)，(台湾)三民书局2004年版，第62页。

③ Eugene W. Hickok, Jr. (ed.), *The Bill of Right: Original Meaning and Current Understanding*, University Press of Virginia, 1991, pp. 220 - 222.

界限只有在“开放的正当法律程序”下形成，才有其实际的意义。

三、宽容作为扩大而非限缩基本权利之依据

作为一项基本价值诉求，宽容要求在权力与权利之间保持某种平衡。但是，由于权力总是存在被滥用的可能，所以在尚未建立宽容宪政体制的情形下，宽容就应当成为扩大而非限缩基本权利的依据。虽然这不是一种最为科学的考虑，但在权力与权利之间无法保持平衡的情形下，对此需要给予特别的强调。

通过权利来限制权力的宪法规范要求，虽然已经被证明并不总是很有效，但宪法基本权利和人权的规范条款却是用以防范权力和权力持有者不宽容的一个保证。虽然尊重和保障公民的基本权利本身已经内含着宽容的要求，但宪法的规定似乎又在提醒：任何权利的行使都应当有一个必要的限制，而这些限制本身是为防范权利和权利享有者不宽容的一个保证。

透过我国1982年《宪法》第33条第1款对平等权的限制、第4款对公民义务的宽泛性概括规定，以及第34条但书、第36条第3款与第4款、第37条第2款、第38条、第39条、第40条、第41条但书、第42条、第43条第2款、第46条、第45条与第49条对基本权利的显性限制与隐性限制，特别是第51条至第56条之限制公民基本权利的系列规定（涉及诸多不确定性法律概念），我们会发现，这些限制是如此的概括、全面与不确定（大量不确定性法律概念），使得公民基本权利在防范权力和权力持有者不宽容方面，无法真正发挥其制度功效。

造成上述规定的主要原因是，我国1982年《宪法》坚持的是一种“整体优先于部分（个体）”或“国家优先于个人（公民）”的观念。而该观念对于防范国家、组织或团体压制个人而导致的歧视

与不宽容方面无法全然发挥基本权利的限制功能。不过，鉴于宪法对于基本权利的上述限制大都建立在不确定法律概念的基础之上，且1982年《宪法》第33条第3款之宪法修正案，已经暗含“国家尊重与保障人权”的宽容义务，在立法和司法以及学理解释层面，是否可以依据宽容理念及其形成的宪法原则做出合理的解释，以使之成为扩大而非限缩基本权利的依据呢？

从我国以往的法律解释和宪法解释（基本缺失）中并未见有宽容、宽容原则、宽容要求等用语。不过，既然宽容理念（对于宪法的重要性）在今天开始为人们所津津乐道，并已经被经验地证明为宪法的客观精神，那么就一定能够依据它及其推演出的那些价值或原则（参见本书第三章第三节、第四章第二节），在宪法解释学中为基本权利的限制做出正当性的说明，使之成为扩大而非限缩基本权利的重要依据。

第四节　宽容与宪法未列举权利之保障

平等虽然被认为天然地含有宽容的意蕴，但平等权以及作为释宪的平等原则并不能全然落实宪法上的宽容，盖因尚有诸多宪法上未列举权利往往关涉歧视与不宽容的问题。对于这些权利主张，因立法尚未归类，平等权和平等原则并无运用的空间，而宽容理念及其原则具有很高的实用性，在宪法未列举权利的保障方面可以发挥无可比拟的作用。更为重要的是，这一运用对于宪法的开放性及其变迁而言，有着更为深远的现实意义。

一、宪法未列举权利之界定

宪法未列举权利的界定问题关涉的问题不少，其中的两个主要议题是：何谓宪法未列举权利？以及哪些权利属于宪法未列举权？这两个方面的议题在当今的国内学术界较少有人关注[①]，而将宽容理念与宪法未列举权利的界定问题进行关联考察，更是无人涉及。

（一）宪法未列举权利的范围

何谓宪法未列举权利，这在学理上仍然是一个悬而未决的问题。从字面上来看，所谓宪法未列举权利是指宪法没有（明示）列举出来的权利。它与宪法所明定的权利形成一种对照，所以这种权利也可被称之为"未名权"。但是，是否宪法没有明文规定的权利就属于宪法未列举权利呢？比如生命权，虽然很多国家的宪法并未将其明文规定，但却是世人皆知的人的固有权利，一种与生俱来、先于国家而存在的权利。再比如研究自由权，在名称上属于宪法上的新的自由权利，但在实质上它属于宪法明定之表达自由权的一种，因而并不属于真正的宪法未列举权利。这些权利虽然属于形式上的"未列举权利"，但仍属于实质上的宪法明示的权利应无疑问。特别是，自我国《宪法》"第四次修正案"（《宪法》增修条文第 24 条）将"国家尊重与保障人权"写入宪法以来，像生命权、诉权等固有权就完全可以依据上述条款予以导出，从而获得宪法上的规范依据（遗憾的是，由于释宪机制一直未能开启，学术界对此问题的讨论并未出现）。所以，宪法未列举权利是不应当将上述固有权和派生权利包含在内的。那么，宪法未列举权利应该包括哪些呢？

依据我国台湾地区学者李震山教授的研究，宪法未列举权利主要包括两大类：一是半真正未列举权；二是真正未列举权。[②] 半

---

① 韩大元教授的《宪法学基础理论》一书曾设专节对此予以讨论，而其他的宪法学著作少有提及。

② 参见李震山：《多元、宽容与人权保障——以宪法未列举权之保障为中心》，（台湾）元照出版有限公司 2005 年版，第 19—21 页。

真正未列举权是指那些权利内容已经部分列入宪法明定的权利保障范围内，但仍有一些权利内容没有被宪法所明示的权利，比如社会权、健康权、教育基本权和环境基本权等，这些大都在我国宪法总纲中以宪法基本政策的方式予以明示保障。① 半真正列举权大都具有社会经济文化权利的属性，这些权利的保障通常仰赖国家的社会经济和文化发展水平。虽然这些权利的保障可以获得宪法政策的依据，但就其作为权利形态而言，如果不能获得基本权利属性上的肯认的话，宪法政策的保障就难以真正地落到实处。真正未列举权是指那些宪法没有明示列举、不具有固有权的性质、无法由宪法明示的权利，以及无法由宪法政策予以导出的权利，比如契约自由权、合理抵抗权、婚姻家庭权等。这些权利是否能够通过对《宪法》增修条文第 24 条（《宪法》第 33 条第 3 款）导出，似乎只有通过宪法解释方能完成。真正未列举权不属于常见的基本权利形态且常常与歧视和不宽容发生勾连，如同性婚姻的问题。

纯粹的宪法未列举权利指涉的是上述半真正列举权和真正列举权。不过，由于长期以来我国基本权利的实践并未真正走入实证层面的宪法秩序②，在宪法未列举权利的界定上采取广义的

---

① 参见我国《宪法》第 14 条第 2 款（增修条文第 23 条）、第 19 条、第 21 条、第 26 条的规定。

② 考夫曼教授指出，法律秩序存有一种阶层构造（这个字应该像图像式地加以理解），第一个阶层由抽象的——普遍的，超实证的及超历史的法律规则构成；第二个阶层为具体化的——普遍的，形式的——实证的，非超历史的，但对一个或多或少长久的时期（“制定法时期”）有效的法律规则（法律规范）；第三阶层为具体的、实质的——实证的，历史性的法律。或者简言之：法律原则（法律理念）——法律规范——法律判决。（〔德〕考夫曼：《法律哲学》，刘幸义等译，法律出版社 2004 年版，第 123 页）。虽然宪法规范不同于一般的法律规范，但宪法秩序同样处于上述阶层构造之中。

概念似乎更为妥当，亦即将宪法未列举权利界定为宪法上的“未名权”，既包括像生命权这样的固有权，也包括像研究自由权这样的派生性权利，更包括前面已述及的“半真正未列举权”和“真正未列举权”。如此一来，现行《宪法》因增修条款第24条(《宪法》第33条第3款)而成为一个开放的权利体系，并使未列举权利成为宪法基本权利开放体系的一个重要组成部分，基本权利保障的范围将更为全面应无疑义。

(二)宪法未列举权利的界定依据

在一个开放的宪法基本权利体系中，是否所有权利都可以以宪法未列举权利的名义上升为宪法上的基本权利，值得认真探讨。进一步来说，如果所有的宪法未明示列举的权利都可以“假定”为宪法未列举权利，将在某种程度上混淆宪法权利保障的权威性，甚或降低宪法的权威。而这样的观念在学理上很容易导致恣意和主观，并产生不小的负面效果。

按照上述广义的宪法未列举权利的范围界定，判断某项公民权利是否为宪法未列举权利，除却考虑人权的固有权性质的情形外，应当首先考虑该权利是否已经具备人权或基本权利的品格，亦即“检视该项权利的普遍性及不可侵害性”①。但是，现代人权保障的实践表明，上述保障依据仍然需要做出某种修正，比如在关涉人性尊严的情形下，一些公民的权利虽然并不具备普遍性和不可侵害性的全部特征，但却可以依据“人性的尊严”而获得人权保障的正当性依据，除非该权利的行使会严重地侵

① 我国台湾地区学者李震山教授指出：“在开放体系中，得成为权利者固然皆应受保障，但并非每项人民权利之保障皆可或皆必须提升至宪法保障层次，必须检视该项权利是否已具有普遍性及不可侵害性……”李震山：《多元、宽容与人权保障——以宪法未列举权之保障为中心》，(台湾)元照出版有限公司2005年版，第40页。

害到社会秩序与社会公共利益。[①] 以下对这些确立依据做一简略说明：

1.权利的固有权性质作为宪法未列举权利的依据

以固有权的性质作为确立宪法未列举权利之依据的，如生命权。作为宪法未列举权利，其完全可以由其固有权的性质导出。这种权利"不待明文规定而自明"，宪法对其没有明示列举，并不意味着它不重要，而是有意省略或遗漏，应该说来是没有什么异议的。

2.权利的普遍性及不可侵害性作为宪法未列举权利的依据

可依权利的普遍性及不可侵害性作为宪法未列举权利之确立依据的，如隐私权。隐私权原被认为是人格权的一个重要组成部分，但它能否取得基本权利的品格以作为宪法未列举权利予以保障，应当考量该权利的普遍性及不可侵害性。也就是说，一项权利尽管可以由宪法上明示的权利推衍出来，但如果该权利已经具备普遍性与不可侵害性，则可以考虑将其作为宪法未列举权利予以保障。又如资讯权。该权利虽然无法通过宪法明示的基本权利予以导出，亦不属于传统上的固有权，但在当今这个信息高度发达的社会，获取信息几乎是每个人保持其个体自由与权利的

---

① 李震山教授认为宪法未列举权利保障的实质要件有三个：一是该自由与权利已具有基本权利之品质；二是该自由与权利之行使不妨害社会秩序与公共利益；三是不妨害合宪秩序（参见李震山：《多元、宽容与人权保障——以宪法未列举权之保障为中心》，（台湾）元照出版有限公司2005年版，第40—53页）。对此我不敢苟同，因为任何权利和自由的行使都有可能"妨害社会秩序与公共利益"或"妨害合宪秩序"，"不妨害社会秩序与公共利益"以及"不妨害合宪秩序"并非宪法未列举权利的确立依据而是限制依据；"社会秩序"、"公共利益"和"合宪秩序"都属于不确定性法律概念（"合宪秩序"的法律概念见于德国《基本法》第2条第1项），容易成为限缩而不是扩大基本权利的借口。

一个基本前提，已然具备权利的普遍性及不可侵害性，在没有通过修宪的方式将其确立为基本权利的情形下，应通过释宪的方式将其确立为一项宪法未列举权利予以保障。

3.“人性尊严”作为宪法未列举权利的依据

在通常情况下，权利的固有权性质和权利的普遍性及不可侵害性乃是宪法未列举权利的两个重要的确立依据。但在个别的情形下，一些权利虽然既不属于传统上的固有权，也不具备普遍性和不可侵害性，但由于关涉人性的尊严问题，在不严重侵害社会秩序与公共利益的情形下，是否可以由此导出是值得期待的。值得注意的是，如果将人性的尊严作为未列举权利的确立依据，因该权利通常并不具备普遍性和不可侵害性之品质，需要考量该权利是否会严重侵害到社会秩序与公共利益。

二、宪法未列举权利保障与宽容

从前述的分析可见，在人权问题受到普遍重视的当今社会，宪法未列举权利特别是那种固有权性质的未真正列举权，虽未经宪法的明示列举，但仍属宪法的基本权利范畴并应该受到国家的保护，应无疑问。而对于那些主要仰赖宪法政策保护的半真正列举权和真正未列举权，如果通过释宪的方式给予确认的话，同样将取得与宪法明示的基本权利相同的保障地位，即可以通过平等原理及合宪性判断的方式获得基本权利的保障。但是，这是否意味着宽容的宪法价值要求在解决此类问题方面并无实际的意义呢？

要阐释这一问题，需要从两方面来说明：一是宽容理念在传统宪法学的基本权利保障领域，其特殊的应用空间在哪里？二是对于宪法未列举权利而言，宽容理念的重要性是如何凸显出来的？为什么它在这一方面具有更为广泛的运用空间和更为重要的现实意义？

第一个问题，即宽容理念在宪法基本权利保障领域的特殊应用空间问题。宪法明示列举的公民基本权利（包括未真正列举权）完全可以依据已有的宪法规范获得保障。但问题是，这些权利的内涵随着时代与科技的变化已经发生变化，可谓“老权利，新内涵”。而对于这些权利的新内涵之保障而言，运用传统的基本权利保障思维和理论论证方法已经难以奏效，且容易发生危险。

以生命权保障为例，在现代科技条件下，“克隆人”问题已成为一个生命权保障的现实问题。“克隆人”问题涉及科技与伦理的关系（实质正义、公益正义及伦理），两者间具有一种“相互依赖的结构”。这种关系很容易产生一种“戏剧性的极端”，即科技实验常常伴随着不确定性，而且经常发生损害后果的危险性。反之，生物科技物质如果发生事故，将会引发无法回复的程序，爆发不确定的损害。因而发生如下的两难困境：生物科技方法所产生的后果经常是在无法避免的时候才被预知；由于这些后果在事前还无法予以定义，因此也就无法认定其为允许或是禁止。[①] 如果要对“克隆人”等生物科技问题进行正面论证的话，在论证理论上人们将无法从法律哲学上的那些基本原则，如平等对待原则、公平原则、责任原则、自治原则等，按照“非此即彼”的演绎思维进行“涵摄”，而对这一问题的解决，宽容原则可以扮演重要的角色。[②]

---

① 参见〔德〕考夫曼：《法律哲学》，刘幸义等译，法律出版社 2004 年版，第 433、434 页。

② 参见同上书，第 436 页。

第二个问题，即宪法未列举权利保障与宽容的关联性问题。该问题牵扯面很广，涉及民主制度是否支持多元价值体系的问题、宪法解释的正当性问题、法外空间等，在此无法一一阐释和说明。但需要强调的是，除去那些立宪者遗漏或无须列举的固有权以及宪法基本权利可以推衍出来的权利外，诸多宪法未列举权利都事涉伦理、科技、心理等方面的问题，并非单纯的宪法问题。对这些权利的保障，大都无法按照“非此即彼”的演绎思维进行“涵摄”，而对这一问题的解决，宽容原则具有更为广泛的运用空间和更为重要的现实意义。

以同性恋者的家庭权为例，从宪法上的平等权出发，显然无法找到限制或禁止同性之间相互爱慕的强有力理由，但如果涉及同性婚姻，就会触动基本权利与婚姻家庭制度之间的紧张关系。如果按照以往的做法给予平等的权利保护，因其事涉伦理、秩序与家庭权保障，难免造成不同价值观之间的激烈冲突。同样，如果不给予平等的权利保护，是否会极大地侵害这些(非主流价值)少数人做人的尊严？

三、宪法未列举权利保障之实践举例

在解释清楚宪法未列举权利及其与宽容理念的宪法关联以后，如何实现对这些权利的保障就成为一个宪法学上的重要议题。在我国宪法领域内，宽容理念的运用实例较多，从宪法广义上的未列举权利出发，涉及生命权、健康权、人性尊严权、合理抵抗权、诉权，等等，不一而足。以下仅就作为宪法未列举权利的生命权和合理抵抗权为例展开阐述和讨论。

(一)生命权及其保障

从基本权利的视角来看，生命权是一种以生命存在为重点的保障形式,它以生命存在权为其首要内容。① 我国台湾学者李震山亦指出:“从法理上,生命权之保障是侧重生物学上、物理学上肉体层面之生命,以其存在为重点。”②

鉴于学界通常在“死刑存废”、“安乐死”、“克隆人”等问题上与生命权之间建立逻辑关联性,以下仅以“死刑存废”问题、“安乐死”问题为例进行学理分析,以便从中把握宪法意义下的宽容在解决此类与生命权有关问题时的作用机理,并试图从另一个侧面回应宪法学界对此问题的一些见解。

1.“死刑存废”问题

生命是否可以被剥夺的问题,同西方传统上自由能否被干涉的问题一样古老。在西方立宪主义发展的初期,生命、自由和财产被认为是一种天赋人权,不受国家公权力的任意干涉。但是,由于“死刑存废”问题“事涉伦理、宗教、哲学、政治等价值观,非单纯法律问题”③,因而在不同领域依据不同的价值观念,会得出不同甚或截然相反的结论。

目前的主流观点似乎认为,国家可以在必要的、合乎正义的情形下对个人的基本权利予以干涉。在一个宪政国家和法治社会,当

---

① 一般认为生命权有三个层面的内容,即生命存在权、生命安全权和生命救济权。但也有学者认为生命救济权不属于生命权的内容,它属于对生命权的救济方式,并不属于生命权本身。认为将权利的救济方式与权利的内容混为一谈在逻辑上是行不通的。生命保护请求权或生命救济权,至多只能是生命权派生出来的权利,而且任何权利都有一个请求权或救济权的问题,故将它们视为生命权的救济方式更为妥当。参见张千帆主编:《宪法》,北京大学出版社 2008 年版,第 172—173 页。

② 李震山:《人性尊严与人权保障》,(台湾)元照出版有限公司 2000 年版,第 134 页。

③ 李震山:《多元、宽容与人权保障——以宪法未列举权之保障为中心》,(台湾)元照出版有限公司 2005 年版,第 106 页。

出现侵害他人生命权的情形时，要求国家公权力必须在宪法的框架内、在法律所赋予的权限内按照严格的法律程序行使干涉，或依据法律规定予以正当性剥夺。从目前的《公民权利和政治权利国际公约》第6条第2款、第3款、第4款、第5款和第6款来看，似乎是规定生命权“不得任意剥夺”，而将废除死刑作为一种理想。从世界各国的宪法规定来看，在尚未废除死刑的国家，为防止公权力的滥用，通常还设置了严格的程序性控制措施，典型的如美国《宪法》“第5条修正案”之“正当法律程序”的规定。不过，也有不少国家废除了死刑制度，如澳大利亚、菲律宾、土耳其等。

我国台湾地区学者李震山教授认为，“死刑存废”首先涉及价值绝对化与价值相对化的问题，而这一问题与国家是否采取“价值中立”的立场有着紧密的关联性。倘若国家采取价值中立的立场，那么死刑存废问题便具有相对性，因其必须依赖一国之民意表达，将其反映在立法政策上，而不是依据宪法学者或刑法学者的专业见解。倘若国家采取非价值中立或价值拘束主义的立场，那么国家就可以将价值判断导入立法政策中，或者如德国联邦宪法法院通过“吕特案”的判例形式，以个案之方式予以具体落实。①

就国家价值中立的立场而言，“国家中立的思想是自由主义结构性原则之一，其内含着对多元价值的尊重与宽容之次原则”②。但恰如李震山教授所言，国家公权力如若依据民意而“杀人”，“是否与多元、宽容精神相契合，值得反复思考”③。而就价值

---

① 对此，李震山教授指出：“主张罪犯之生命权应绝对保障者，最具说服力的是，死刑存在甚多无法褪去的疑虑，包括误判、无法再社会化、国家社会相对责任、以暴易暴等。”李震山：《多元、宽容与人权保障——以宪法未列举权之保障为中心》，(台湾)元照出版有限公司2005年版，第107页。

② 同上。

③ 同上。

拘束主义的立场而言，特别是德国联邦宪法法院以人格与尊严为中心所建立的“客观价值秩序”理论，从人性尊严和生命权先于国家而存在的价值立场出发，其所强调的是一种绝对平等的观念，更自是宽容精神的体现。因为宪法精神往往与伦理道德相一致，它是贯通伦理与法律的桥梁。传统上那种“杀人偿命”的观念是一种不宽容的观念，应无异议，但同样吊诡的是，对于那些不宽容的个人给予宽容，是否会助长不宽容，甚或成为社会“不宽容的源泉”呢？相似的如行政法领域中“妓女是否应该禁止”的问题。

如果将上述两种做法加以绝对化，就会走向其反面，而使其成为“不宽容的源泉”。这真是一个两难的选择。聪明的做法似乎是，在坚持国家中立的立场上，体现对多元价值的尊重与宽容。至于“是否应当存废”的问题，在司法中进行政策的简单引导。这样一来，国家便可以在坚持价值中立的立场下有所作为，这种作为更多地体现为一种包容并蓄的文化软实力，从而最大限度地保持国家与社会的和谐。

在我国，生命权保障通常被学者认为是与“死刑存废”问题有关。如有学者认为，死刑是剥夺生命之刑，它意味着国家权力对生命权的剥夺。如果生命权已经成为一项宪法基本权利，那么国家是否有权剥夺罪犯的生命权，剥夺生命权的死刑制度是否违宪，这是不能不讨论的生命权问题。① 这种观念目前在学界仍然占主流，盖因生命权可以被拿来为“死刑存废”问题说事。

从规范宪法学的视角来看，生命权的有无并非是决定“死刑存废”问题的唯一因素，或者说并无逻辑上的必然关联。那种认为“将生命权作为一种宪法性权利，就应当废除死刑”的观点在逻

---

① 张千帆主编：《宪法》，北京大学出版社 2008 年版，第 173 页。

辑上是不成立的。因为我们也可以基于同样的逻辑，从其他基本权利那里推导出类似的结论。比如，某个公民甲对公民乙限制人身自由，依据上述逻辑自然也可以由“公民乙享有人身自由权”推导出“国家不得限制公民乙的人身自由”的结论。美国没有废除死刑，并不是说美国没有将生命权看作一项基础性人权，而是说美国在面对死刑问题时考量了诸多因素，特别是宽容精神能否被社会公众所接纳以及接纳的程度如何的问题。

不过，就作为消极权利的生命权而言，国家断无非法干涉的权力存在的正当性，除非国家为了维护共同体利益的需要，即被各国刑法规定的那种严重危害社会或他人人身的犯罪行为，国家才有适用死刑的合法性和正当性。诚如伏尔泰所言：“不宽容而又合理合法，这几乎是仅有的事例。”①

2.“安乐死”问题

有学者将“一定的生命自主权”纳入生命权的范畴。② 在国外，这种权利通常被称为“生命自我决定”的权利，并认为这种“生命自我决定”的权利是一种与生命有关的自由权，并非生命权的内容。

“安乐死”是指濒临死亡的人在无能力结束自己生命的时候“安乐地死去”，它通常可分为“本意安乐死”和“非本意安乐死”两种。其中，“非本意安乐死”并不属于“生命自主权”的范围，将其界定为一种生命自我决定权或生命自主权显然是不妥当的，因为这并不能体现权利人的主观意志。至于“本意安乐死”，虽然是权利人主观意志的体现，但其实现却依赖于外力的作用，与通常意

① 〔法〕伏尔泰：《论宽容》，蔡鸿滨译，花城出版社 2007 年版，第 137 页。

② 该观点认为，所谓一定的生命自主权，是指为免除难以忍受的极端痛苦，患有不治之症的垂危病人有权依照严格的法定条件选择“安乐死”。“安乐死”应当成为一种权利。参见张千帆主编：《宪法》，北京大学出版社 2008 年版，第 172 页。

义下主观意志与行为能力的紧密关联性相冲突。因为任何权利人放弃权利,除有意思表示之外,还需要相应的权利能力和行为能力,而且意思表示与行为能力在通常情况下是不可以随意分离的。美国1990年联邦最高法院在"克鲁赞诉密苏里州案"中,首次承认具有行为能力的人享有选择死亡的宪法性权利,就是一种较为谨慎的做法(类似做法如荷兰、比利时)。

将生命自我决定权纳入生命权的内容范畴违背一般的法理论。不仅如此,"安乐死"还通常涉及道德和伦理问题,且与他人的行为与意志有关,处理不当极容易侵害生命存在权。同时,如果宪法并未赋予个人生命自我决定的自由,他人就断不存在侵害其生命权的权利,即便是基于双方合意(契约)的理由。因为契约自由是一种基本的民事权利,而非一种宪法基本权利,自不能将其凌驾于宪法基本权利之上。

因而,以宪法之宽容理念及其形成的原则而非人权原则为依据,将生命自我决定权界定为生命权的内容并不利于生命权的保护,将其界定为一种自由权利并给予严格的法律限制,似乎更为妥当。因此,"安乐死"立法是否侵犯生命权的宪法问题并非是一个纯粹的生命权问题,在本质上是一个与生命权有关的问题,是一个基于对人性尊严的尊重而将宽容的宪法精神予以落实的问题。

(二)合理抵抗权及其保障

在民主体制下,作为一项规则,政治上的少数应当遵从一般意志(原则上是多数的意志)。但人们不应当认为在任何情形下制定的法律都是人民一般意志的体现,否则就是不正当的。因为法律以保障人权为其终极目的,而人权通常比那种经过法律伪装的权利更为根本、更为基础。这里便会存在一种冲突,一种民主原则和法治原则之间的冲突。

倘若我们把这两个原则作为民主法治的两项原则——一种体系化的原则来看待的话，这种冲突还是可以解决的，如通过认定法律违宪、服从司法审查，或者采取温和抵抗①，或者通过正当性的革命，抑或通过宪法确立“合理抵抗权”。法律在这种冲突的情形下，并不能被认为完全是一般意志的正确表达。因为，“应当保障人权，它比起那些由法律创造的那些伪装的权利更为根本”②。

合理抵抗权是一项古老的权利，被认为是对民主原则的一项修正，或者说，是在民主原则下针对法律是一般意志表达的修正。其原初的形态可追溯到“正当性的革命”，但在现今民主法治社会，人们试图通过法律的导控机制将其危害降低到最小的程度。美国联邦最高法院的斯通法官认为，如果一项法律只是一般意志的一种遥不可及的表述的话，少数就不应当听任这种通俗的意志。③ 斯通法官的上述观点被认为是宪法上“合理抵抗权”的一个重要依据。事实上，在现代民主宪政国家，政治上的少数具有一项公认的宪法性权利，一种应当被宽容的权利。④

---

① 美国最高法律大法官布莱克区分了“单纯的言论”和“附加的言论”，试图通过美国《宪法》“第一条修正案”关于言论自由的条款来处理温和抵抗问题。在20世纪60年代，温和抵抗被很多人认为是一项受宪法修正案第一条保护的权利。参见〔美〕伯纳德·施瓦茨：《美国法律史》，王军等译，法律出版社2007年版，第263—265页。

② De Sousa e Brito, Jose, “Political Minorities and the Right to Tolerance: The Development of A Right to Conscientious Objection in Constitutional Law”, *Brigham Young University Law Review*, 1999.

③ Minersville Sclool District v. Gobitis, 310 U. S. 586, 608, 1940.

④ 约翰·罗尔斯在《正义论》一书中指出，一个不宽容团体是没有权利抗议对它的不宽容的。但还是不能说各种宽容团体有权压制不宽容者。当不宽容者对其他人的平等自由不构成直接危险时，宽容者没有任何理由拒绝给予不宽容者以自由。参见〔美〕约翰·罗尔斯：《正义论》（修订版），何怀宏等译，中国社会科学出版社2009年版，第171—172页。

抵抗权是一项以个人的名义拒绝承担法定义务的权利。当不可侵犯的良心自由的原则超越法律的一般原则时，赋予个人一定的合理抵抗权就可以解决这种冲突。乍看起来，“法律宽容是出于对良心自由的尊重，合理抵抗权代表的是宽容理念的权利转换，先于宪法国家的人权”[①]。或言之，这种冲突是随着抵抗权因宽容理念在理论上被证成为一项宪法性权利并通过法律的实践才得以消除的。但是，另外的法律异议便会产生。倘若承认合理抵抗权的存在，是否就意味着承认公民“自我立法”呢？甚至是否会消解法律的权威而使“法律面前人人平等”（“人人遵从法律”）的法治观念成为一种空洞的口号呢？

这种情形的考量可见于早期的美国。因应少数可能会转变为多数的政党政治，少数只是具有一项最终诉诸政治上的反对者的权利。但是，在竞争性政党制度条件下，少数未必会转变为多数，也是一个不争的事实。如果允许在政治法律或宪法政治的框架以外，完全无视法律而宽容少数成为一种常态，会严重影响法律的实效性，并可能会带来很大的政治风险。同样，如果像德国《基本法》第 20 条第 4 款[②]规定的那样，将反抗权在宪法中予以“实证化”，将会严重危害法的安定性，“因为一个法律体系不能将体制外的控制设立为体制内制度”[③]。

但这是否意味着，即便是存在“制定法上之不法”，人民也只

---

① 参见 De Sousa e Brito，Jose，“Political Minorities and the Right to Tolerance：The Development of A Right to Conscientious Objection in Constitutional Law”，*Brigham Young University Law Review*，1999。

② 德国《基本法》第 20 条第 4 款规定：“凡从事排除上述秩序者，如别无其他救济方法，任何德国人皆有权反抗之。”

③ 〔德〕考夫曼：《法律哲学》，刘幸义等译，法律出版社 2004 年版，第 297 页。

有完全服从的义务呢？对此，考夫曼教授鲜明地指出："当然不是，在法治国家也有反抗不法的合法行动。"①但如何界定"合理反抗权"呢？对此问题，我想另外择文予以讨论。仅需指出一点，在任何一个法治国家，采取非武力方式的反抗，特别是有勇气公开批评，揭穿罪恶状态，对不法说不，能够展现必要的人民勇气，是不能归入不法的。

在法治国家还有其他的合法方法，用以处理"现存的或威胁性的不法"。在联邦制国家中，赋予人民之自由迁徙的权利即是其中的一种。如在当下的美国，基于其联邦制的法律体制，"合理抵抗权"可以很便利地转换为一种自由迁徙的权利。

目前在我国，关于"合理抵抗权"的讨论仅局限于学理层面，在司法判决和司法解释中更是无从发现，而针对迁徙自由权的研究似乎是完全局限于居住权和户籍的层面。然而，人们不能也无法回避这一命题。如果法律无法为少数提供反对者的权利，即不能在政治法律和宪法政治的框架内给予少数合理的抵抗权，为了保持政治上的稳定，就一定会在正式的政治法律和宪法政治的框架以外，宽容那些可能引起同情的少数。这样的做法会进一步助长上访和违法情绪的上升，甚至会带来很大的政治风险。如果中央与地方的立法权限划分仍然不能预期，而合理抵抗权并不能像美国那样的联邦制国家便当地转化为一种自由迁徙的权利，那么势必会产生以下的结果：要么通过政策的调整来宽容少数，要么是采取更为严厉的非法律手段压制那些特定的少数。这两种结果都会危及目前"依法治国，建设社会主义法治国家"的宪政目标。

---

① 〔德〕考夫曼：《法律哲学》，刘幸义等译，法律出版社 2004 年版，第 300—301 页。

此等问题的根本解决之道，首先应当是落实宪法上的那些关涉思想自由的公民基本权利，比如表达自由权；其次，应当尽快划分中央与地方的立法权限，以为“合理抵抗权”转换为自由迁徙的权利提供制度保障。除此之外，一个值得期待的权衡考虑是，依据宽容理念将合理抵抗权解释为宪法上的一项未列举性权利，通过发展行政程序和司法程序等程序正义来消解少数对“法律”的怨愤，也不失为一种策略性的考量。因为正当的程序具有“作茧自缚”的效应，它既可以“减少乃至消除形式法的功能麻痹的问题”，也可以“防止实质法的开放过度的弊端”，从而有助于“简化社会复杂性，模拟条件效应，测量法与社会的偏差值，调整法制的姿态”①。

第五节　民主、多元风险与宽容原则

宽容原则是“多元风险社会”的一项重要美德，②而“和谐社会”应当是一个多元文化兼容并蓄的民主社会。在传统人权原则和平等（保护）原则的光环下所倡导的“压制性宽容”，已经不再适应当今社会的文化变迁。同时，现代科学技术带之而来的风险领域也对传统宪法学提出了“挑战”。运用传统的平等、人权、民主等宪法基本原则，已经无法全然落实多元文化的格局和应对风险社会所带来的冲击。因而在宪法学领域，在传统公平原则和责任原则之外，宽容就具有较大的运用空间。

---

① 关于“作茧自缚”效应的分析，请参见季卫东：《法律程序的意义——对中国法制建设的另一种思考》，中国法制出版社 2004 年版，第 28—31 页。

② 〔德〕考夫曼：《法律哲学》，刘幸义等译，法律出版社 2004 年版，第 413 页。

一、民主与多元风险：法治国家与宽容的意义

民主是所有国家形态中实施起来最为困难的一种。这是因为民主制度需要“成熟的国民”才能维持，而此种成熟的国民是不存在的。①

在一个理性文化尚未充分发育、公民社会尚未成熟的国家，人们会觉得民主实施起来非常困难。因为人们已经习惯于服从，习惯于让政府和政党做很多的事情，甚至人们会养成一种懒散的生活态度；人们从来不会考虑公共利益和福祉，在遇有不正义的事情时，总是“事不关己，高高挂起”，甚至于连个人的一些事务也期望政府来考虑；人们没有习惯为民主做出贡献，更没有学会自负其责。每当遇有做决定的时候，总是希望当权者或权威命令发布者给出指导性的意见。

但是，人们不能因此说民主制度是一种乌托邦，或者说它根本无法真正地施行。因为法治既然已经被证明是一种最持久的国家治理模式，那么发展乃至巩固民主就是试图实行法治的国家的一项基本任务，否则就永远实现不了民主与法治的理想。对于中国而言，我国现行宪法既然将“发展社会主义民主”、“建设高度民主的社会主义国家”（《宪法》序言第五段）和“建设社会主义法治国家”（《宪法》第 5 条第 1 款）确立下来，那么国家就必须负担一项义务——一项发展和建设社会主义高度民主的义务。

要建设社会主义民主，人们不能不了解民主的风险。因为，“民主是一种富有风险性的国家形态，其经常面临失败的风险”②。此种风险是当下民主制度尚未完善、公民社会还没有成熟的条件

---

① 〔德〕考夫曼：《法律哲学》，刘幸义等译，法律出版社 2004 年版，第 414 页。
② 同上。

下所必须面对的。要应对此种风险的发生,需要一种勇气,更需要对民主的风险及其防范之方法有一个全面的认识,否则建设"社会主义高度民主"和"社会主义法治国家"就会成为一句空话。

建设社会主义民主有很多的条件和议题。其中的一些条件和议题如诚信社会体系、多元体系的建构等我不想在此讨论,只想就两个方面的议题进行简单说明:一是法治在防范民主风险中的作用;二是多元风险与宽容的意义。这两个条件和议题在今天的中国具有特别重要的现实意义。需要说明的是,此处对这两个问题的讨论是在法哲学或法学理论的层面而非在规范宪法学的层面进行的。

谈及法治在防范民主风险中的作用,首先需要厘清一个基本问题,即民主既然是法治的一个基本前提,那么是否意味着必须先施行民主然后才能有法治的状态? 在纯然政治的层面,民主的确是法治的一个前提,但两者之间并非全然是一种先因后果的关系。因为民主与法治一样都是历程性的,成熟的民主和法治只是一种理想状态,而在发展民主和法治的历程中,法治有时会对民主起到一定的限制作用,或者说,法治虽然在民主的发展进程中总体上是滞后的,但它能够将民主的成果固化而起到防范过度民主的效果。更为重要的是,人们能够因此而形成尊重法治的传统,这在某种程度上会培植人们的理性,进而对完善和巩固民主提供社会基础。

法治对民主风险的防范主要体现为一种宽容宪政体制的掣肘作用。或者说,只有在宽容的宪政体制条件下,法治在防范民主风险中的作用才会更加的明显。而这正是宽容的意义之根本所在。但这并不是说民主不需要宽容,而是说民主需要宽容宪政体制的保证。因为民主是一种共识，也是一种多元。如果谁想把自己的观点看作唯一正确的观点，那他就不能被看作一位民主人士。换句话说，民主需要至少那么一点点宽容，需要至少那么一点点相对论。因为，在一个多元民主的社会里，“没有一件事情是毫无条件的、绝对的”①。即便是在一个尚未真正施行民主的国度，也不可能只存在一种声音、一种意见。为了促进合作与发展经济文化事业，人们必须学会“合奏”而非“独奏”。但人们显然是过于强调民主多元的风险和缺陷了。

民主需要宽容，而宽容的特殊意义在于为人们寻求社会共识提供基础。因为没有宽容，就没有对他人思想、观念和行为的尊重或认可，也就不会有真正的民主。那些习惯于发号施令的人总是不承认这一点，他们的脑子里总是把权威和命令看作唯一的信条，以至于他们无法认真倾听不同的声音，甚至于听不进一点点建设性的意见。这种作风也波及追求“正义理想”的法律专业人士，那些择一人士喜欢将“法律的认识导引自规范和事实，以演绎或归纳的方式得出”，喜欢用“合法”或“违法”这种二择一的方法进行法律判断，而对那种“综合演绎—归纳的方法”进行抗辩。②但是法律既然导引自民主多元，在无法达成共识的情形下，就一定排斥这种绝对论的观点。因为在那些尚未达成共识的未知风险领域，人们就不能将自己限缩在“合法”或“违法”的狭小空间，而是应当有那么一点点宽容精神。进言之，要防范民主的风险和消除其缺陷，必须将宽容导入民主的内涵中，③并通过民主制度的

---

① 〔德〕考夫曼：《法律哲学》，刘幸义等译，法律出版社 2004 年版，第 416 页。

② 参见同上。

③ 参见蔡定剑：《民主是一种现代生活》，社会科学文献出版社 2010 年版，第 11—12 页。

建构来实践之。特别是在当今这样一个多元风险的社会，人们必须以开放而宽容的态度对待那些关涉歧视与不宽容的现象，容忍那些不同的声音和建设性意见。

民主需要责任的承担，而法治的力量在于它能够适时地培植人们的理性。我们现今所要做的，不是限缩基本权利的保障空间，而是应当以宽容理念为依据扩大基本权利的保障。重要的是，人们必须重视宽容在民主法治建设中的意义和作用，以期为“建设社会主义高度民主”和“社会主义法治国家”之目标而奉献自己的力量。

二、宽容原则：一个有待确认的宪法原则

在宪法学上，宽容的重要意义在于，它不仅能够通过制度的建构来防范民主的风险，而且能够在宪法中扮演重要的角色，成为一项宪法原则和宪法解释学上的一个重要依据。但到目前为止，宽容还难于定位为一项宪法基本原则。对此，我国台湾地区学者李震山教授说道：“宽容固可作成哲学或伦理学上之原则，但在宪法内，宽容的理念尚难定位为宪法原则，虽然如此，其却不难从其他宪法原则，如平等原则、保障人权原则推导出一种宪法要求，要求国家行使公权力时，应予尊重。”①以德国法为例，德国《基本法》以及各邦宪法规范中尽管并未出现宽容（toleranz）之字眼，顶多只有在联邦宪法中出现忍耐（duldsamkeit），尊重（achtung）或顾虑（rücksichtnahme），②而且，“联邦宪法法院在宪法诉讼中，

---

① 李震山：《多元、宽容与人权保障——以宪法未列举权之保障为中心》，（台湾）元照出版有限公司 2005 年版，第 76 页。

② 例如 Art. 17 Ⅰ Bad. Württ. Verf. im Anschluß an Südwestdt; Verfassung Straditionen; Art. 131 Ⅱ, 136 Ⅰ BayVerf.; Art. 26 Nr. 1, 33 BremVerf.; Art. 56 Ⅲ, Ⅳ, Ⅴ HessVerf.; Art. 7 Ⅱ NWVerf.; Art. 33 RhPfVerf。

宽容定义也没有成为判决的一项重要依据，倒是常认为宽容应在整体《基本法》中扮演重要角色”[①]。但“这些宪法规定，在司法实务上运用于教育及教学领域，则一致被理解为宽容原则”[②]。德国宪法法院的上述做法涉及两个方面的问题：一是对“宽容在整体《基本法》中扮演重要角色”应当作何理解；二是宽容原则为什么在德国实务上只被运用于教育与教学领域。

就权力的视角或宪法的组织规范而言，因宽容牵扯到国家与人民的关系，自然应当成为“公权力行使的一项普遍宪法要求”。据此，李震山认为，宽容至少也是公权力行使的一种取向，成为国家公权力行使的“公德”之一。[③] 将宽容看作公权力行使的公德之一，在民主制度落实良好的社会，自然不会有什么异议发生。但正如我在本书第三章中的“宽容与民主的关系”部分[④]所指出的那样，在民主制度尚未真正施行的社会，仅仅把宽容理解为一种公权力行使的“公德”，就会变成一个纯粹的德性宽容问题。所以，在民主制度尚未真正落实、公权力没有受到民主制约的社会，不能单纯地将宽容看作一种德性，而是应当将它具体地实现于宪法各组织规范制度（参见本书第四章政体宽容部分），以及在相关的宪法解释中依据宪法的宽容理念予以诠释才为适当。对此，韩大元教授曾指出：“在宪法解释过程中合宪与违宪之间的界限并不是十分清楚的，有的解释者不得不在两者界限与价值之间寻求和谐和平衡点，使宪法解释具

---

① 李震山：《多元、宽容与人权保障——以宪法未列举权之保障为中心》，（台湾）元照出版有限公司 2005 年版，第 25 页。

② 同上书，第 74 页。

③ 参见同上书，第 76 页。

④ 该部分曾以论文的形式发表，参见门中敬：“宽容与民主的关系”，《宪政手稿》2009 年第 2 期。

有合理与理性的基础。”①

事实上，虽然“每一个社会都有它自己的必然会通过法律秩序力图实现的目标反映出来的价值观念”②，但恰如季卫东教授所指出的那样，“宪法必须具有一定程度的反思能力，以容纳不同的选择可能性、妥协以及试错过程”③。为此，国家对于价值秩序的建立就必须保持谨慎和宽容的姿态。在规范宪法学意义上，这种谨慎与宽容是建立在国家价值中立的立场之上的，最早由宗教自由的宪法条款导出，并为平等保护原则、法律上的平等与禁止恣意原则等承载，甚至以福利国家原则予以统摄。

虽然宽容可以在整体宪法中扮演重要角色，成为宪法的核心理念或精神，但很显然，如果将宽容视作一项宪法基本原则，就会与社会所普遍追求的价值目标相冲突。因为，人们不会容许没有是非观念的社会，也不会允许无原则的宽容，而这正是宽容作为一项价值诉求的根本缺陷。在形式法治和权利保障的治理模式下，国家显然不能通过倡导一种“特权”的方式来保护不同的利益诉求，但理性的人们并非别无选择，“解铃还须系铃人”，社会不宽容的弊病还需要社会自身来治疗。因而宽容原则便可运用于教育和教学领域，成为一项指导性的宪法原则。如此一来，就既可以防范社会不宽容的发生，又能够有效弥补形式法治的固有缺陷，不失为一种“折中”的方法。

宽容在当前虽然还无法成为一项宪法原则，但如前所述，作为一种宪法理念或精神，宽容可以在关涉歧视与不宽容的事项上

---

① 韩大元：“论合宪性推定原则”，《2003年宪法学年会论文集》。

② 〔美〕伯纳德·施瓦茨：《美国法律史》，王军等译，法律出版社2007年版，第22页。

③ 季卫东：《宪政新论》，北京大学出版社2002年版，第160页。

作为一种重要的宪法解释依据。宽容作为一种宪法解释依据，主要运用于公权力在行使时遇有歧视与不宽容的情形。从纯粹权利保障的宪法属性出发，那种认为单纯从宪法权利保障所派生出的国家容忍义务，如果要成为一种积极的宪法权利诉求、成为要求国家的权利，就只有在与宪法规定的基本权利相关联的情形下才能提出。因而，在通常的情形下，全然可以依据自由权的落实来实现。但当其无法与基本权利相关联时，宽容就可以在宪法适用层面发生功用，成为宪法解释的重要依据之一。换句话说，在蕴涵宽容理念的传统宪法原则，如平等保护原则、法律上的平等与禁止恣意原则等无法统摄的领域，宽容理念可以理所当然地站到前台，以宽容原则的新面貌呈现出来，并扮演"宽容的推动者"角色来落实民主多元文化格局。

三、多元风险社会与宽容——以"克隆"为例

在宪法哲学上，多元（罗尔斯：多元本质上属于民主）意味着在方法论上有时无法做出单纯的"合宪性"或"违宪性"的判断。因为，民主理论本质上属于一种"共识理论"，在宪法议题上，取得社会共识是非常重要的，但这并不是一个单纯的宪法上的民主"集合论"问题，民主只是寻求真理的一个条件。共识要求以民主多数的认识为前提，而这意味着在宪法规范领域通常也会有许多不同的解释答案，某个解释可能是"正确的"，而另一个解释也可能是"正确的"或"可以接受的"。但是，这并不意味着民主是"所有人的见解相同，所有的人都属于某个团体，所有的人都承认某个共同的信念或官方信仰"①。

---

① 参见〔德〕考夫曼：《法律哲学》，刘幸义等译，法律出版社2004年版，第417页。

在当今社会，社会专业分工愈来愈明显，社会组织结构呈现出“高度复杂化”的特征。在这个复杂的组织系统内部，传统意义上的自然法或“自然法律”（如德国《基本法》中的不可变更条款）已经无法适应这个系统，人们无法依据既定的规范或者自然的观念来判断他的行为是否正当，这是一个不争的事实。但是，当我们试图通过愈来愈复杂的法律控制技术来控制这个社会时，我们同样也会遇到一些困难，其中一个重要的困难就是风险社会问题。

由于社会生活的复杂性，人们不得不处在判断的风险边缘。假若我们的法律系统不是一个开放的系统，那么它就无法应对这个多元风险社会所带来的问题。在这些个问题之中，高度发达的科学技术所带来的问题就是其中之一。比如，核能问题、医疗问题以及克隆问题都属于高度风险的问题，它们并不仅仅是科学技术的问题，同时也是社会科学的问题。其中，“克隆”问题便是一个极为特别的、由现代科技带来的风险社会问题。

克隆又称无性繁殖或复制，它是从动物或植物体上取下任何一个细胞，在合适的条件下发育成一个新的个体，而其携带的遗传基因与旧的个体完全相同的技术。克隆人问题之所以引起人们的恐慌，盖因其不仅与生命权相关联，而且给我们的传统伦理造成很大的冲击。因而，有关于克隆人的问题形成了很大争论。争论的一方主张应当允许克隆人技术的应用，恰如试管婴儿的“发明者”罗伯林·爱德华兹（Robert Edwards）倡言：“伦理必须适应科学，而非反其道而行。”[①]而另一方则主张其逾越了伦理的界限，“以伦理来贬低科技”。对上述问题的回答似乎只有一个答案，那就是“是或否”。但在这样一个决策过程中，恰如

① Martin Urban，《南德日报》1985年11月27日。转引自〔德〕考夫曼：《法律哲学》，刘幸义等译，法律出版社2004年版，第434页。

考夫曼教授所言,存在着一种以理性无法解决的冲突:“以往决策的作成,可能招致负面的后果。不仅赞成生物科技的实验,就连反对的决定亦是一种风险,因为反对试验可能会错失治愈癌症的机会。”①

对于法律科学而言,虽然通过长期的实践所得出的那些法律原则(并非无懈可击)能够绝对地适用于一切场合,并因其明晰性、概括性和共识性而受到普遍的遵从,如平等原则、自治原则、公平原则以及责任原则等,但这些原则仍然无法为伦理与医疗科技的冲突提供一个合理的判断标准。为了能够掌握未来,我们必须对新事物持开放的态度,尽管“此种对于不同的事物与新事物原则上开放的态度,以及研究未知事物的开放态度,无人称之为宽容”②。

但是,如果我们“依循以往方式所作成的决定,就必须加以容忍”③。因为,我们无法选择未来,我们必须前进,必须在波普尔的“开放社会”中前行。由此,宽容理念就能够成为指导克隆人问题的一个基本原则。不过,单纯的宽容原则必然会促成“无责任的行为”,宽容原则的运用必须受到责任原则的必要限制,以防止那些草率、非理性的不计后果的行为。我们所要的不是限缩科技的可能性,也不是抛弃伦理的约束,我们所能做的只是防止那些滥用科技和草率的行动。④

在今天这个多元价值并存、风险急剧增加的社会,要形成一种“兼容并蓄”的生活方式,唯有秉持一种宽容的态度才能使我们

① 〔德〕考夫曼:《法律哲学》,刘幸义等译,法律出版社 2004 年版,第 437 页。

② 同上书,第 438 页。

③ 同上书,第 437 页。

④ 参见同上书,第 425 页以下。

的社会逐步走向和谐与人性化，也才能使我们的国家更加的开放和自由。对于这样一种生活方式的达成，公民基本权利保障必将发挥其不可替代的作用。不过，权利保障显然不是那种纯然实证主义的解释方法和研究路径就能解决的。通过传统的宪法原理与制度，虽然可以落实基本权利保障，但那种将应然与实然断然割裂的规范思考方法，以及那种将权利保障实践局限在“三段论法及陈述逻辑”上的做法，无法真正解决当今这个多元复杂社会的人权保障问题。而传统上的那种“从原则到规则，再从规则到案件”的思维模式，虽然可以依据“科学”的名义去除“主观判断”的政治风险，但“纯粹演绎的三段论”不过是一个“空洞的公式”，它无法关照到经验世界里的那些关涉歧视与不宽容的宪法基本权利实践问题。进言之，唯有重视多元论的研究方法，运用宽容原则及其限制性的责任原则，才能较好地释放风险，也才能真正落实基本权利保障问题。

第七章 宽容之难

任何权利制度都是习俗性的和不确定的，而且必然常常受到冲击。要维护和解释这样的制度，我们需要更为普遍的宽容和调和态度，只是这种态度本身也难以维持。

——托马斯·斯坎伦

在这里，之所以借用美国学者托马斯·斯坎伦（Thomas M. Scanlon）《宽容之难》（*The Difficulty of Tolerance*）一书的书名作为篇名，除了想表达一种宽容宪政乃至生活方式的理想以外，还想试图探讨形成宽容宪政的那些基础或路向，而这往往会被看作"痴人说梦"，难度可想而知。除此之外，不宽容的例子比比皆是，"警察依法行政致孕妇死亡案"、"丈夫拒签字致死孕妻案"中那种对生命的漠视与不宽容，"山西煤窑童工案"、"毒奶粉事件"等对法律的漠视，"唐福珍强拆自焚案"、"孙志刚收容遣送致死案"中当事人的无奈与恐惧，以及那些零星可见的"不宽容"的规范条款。更为严重的是，传统文化的掣肘，特别是在政治和道德领域表现出来的一些观念，似乎总是妄图抹杀这样一种理想。

另外的考虑是，在建设法治国家和重拾宪政理想的今天，有关于宽容的非正式的政治话语，是否能够妥当而及时地转化成正式的政治法律乃至宪法政治话语，确实存在不小的问题。特别是当宽容不能够被正确地理解时，它很可能会成为一个真实的"不宽容的源泉”。因为“在正式的政治法律和宪法政治中，宽容的风险并不太大（虽然也可能存在危险），但在非正式的政治中，情况则恰好相反；社会的本性常常通过这种非正式的政治形式来重新界定”①。但无论如何，正视现实和为着理想而做出的努力，其真正的意图并不在于谋求某种结果，而是希望以下的这些讨论，能够进一步拓展这一课题的研究。这些讨论包括：宽容的中西文化差异性及其对法治生成的影响，和谐社会、宪法变迁与方法论，以及考察实现宽容宪政的那些相反的和可能的因素，如权利（人权）共识、德性宽容、民主的生成条件等。

第一节 “宽容”的中西文化之维

如前所述，作为文艺复兴运动的核心理念之一的“宽容”，曾发挥过“自由”和“平等”所不可替代的作用，承担了重要的历史使命。现代的政治竞选活动、反种族主义、团结宣言和示威等都浸润了它的精神。然而，宽容之于民主法治的意义，特别是对于宽容宪政的生成之意义，却少有人给予它应有的关注。

“宽容”没有引起学术界足够的重视与诠释，除了它隐藏在自由、平等的概念下而难于被人们所真正了解以外，一个重要的原因在于，它的释义问题非常复杂。尤其是当我们深入考虑宽容理念意欲解决的问题时，其真实的意义就更加得难于把握。② 为此，需要对“宽容”进行中西文化上的比较释义，以探讨中西文化中宽容的

① 〔美〕托马斯·斯坎伦：《宽容之难》，杨伟清、陈代东等译，人民出版社2008年版，第226页。

② 吉兰·瓦特洛指出：“宽容在今天的含义，如今形成一个复杂和难以辨认的迷宫。”参见吉兰·瓦特洛：“人权与宽容的命运”，新慰译，《第欧根尼》1998年第1期。

不同内涵，找寻蕴涵其中的制度和文化因子。特别是找寻宽容之于宪政文化发育的那些因子，以便在挖掘和改造传统文化的过程中不至于“盲人摸象”，并为中国的宪法变迁和宪政成长提供参考依据。

一、“宽容”在西方文化中的释义

在英语文献中，有三个词特别值得关注，即 tolerance，toleration 和 compromise。这三个词在不同的语境下会有不同的含义，但就其基本含义而言，都有“宽容”的基本意蕴所在。

tolerance 是指愿让别人按照彼等自己的信仰去思想、生活、崇拜，或不以一己之偏见而对他人、他物作判断的容忍精神：例 Through tolerance we learn to understand people（我们由容忍学习理解人们）。[①] 它是由拉丁文 tolerantia 演变而来的，而 tolerantia 第一次是作为拉丁文动词 tolerare（负担，忍受，忍耐）的替换词出现的。在西塞罗的哲学体系中，tolerantia 被作为一种绝对的价值，不只是简单地宽容某个人或事，而是按字面含义去容忍任何东西。[②]

toleration 可以在与 tolerance 的比较中获致其大致含义。根据梁实秋先生主编的《远东实用英语词典》给出的解释，toleration 指对于自己不喜欢或不赞成的行为、信仰或其他的人能够容忍，这种容忍是出自漠不关心或避免冲突：例 Toleration of dishonest officials encourages corruption（容忍腐败的官吏常鼓励贪污行为）。toleration 通常用于公共事务中，以容忍原则（toleration

---

① 参见李震山：《多元、宽容与人权保障——以宪法未列举权之保障为中心》，（台湾）元照出版有限公司 2005 年版，第 69 页。

② Gerald Raunig, “The Grammar of Tolerance”, *Gefährliche Kreuzungen, Grammatik der Toleranz*, München 2006.

principle)的面貌出现。

从“tolerance”和“toleration”的比较释义中可以发现，tolerance 与“宽容”的含义相近，而 toleration 则与“容忍”的概念最为接近，因为宽容通常并不包含一个“界限”，而容忍则内在地、结构性地包含着一个“界限”。对此，学者吴冠军曾指出：“我们都知道，‘忍’，总是内在的、结构性地包含着一个‘界限’；而‘宽容’则无此层意思。”但他却认为，tolerance 不应被翻译为“宽容”，而应当被翻译为“忍”：“我们国人今天对于西方社会的想象性印象，实际上多半来自于一个关键词的误译：作为启蒙理念之一的‘tolerance’，不应被翻译为‘宽容’；它的实际意思乃是一‘忍’。”①

这其实是一种误解。因为，tolerance 来自于拉丁文 tolerantia，这种斯多葛派的宽容形式，被作为个人之间的一种不顾差异性而给予的平等的尊重，它并没有内在地、结构性地包含有一个“界限”。尤其是当 tolerance 被运用于哲学或伦理学领域，作为一种绝对的价值理念看待时，西方学界的学者们通常是用 tolerance 而非 toleration 来进行表述的。当然，观念的不同，可能会导致用语上的差异性，比如有学者论及“宽容并非无界限”，亦有学者论及“对抗不宽容的体制应当用不宽容的手段”。从比较文化的角度，tolerance 是不宜翻译为“忍”的。我想这也是为什么我国大陆与台湾地区的学者，通常不用“容忍”而是用“宽容”一词的主要原因。

至于 compromise，按照现代英语字典的解释，是指“to settle an argument of differences of opinion by taking a middle course acceptable to all sides”。即“采取一个为各方接受的中间路线以解决意见不合和争论”。显然，这里的 compromise 与 tolerance、toleration 之间具有一定的关联性，更多地指向解决具体问题、达

---

① 吴冠军：“弗莱泽的‘坦诚’与‘绝望主妇’的革命”，《南风窗》2009 年第 10 期。

至妥协意见的一种方法或手段。

综上，在西方文化传统中，上述与“宽容”发生勾连的三个英文词汇 tolerance、toleration 和 compromise，大致应指向三个面向上的意蕴：

第一个面向是，对与自己不同的观点或行为予以认可与尊重。这种意义上的宽容，被吉兰·瓦特洛称作现代宽容，也可称作“积极意义的宽容”，用以区别于第二种面向上的消极宽容的观念，它是由卡斯蒂利翁、斯宾诺莎、密尔顿、洛克、密尔、培尔等予以详细阐释的那种宽容的形式，是考夫曼教授所言“确信地肯定他人——而且在真理的问题上——把他们当作是一个相同价值的人类”①，或如阿纳克西曼德（Anaximander）所言，“可以让别人保有他是什么以及应该如何”，②或如房龙所言，“允许别人有判断和行动的自由，耐心、不带任何偏见地容忍那些有别于自己或被普遍接受的观点”③。其出发点和归宿点在于对人性的尊重，是一种建立在人性尊严与平等观念下的概念。

第二个面向是，对自己不喜欢或者不赞成的观点或行为予以忍耐。远在人类历史的早期，人们就发现这种基本社会实践的踪迹。这一面向的宽容可称作“消极意义的宽容”，它被吉兰·瓦特洛称为原始宽容，被认为是“由谨慎或迁就人类的缺点所促成的，是一种无奈之举”④。

---

①　转引自李震山：《多元、宽容与人权保障——以宪法未列举权之保障为中心》，（台湾）元照出版有限公司 2005 年版，第 69 页。

②　转引自同上书，第 69 页。

③　〔美〕房龙：《宽容》，秦立彦、冯士新译，生活·读书·新知三联书店 1985 年版，第 13 页。

④　吉兰·瓦特洛：“人权与宽容的命运”，新慰译，《第欧根尼》1998 年第 1 期。

第三个面向的宽容属于方法论层面的，意即通过一定的方式、方法和手段来解决具体意见方面的不合与争论，其根本的出发点和归宿在于意见的一致达成。

这三个面向上的宽容的意蕴在维护社会和谐秩序的根本目的上是一致的，在法治层面各自获得了不同程度的体认与表达，并在各自的运行领域内发挥着调和社会冲突和化解矛盾的作用。

第一个面向的宽容在政治学领域应用甚为广泛。它被那些宽容的自由主义辩护者们定义为对不同意见的认可与尊重，是“在自由的名义和大家所承认的原则下，别人按照我们所没有的或我们并不同意的原则思考和行动。换言之，宽容是自由的必然结果”①。在他们看来，这种意义上的宽容，自从它真正地抛弃那种团体或行为不再需要的狂热而虚假的表达后，它被看作比其作为一种可供选择的办法更加明确而有用的一个严密概念。权威的《大不列颠百科全书》对“宽容”一词也作出了类似的界定——宽容(来源于拉丁文 tolerare)：容许别人有行动和判断的自由，对不同于自己或传统观点的见解的耐心公正的容忍。

这种面向的宽容，被普遍地认为与中世纪宗教歧视和不宽容的历史有着勾连，被用于社会、文化和宗教领域，用于描述一种禁止歧视的态度或行为，以反对那些占多数的持不赞成态度的行为或团体成员。如今，它已成为西方主流的政治价值观。在法治社会，它在法律领域的一个重要体现便是“人权”或“人(性)的尊严”条款的宪法释义。

第二个面向的宽容，传统上一般被应用于宗教和世俗伦理领域，其已成为宗教伦理的一项重要原则，成为个人美德的一项伦

---

① 吉兰·瓦特洛：“人权与宽容的命运”，新慰译，《第欧根尼》1998 年第 1 期。

理要求，在家庭生活、人际交往领域发挥着重要的功用，并成为社会和谐的一项重要指标。在法治社会，其获得法律上的肯认，主要体现在对消极自由的法律保护中，特别是体现在对隐私权的法律保护上，以防止过度的社会伦理道德评价带来的不宽容。不过，这一面向的宽容如果扩展到政治领域，就会产生截然相反的结果，这也是为什么它一直以来颇受自由主义者所诟病的主要原因。一些自由主义批评家们认为，容忍的习惯或行为是一种失常或者是权威人士有权惩罚不同意见者，这样的批评可以强化这样的观念，比如文化多元主义。其他的批评家，一些赞成传统正统派基督教者，则谴责容忍为一种道德相对主义的形式。

第三个面向的宽容观在当代展现出了强大的“生命力”，特别是进入 20 世纪以来，在政治哲学和政治学领域获得了长足的发展。哈贝马斯的商谈理论、罗尔斯的政治自由主义理论都可以为其提供很好的注解。在法律领域，这一面向的宽容主要体现为正当程序的宪法要求，用以防范歧视与不宽容的发生。不过，恰如批评者们所指出的那样，这种宪法要求通常只解决形式上的问题而无涉实质问题。

二、“宽容”在中国传统文化中的释义

在中文语境中，“宽容”与传统儒家文化关联最为密切，而其释义问题颇为复杂。就宽容的基本含义来说，它通常指涉的是一种个人的美德，与“宽恕”、“忍耐”、“容忍”具有大致相同或相近的意蕴。①

---

①　如《中国伦理学百科全书》中认为，宽容是一种美德，即宽厚能容忍人。又如《伦理学大辞典》中“宽容”一词的解释为：一种宽大、有气量、能容人的道德品质和待人态度。参见甘葆露主编：《中国伦理学百科全书·德育伦理学卷》，吉林人民出版社 1993 年版，第 63 页；宋希仁、陈劳志、赵仁光主编：《伦理学大辞典》，吉林人民出版社 1989 年版，第 872 页。

如《庄子·天下》中曰:“常宽容于物,不削于人。”《荀子·非十二子》中曰:“遇贱而少者,则修告导宽容之义。”又如《韩诗外传八》中曰:“故德行宽容,而守之以恭者荣。”此中“宽容”皆为“宽厚能容人”之义,或有“宽恕能容人”之义。除此之外,还有一些词,如“恕”、“妥协”、“调和”、“折中”、“中庸”等,也与“宽容”关联密切。对这几个词的正确理解,恰是对掌握传统文化中宽容的基本内涵以及了解其中蕴涵的制度和文化因子的关键所在。

首先看一下“恕”。“恕”是实现仁道的一个主要途径,在儒家思想里面占有重要地位。在《论语·里仁》篇中,子曰:“参乎!吾道一以贯之。”曾子曰:“唯。”子出,门人问曰:“何谓也?”曾子曰:“夫子之道,忠恕而已矣。”在《论语·卫灵公》篇中,子贡问曰:“有一言而可以终身行之者乎?”子曰:“其恕乎?己所不欲,勿施于人。”而《论语·雍也》篇中,孔子曰:“夫仁者,己欲立而立人,己欲达而达人。能近取譬,可谓仁之方也已。”“己欲立而立人,己欲达而达人”是对仁的一种积极表述,而“己所不欲,勿施于人”则是对仁的一种消极反映。这种推己及人的阐释背后是儒家一贯倡导的“道德人格”的平等理想,反映了儒家“道德人格平等主义”的人文关怀。①

可见,“恕”是实现道德主体“人格平等”的一个必要条件或前

---

① 这里也许会引起很大的歧义。因为在大多数的学者看来,儒家的道德观是不讲平等的,是“以上下、长幼和主从为基本秩序的人身依附道德观”。这主要是由于对“平等”认识上的差异造成的。确然,儒家思想是不讲个人平等的(这里的平等指涉的是人的主体资格的平等,主要是政治和经济利益上的平等,而不是个人道德人格的平等),但这并不等于说儒家是不讲平等的,因为儒家的平等讲求的是精神上的人格平等,一种个人德性修为上的人格平等。这样的平等虽然可以为个人获得精神上的慰藉,但却无法建立起一套可供操作的体现平等价值要求的政治制度。

提。如果把"恕"看作一种个人德性修为的话,那么"恕"的目的在于为仁道的实施创造条件,"恕"就具有了一种世俗忍耐的意义。如此一来,以儒家"人皆可以为尧舜"的命题发展的"道德人格平等"为基础的"恕",就成为一个人性伦理的规律,而适用于所有人而不仅仅是士大夫以上的群体。《礼记》中的"礼不下庶人"之"礼",是为礼仪之礼,而不是作为伦理规律的礼,这样的理解才算妥当,也才能够清楚地表达"恕"在实现仁道方面的重要性。

"恕"既然与道德主体间的人格平等发生关联,也就间接地与宽容发生勾连(因为平等被认为天然地蕴涵有宽容的意蕴)。如果剔除中西文化在认识平等问题上的差异性,"恕"便与西方文化中第二个层面上的宽容(toleration)具有大致相同的意蕴。不过,对于那些中国普通老百姓来说,"恕"是无法承受的,在求生存的情况下就更加得难于做到。而且,将"恕"建立在"道德人格平等"而不是"权利平等"的基础之上,很容易忽视(容忍和宽恕的)主体(包括容忍者与被容忍者、宽恕方与被宽恕方)之间存在的权势和地位上的差别,亦即"权利"或"利益"的差异性问题。如此一来,就会导致个人的道德理想与现实利益之间的冲突。倘若让一个为生存而苦恼的人去"宽恕"他人,是否意味着一种"道德虚伪"呢?难怪儒家有"杀人"的坏名声!

与 toleration 一样,儒家思想里面的"恕"也是有界限的。这个界限便是"忠"。作为实现仁道的两个基本途径,"忠"比"恕"具有更高的地位。《论语》将"忠"放在"恕"的前面,说明"忠"在实现仁道方面比"恕"更加重要,或者说"忠"是"恕"的一个基本前提或限制。对于那些不忠于仁道的人是不能"恕"的。很显然,这里的"忠",不是忠于皇权,而是忠于仁道。所谓"以道侍君,不可则止",指的就是忠于君者必先忠于仁道,而止于不仁。"忠孝不能两全"中的"忠",乃是礼仪之忠，绝非作为伦理规律的仁道之忠。那种将“忠”看作忠于皇权的观念，不过是一种世俗说教或意识形态罢了。

显然，在中国传统（儒家）文化中，“恕”及其心理要求的“宽恕”和“容忍”，与 toleration 的含义最为相近。在平等的人文关怀之面向上，“恕”虽然与英文中的 tolerance 发生勾连，但它无法为现代政治宽容观的生成构建文化上的基础。而那种牵强的表达，也化约为一种“从善服义”的公心，与西方语境下积极宽容的政治观念还相去甚远。一方面，在中国的文化传统中，这种“从善服义”的公心并不存在对他人思想、观念或行为的认可与尊重。在纯粹的世俗意义上，在精神层面上如果不能形成一种类似于宗教教义的约束的话，它就很难达到那样一种政治美德的高度。而在市井阶层，这种“宽容的美德”也很容易转化为一种世俗道德形式上的“术道”；另一方面，由于国家治理模式的不同所产生的影响，这种观念更加重视个人“理解与包容”的德性修养，并无禁止“歧视与不宽容”的政治意蕴所在。由此，人们就能够理解，为什么以实现仁道为根本宗旨的中国传统儒家文化无助于人类平等理想的实现。

对于“折中”、“妥协”和“调和”，这三个词与西文中的“compromise”具有大致相同的意蕴，指涉的是一种处理具体争端或争议的解决方法和手段。其中，“折中”与“调和”的含义基本相同，而“妥协”虽然也是一种方法或手段，但更加强调避免冲突或争执的目标，是一个目标指向更强的概念。值得一提的是，章士钊先生的“调和论”中的“调和”一词，就是译自“compromise”。他说道：“英之大家莫烈，且专著一书，名曰《调和》。”而这本书的英文名就是 *On Compromise*，此处的“调和”显然是 compromise。[①] 但

① 参见郭华清：《宽容与妥协——章士钊的调和论研究》，天津古籍出版社 2004 年版，第 79 页。

在章士钊的笔下,“调和”已经不再是西方语意下的第三个面向上的方法论层面的宽容,它俨然成了“中庸之道”——主张为人处世采取不偏不倚、公正和谐的公允态度或做法——的代名词。因而,这种调和观与自由主义的宽容观还是大相径庭的,也与 compromise 的意蕴有着根本性的不同。

至于“中庸”,它最早是由孔子提出来的。《论语·雍也》中有:“中庸之为德也,其至矣乎!民鲜久矣。”在这里,孔子是把中庸看作一种美德,主要含义是指待人处世要有忍让、恭顺、温良、谦和的态度。在处理问题时,提倡“克己复礼”、“公允和谐”、不感情冲动、不走极端。因而,“中庸”的含义甚为复杂。假若它表达一种达至宽容或妥协结果的方式、方法或手段,则其与英语中的 compromise 的意蕴最为相近;倘若它表达一种“忍让、恭顺、温良、谦和的处世态度”,则与英语中 toleration 意蕴颇为相近。而倘若它表达的是一种“公允和谐”的政治观念,则似乎与 tolerance 的意蕴发生勾连。

综上,一般意义下的宽容在我国主要具有两个面向的基本意涵:

第一个面向的宽容,指对自己不喜欢或者不赞成的观点或行为予以“容忍”,可称为“消极意义的宽容”,是一种毛子水先生所言的“勉强而行之”的世俗忍耐,其出发点和归宿在于避免冲突,或者是“事不关己,高高挂起”。这种观念认识在中国的传统文化如儒家文化、道家文化、佛家文化中都有阐释,且大都表现在道德伦理层面,在世俗层面则上升为一种个人的处世哲学。值得注意的是,新儒家政治哲学试图对传统儒家政治哲学进行改造,将上述消极意义的宽容观诠释为“根据人性而规定的一种做人的态度”。这种观念虽与西方第一个面向上的宽容(tolerance)具有某种程度上的相似性，但由于采用的是德治而非法治的国家治理模式，以至于这种宽容观是无法与权利发生关联的。因为，由权利引申出来的责任是以个体的利益而不是道德作为考量基础的。如果人们认为没有任何个体的利益可以作为责任承担的充分理由，而是诉诸于其他的道德考虑，比如将人们的行为诉诸于对社会的影响，那么就等于否定有人权存在这回事。

第二个面向的宽容，在较低层面上，乃是一种为人处世的方式，是实现“人际和谐”的重要手段，其根本的出发点和归宿在于个人道德价值的实现。但在较高层面上，则上升为一种世俗的处世哲学，其意蕴包含甚广。在司法领域，这种意义上的宽容要求倡导一种“无讼观”，在实践中则有“各打五十大板”的折中裁判方法。

在中国的传统文化中，这两个面向上的宽容的意蕴，与西方“容忍和宽容的概念被用于社会、文化和宗教领域，用于描述一种禁止歧视的态度或行为，以反对那些占多数的持不赞成态度的行为或团体成员”的近现代含义都相去甚远。其在中国封建社会的法律领域，主要体现在“亲亲相隐”的刑事立法方面。① 只是，这种刑事立法体现的宽容是建立在儒家道德准则基础之上的，对于违反儒家道德准则、危及皇族统治的行为，封建刑事法律从来都是

---

① 孔子曰：“吾党之直躬异于是，父为子隐，子为父隐，直在其中矣。”孔子的这句话成为“亲亲相隐”法律制度的理论基础。自汉代董仲舒“罢黜百家，独尊儒术”以来，“亲亲相隐”的刑事立法精神便确立下来。其后，由于该立法精神与儒家道德准则的和谐而为后世刑事法律所沿袭。至唐代，亲亲相隐在法律上形成了一套完整的制度，如《唐律疏议·名例》卷六：“诸同居，若大功以上亲及外祖父母、外孙，若孙之妇、夫之兄弟及兄弟妻，有罪相为隐，部曲、奴婢为主隐，皆勿论。即漏露其事及擿语消息，亦不坐。其小功以下相隐，减凡人三等。”

不宽容的。如唐律规定:“谋反、谋大逆、谋叛,此等三事,并不得相隐。故不用相隐之律。”因而,即便是拿中国传统律法与西方古代的“宽容立法”①进行比较,我们也会发现两者之间的根本差异性,更遑论政治行为在“宽容立法”上的区分了。

在近代,“宽容立法”问题上的差异性,集中地体现在清末变法修律时沈家本等人与礼教派针对“无夫奸”和“子孙违犯教令”的立法争论中。两派之间的争论直接地表达了道德与个人自由的争论,其背后反映的则是两种不同的文化传统和国家治理模式所带来的深刻影响。不过,清末变法修律时的上述立法争论给现代知识分子们带来的一个重要启示便是:宪政启蒙对于中国文化而言,最需要倡导的不是单纯地反对或支持传统道德文化的问题,而是道德文化与法治文化如何区分与链接的问题。因为,文化的弊病还需文化来医治,大概是不会错的。

三、“宽容”的中西文化差异及其对法治生成的影响

由上述分析可见,宽容无论是在西方的文化传统中还是在东方的传统文化中,都是一个有着深远历史背景和复杂文化渊源的概念。从历史考察的视角,中国的宽容观与西方古代宽容观是具有一定相似性的,这从张君劢先生在其新儒家政治哲学的理论论证以及中国宽容观与西方古代宽容观的对比中,可以管窥一斑。但是,如果深入思考两者之间的关联性,人们会发现,虽然两者之间具有一定程度的相似性,但由于各自采取截然不同的国家治理模式而发生了根本性的差异。自从西方宽容观的近现代转向以来,这种差异性更加显明地表征出来,并对各自法治(宪政)的生

① 此处所谓“宽容立法”,是指立法体现一定的宽容精神。

成与发展产生了深远影响。

(一)基础观念上的差异

宽容的意涵在中西文化之维中的差异性显明地表现在基础观念方面。

在西方的近现代文化传统中,与“歧视”(discrimination)或“不宽容”(intolerance)相对应,宽容(tolerance)来自于无差别的平等观念。它通常与“自由”或“平等”的权利观念相勾连,以“主体平等”或“个体自由”为其理论前提。因而,这种宽容观在主体方面更加强调个体的观念(tolerance)或行动(tolerantion),是一种“独立的个体”面向上的概念建构。而《布莱克维尔政治学百科全书》中对宽容(toleration)下的定义是:“一个人虽然具有必要的权力和知识,但是对自己不赞成的行为也不进行阻止、妨碍或干涉的审慎选择。”[①]显然,宽容理念在西方文化传统中与推崇“个体的独立性”是分不开的,这种独立性我们可以把它称之为个体的“权利主体性”。

在中国的传统文化中,与德治相呼应,宽容是从作为“社会个体”的“道德主体性”出发来进行的概念建构,与权利主体间“禁止歧视的态度或行为”基本无关,通常以“人性善”为其理论前提。因而,在中国传统文化中,“宽容”在主体方面表现为一种“社会个体”的关系面向,既包括强者对弱者的“宽恕”,也包含弱者对强者的“容忍”。当它面向“宽恕”的时候,指涉的是强者对弱者的一种同情、怜悯的态度,而当它面向“容忍”的时候,指涉的是弱者“勉强而为之”的处事方式或态度。

产生上述差异的原因是儒家思想中“宽容”的处事态度,并非建立在“强者对弱者”或“多数对少数”的关系中,而是建立在纯粹道德

① 邓正来主编:《布莱克维尔政治学百科全书》(中译本),中国政法大学出版社 2002 年版,第 820 页。

区分的标准之上，亦即建立在君子与小人的区分之上。换言之，宽容并非建立在利益平等的人格主体之间，而是建立在不平等的利益观念的基础上。宽容并非是君子对小人的恩赐，而是君子的一种美德的表现，既不论他是贫穷还是富有，也不论他是官宦还是平民百姓。《论语·子路》有言："君子和而不同，小人同而不和。"这种思想同样是建立在"君子与小人"的道德区分标准而非利益或权利的区分标准之上的，而这恰是"和而不同"的思想无法推及到政治实践层面的主要原因。

（二）在宽容界限上的差异

宽容的意涵在中西文化之维中的差异性，更加显明地表现在"宽容的界限"方面。

在西方近现代文化传统中，对于一般事理上宽容的界限问题，常顺着正反合的论证理论。如卡尔·亚斯帕斯(Karl Jaspers)认为："对于不宽容待以不宽容(是)必然的。"维尔纳·迈霍菲尔(Werner Maihofer)认为："对抗不宽容的体系只有用不宽容的政治。"[①]密尔提出了个人自由界限的伤害原则(Harm Principle)："人类之所以有理有权可以分别地或者集体地对其中任何分子的行动自由进行限制，唯一的目的是自我防范。"[②]波普尔在其《开放社会及其敌人》中，则提出了著名的"宽容的吊诡"。所谓宽容的吊诡，在于绝对的宽容终将导致宽容的消失，纵使假宽容之名，我们仍有权利，不必去宽容那些不应宽容之物。对此，台湾学者李震山教授指出："在法治思维上，强调国家应排除违反'合宪秩序'

① 李震山：《多元、宽容与人权保障——以宪法未列举权之保障为中心》，(台湾)元照出版有限公司2005年版，第71页。

② 〔英〕约翰·密尔：《论自由》，许宝骙译，商务印书馆1998年版，第10页。

或‘自由民主宪政秩序’的因素，原则上应以宽容原则去对应所有言论、思想与作为，但以不侵犯不可侵犯的国家秩序价值为其界限。此种思维的逻辑与架构本身，从正面而言，是宽容的界限，负面而言，此种‘不太宽容的态度’是进步的原动力或绊脚石，饶富探讨之意味。”①事实上，李震山教授的担心大可不必，于不宽容者不予宽容，在逻辑上并不矛盾。因为恰如考夫曼教授所指出的，此项陈述处于一种客体与高阶层次的阶层关系中。不过就法治思维而言，倘若“宪政秩序”或“自由民主秩序”是一个并不宽容的体系，那么这种不宽容就会成为“进步的绊脚石”，是无需多说的。

在中国传统文化中，当统治者面对社会民众的时候，宽容（“恕”）也是有一个界限的。这个界限既非“不宽容”，也非“诚信”，而是以“忠于仁道”为其基本界限。可悲的是，在皇权的政治高压和“愚民政策”之下，“忠于仁道”被篡改为“忠于皇权”的教条论。而在政治法律实践中，惟有如“出言不逊”等无伤大雅的“过”，才有可能得到宽恕与容忍，谋大逆者是不可以因“亲亲相隐”而获得国法之宽恕的。由此可见，虽然儒家文化中的宽容理想有很多值得为人称道的地方，但它无法真正为人类平等理想的实现提供给养。尤其是他那种道德教化的主张，那种并非取决于“个人的自由和平等”的宽容观，客观上为统治者异化“儒家思想”以及建立符合其统治秩序的道德准则提供了理论依据，而这是与西方近代文化中坚持国家道德中立的立场完全相左的。

（三）对法治生成的影响及其差异

在西方文化传统中，原始宽容（古代宽容）的观念是与“人人遵从法律”的民主法治传统相伴而生的。因而，学者们在谈及古

---

① 李震山：《多元、宽容与人权保障——以宪法未列举权之保障为中心》，（台湾）元照出版有限公司 2005 年版，第 71 页。

代宽容时，往往与“不遵从法律”相勾连。如吉兰·瓦特洛给原始宽容所下的定义是，指由容忍或不制止那些按照法律不该发生的事所构成的态度。[①] 这里的“法律”，远非今天我们所看到的那种复杂的法治系统。在部落时代，它主要表现为“禁忌”，是人们为了维护部落的安全和心灵的安宁而不得已为之的。[②] 在希腊时期，它主要表现为“神法”与“习惯法”，是人们为了维护城邦的安全与发展而将“禁忌”权威化和规范化的结果。这样一来，宽容就成为法律之外的一种价值尺度，这种价值尺度与“人人遵从法律”的法治观念是无法调适的。

随着知识的迅速传播，传统习惯法和神法受到不断地冲击，并影响到人们的观念认识。不断的“异端行为”让人们意识到：自然与习俗之间存在着一条无法逾越的鸿沟。而自然哲学家们则试图回答什么样的政体才是与自然相调和的。到了斯多葛学派那里，自然平等的自然法观念得以产生，从而使得宽容理念第一次以自然平等的名义，获得了凌驾于法律之上的观念认识。在这一层面上，可以说自然法的产生与古代宽容观具有一脉相承的关系。到了古罗马共和国时期，宽容理念部分地以自然法（万民法）的名义，通过自然法实践获得生命力，部分地隐含在混合政体的古典奇迹中，播下了后世“政体宽容”的种子。但就整个古典时代

---

① 吉兰·瓦特洛：“人权与宽容的命运”，新慰译，《第欧根尼》1998年第1期。

② 原始人将这些“忌讳”变为“一千零一条戒律”，显示出极大的不宽容。对此，房龙说道：“如果我据此说野蛮人是人类中最不宽容的，我并非侮辱他们，因为我马上要加上一句，在他的那种生存环境下，不宽容就是他的责任。”“为了宽容的斗争一直到个性发现以后才开始。而这个荣誉——最伟大的现代发现——则应当属于希腊人。”参见〔美〕亨德里克·房龙：《宽容》，晏榕译，国际文化出版公司2007年版，第8页。

来看，宽容理念仍然无法真正通过法律得到诠释与应用，因为它通常“既不是一种认可，也不是一种授权”①。

随着近代自然权利论的创制，古代自然法（万民法）开始向近现代自然法转变，而这一转变显明地将宽容理念摄入自然法的内涵之中。因为假若没有体现宽容理念，自然法观念将无法与（世俗的）实证主义的法治观念实现对接，也即无法与传统的法治模式实现嫁接。也许是一种巧合，立宪主义的产生与快速发展，使得这一任务的完成进程大大缩短了。将那种无法证明的自然权利纳入宪法并置之于最高的法律地位的做法，使得法律体系开始具备了一种开放性和自我调适的功能。由此，这种近现代传统被施特劳斯称之为“宽容的天赋权利论传统”，也就不会让人觉得惊奇了。

与西方的文化传统不同，中国文化中的宽容观与民主法治的关联性并不紧密。在中国的传统文化中，“义”一直占据着主导性的地位。儒家从“人性善”的立场出发，主张“德治”，如孔子曰：“君子喻于义，小人喻于利。”孟子云：“上下交征利而国危矣。”墨家则强调义利并重，如墨翟主张“兼相爱，交相利”。在汉代统治者采纳董仲舒“罢黜百家，独尊儒术”的治国方略以前，“义”、“利”还没有走向对立的局面，孔子虽然反对“言利”，但总是反对“不义”之利。荀子也认为“义与利者，人之所两有也”。到了宋代，随着理学的兴起，“义”、“利”才真正走向了对立，如朱熹曰：“天理存，则人欲亡，人欲胜则天理灭。”可见，封建王朝基于其“家国天下”的皇族统治模式，必然会坚持“义”优先于“利”的观念。中国的政治，不过是一种建立在“义”基础上的道德政治。

从中西哲学文化对比的角度来看，这种观念与施特劳斯所言的

---

①　吉兰·瓦特洛：“人权与宽容的命运”，新慰译，《第欧根尼》1998年第1期。

“善优先于权利”的西方古典观念具有大致相似的意蕴，但却排斥对个人权益的追求。统治者主导的立法普遍主张通过法律的强制手段来推行“重农抑商”政策，严重推迟了中国社会发展变迁的进程。这在某种程度上可以解释“义利之争”对中国社会所产生的深远影响。事实上，“义利之争”背后所反映的恰是“儒家政治哲学”本身所存在的一个固有缺陷，即“义”无法取代“利”的政治现实。

坚持“义”优先于“利”的观念，与中国传统社会采取“开明的专制主义”有关。开明的专制主义是一种以个人的道德理性作为法律直接强制标的的个性主义的形态。之所以说是个性主义的，乃是因为它也以谋求个人的幸福为目的，以人性律作为基本准则。但这种个性主义是与宽容理念相悖的，因为道德理性仅存在于习俗之中，而习俗往往认可“传统的就是好的”。既然“传统的就是好的”，对他人不同的思想、观念和行为的认可与尊重就不可能真正实现。如果放置在西方个人主义的文化场域中，这样的观念认识便会发生不同。因为，个人主义强调个人的独立意志。倘若违背个人的意思，对个人的道德理性给予强制，就会背离理性和道德的本质。所以从某种程度上来说，中国的传统社会对“个人”的理解完全不同于西方哲学和法律传统中的“个体”和“个人主义”。虽然在表面上，西方古希腊时期的民主主义制度实践与中国同时期的政治实践都推崇“善优先于权利”，但两者之间仍然具有根本性的差异。因为就西方早期纯粹的民主主义而言，“道德的价值适用于各色各样的个人才有其内容，并且因个人而各有其不同的内容——仅由于无数的个人，道德世界才能达成多姿多彩的境界”①。

---

① 转引自林文雄：《法实证主义》，台湾大学法学业书编辑委员会编辑，1993年第五版，第96页。

第二节　和谐社会、宪法变迁与方法论

虽然我们的社会中欠缺民主法治的文化传统和基础，但西方社会通过宪法变迁与宪政成长不断调适其古代宽容与现代宽容传统的做法却值得当今的中国认真借鉴与吸收，以期将那种和谐（宽容）的政治话语妥当而及时地转化成政治法律乃至宪法政治话语。而这对于宪法（哲）学而言，需要在宪法变迁与宪政成长中对此予以特别关注。

一、和谐社会与宪法共识

为国家的发展提供一种和谐的秩序环境，一直以来都是中国历朝历代统治者所着重强调的，在当下的中国，该观念仍然具有广泛的社会影响力。

在中国传统文化中，理想的社会秩序一直被解释为一种和谐秩序，它是通过个人参与一个“仪规”构成的共同体而取得的。因此，社会秩序的理想不是靠循着一套客观的法律或风俗来实现的。[①] 但自新中国成立以来尤其是1978年以后，随着市场经济体制的逐步引入，传统治理模式开始受制于社会生活方式的改变，靠传统上的“仪规”来取得这样一种和谐秩序遇到了很大的阻力。于是法治文化被大量“引入”，并引领了“法治治理”的新思潮。在1999年《宪法》“第三次修正案”规定“中华人民共和国实行依法治国，建设社会主义法治国家”后，如何在法治的框架内建构和谐的社会秩序问题开始凸显出来。

---

① 参见〔美〕郝大维、安乐哲：《先贤的民主——杜威、孔子与中国民主之希望》，何刚强译，江苏人民出版社2004年版，第133页。

通过“仪规”来取得和谐秩序，强调的是政治威权主义，依靠的是一个组织严密的官僚体系，而通过法律治理来构建和谐秩序，强调的是法治主义，依靠的是一个健全而公正的法律体系。在从传统治理模式向法治治理模式转换的过程中，两者之间会由于实现方式和旨趣的不同而发生冲突。比如，“构建和谐社会”的政治话语和“建设法治国家”的法律话语之间，表面上看来是一致的，实际上却存在着某种张力。因为，政治的和谐目标未必符合法律的正义理想，更加是在对“和谐”的理解方面存在较大不确定性的时候，更加容易割裂其与法律之间的关联性。比如，“和谐”的政治话语是否就是“关注民生”？更进一步，在法治的框架内，“和谐”的政治目标是否必然实现宽和的宪法秩序呢？

要调和“和谐的政治话语”与“宽容的宪政话语”之间的冲突，在法治的框架内应当更加强调法律而非政治手段的运用，尤其是要将和谐的政治话语及时地转化为“宪法政治”或“政治法律”话语。在宪法层面，这种转化目前主要是透过修改宪法的方式来实现，即当制度改革与社会现实之间存在强烈的反差时，通过修宪的方式来确认“改革的成果”。比如，改革开放以来至今连续四次的宪法修正案，都在某种程度上将那种政治话语及时纳入宪法政治话语构造中，以防止这种话语权的异化而生危险。在这一过程中，执政党及其政府一直居于主导地位，发挥着至关重要的作用。

这种自上而下的改革及其宪法变迁的方式虽然是确保改革成功的一个环节，但它对于法治后发型国家而言却是非常困难的。一方面，改革与发展需要一个稳定的国内秩序；另一方面，人权领域的国际合作是取得和平发展的外部环境的一个重要方面。从某种意义上来说，这两个方面是目前制约我国宪法变迁与宪政成长、牵制着我国宪法政治话语构造的主要因素。从实践层面来看，三十年来的法治实践虽然取得了令上瞩目的成就，但这种成就主要是通过市场经济及其法律体系的建构来完成的，宪法不过是政治话语构造中的一个组成部分，而不是相反。反映在宪法变迁方面，主要体现为一种通过宪法修改来确认政治活动的过程，这在某种程度上影响了我国宪法变迁与宪政自我成长的进程。

从宪法变迁的视角来看，宪法修改只是宪政生成的一个方面，或者说并不是一个主要的方面。因为频繁的宪法修改不仅会降低宪法的权威，而且不利于宪政的自我长成。从立宪主义原理之修宪权的权力属性来看，宪法修改毕竟只是制宪权派生的权力（主流的观点），它应当受到制宪权及其产生根源（如人民主权原则和人权原则）的限制。而那种通过国家政策不断（试点）改革来实现政治目标的做法，必然要面对如下的宪政问题："违宪问题"如何获得实质合法性（正当性）？国家政策如何能够在宪法政治的框架内得以有效解决？诸如在"一国两制"的宪法规定与《香港特别行政区基本法》和《澳门特别行政区基本法》之间，如何通过宪政运行机制实现有效地衔接？

从宪政文化的视角来看，宪法权威是使宪法走向现实生活、确保改革"实质合法性"的关键，而这需要人们在某些基本宪法议题上达成某种社会共识。但是由于宪政理论与实践尚未充分发育完成，法治后发型国家所面对的问题就不会像罗尔斯通过交叠共识的正当程序来达成（社会共识）那么简单。不过，罗尔斯将交叠共识与宪法共识进行链接的做法却值得认真对待。在罗尔斯看来，如果对正义理论中和谐社会的不真实性做出某种修正的话，社会和谐的目标达成还是有可能的。依台湾学者的研究，"罗尔斯认为即使社会中有着不同的道德、哲学和宗教信仰，但如果人们可以在某种程序上分享理性（rationality）和合理性（reasonableness)的能力，则仍有可能在个人无须放弃其道德、哲学或宗教信仰的情形下，透过‘交叠共识’促成人们共同接受的公平正义原则(尤其是有关宪法上基本权利的共识)。”①

交叠共识首先须以达成宪法共识为目标，而在公共论坛上发展其深度、广度和明确性，以满足交叠共识所需要的公共理性基础。为实现这一目标，就必须以宽容原则来看待不同的学说、观点间存在的歧异，以建构一个相互尊重与谅解、多元价值并存的社会体系。此一体系并不必然表示在公民个人的良知方面达成共识。共识是建立在承认基础上的，而“承认以法律规范并非必然表示也在良知上加以承认，其动机可以是自私、无所谓或恐惧违规的后果”②。

宽容虽然在交叠共识的形成过程中占据重要的角色，但交叠共识的达成及其形成的路径必须依赖一个开放的正当程序，即依赖一个开放的而不是限缩公众讨论(针对宪法公平正义原则和宪法基本权利)的政治渠道，特别是引导针对正当程序而非实体性价值的公开讨论来达致宪法共识。恰如我在本书第四章第四节所指出的那样，程序共识的达成较之实体价值的达成更为优先和容易(人们在程序问题上达成共同信念先于目标、价值或政策)。

然而，宪政的程序价值目前并没有引起足够的重视，客观上使人们对待政治问题和对待宪法议题的态度并不相同。在有宪法或法律依据的情况下，由于宪法程序的欠缺，政府机关或机构

---

① 李震山:《多元、宽容与人权保障——以宪法未列举权之保障为中心》,(台湾)元照出版有限公司 2005 年版，第 81—82 页。

② 〔德〕考夫曼:《法律哲学》，刘幸义等译，法律出版社 2004 年版，第 290 页。

就会尽可能地通过政治途径而非法律途径解决问题。即便是公民在行使宪法和法律所赋予的权利时，由于欠缺法律程序上的共识，也很容易走入政治的藩篱。以“学者上书”为例，学者通常是以公民的身份依据宪法所赋予公民的批评和建议权“上书”的。从法学家的角度来看，这种行为本身是一种纯粹的法律行为，其最大的优点在于它的程序性，这是一般社会公众通常并不重视的（没有形成某种共识）。但在“上书”引起社会反响的情况下，它就不再是单纯“公民行使建议权”那么简单的事了。一方面，传统文化中的“上书”是为民请愿的一种政治运作方式。学者重视改革进程的期望在某种程度上与大众的“非理性”容易混合在一起，甚至会产生浓烈的政治意味；另一方面，如果“上书”不以宪法程序或法律程序的启动而是以达到某种实体结果为目标的话，那么程序上的宪法共识就会更加的难于达成。

二、宪法变迁与权力视角下的方法论

如前所述，和谐社会需要宪法共识，而宪法共识主要应当是一种程序价值的共识。但由于长期以来对公民基本权利价值的推崇和宪法链接程序的缺失，公法学界一直以来偏重一种“主体—客体—模式”的研究进路，使得宪法规范与宪政现实逐步呈现出严重分立的现象。近些年来，虽然宪法学界不少学者不断呼吁重视实证研究，但在没有宪法链接程序，特别是没有权力结构链接程序的情况下，如何进行研究值得认真考量。以下试图就此问题展开讨论，但基于本书研究旨趣所限，仅限于在宪政宽容的意义下对方法论进行必要的讨论。

（一）权力视角下的方法论之选取

纵观我们的宪法条款，其程序性的设置是如此的付之阙如，以至于宪法学界在力图开创“宪法解释和违宪审查之先例”的过程中，难于抓住其中的要害而“无功而返”。[①] 缺少宪法程序的保护，公民基本权利的价值功能便会限制在“政治宣示”的层面，而不具有任何实体上的意义。对于宪法程序尚不完善的国家或地区，要使公民基本权利条款具有实体上的意义，如果脱离政治的变革，不啻是一个重大的挑战。在宪法程序尚未获得普遍社会共识的情形下更是如此。

近些年来，随着学界对宪法事例的不断挖掘，宪法学在实证研究方面开辟了一条全新的路径。但对宪法事例的挖掘和诠释中却少见关于宪法程序方面的深入探究，足见程序问题仍未引起学界足够的重视，也未获得方法论上的突破性研究成果。我国传统上的宪法解释学，似乎是通过国家与社会、权力与权利的二元界分的方法来达至上述目标。那种以基本权利为视角的个体主义和实证主义的研究方法，对于立法程序、行政程序和司法程序的推进发挥了关键性作用，其进一步的深入推动仍在进行中，但目前似乎是遇到了很大的阻力。2001 年，最高人民法院曾就“齐玉苓诉陈晓琪等侵犯受教育权案”做出《最高人民法院关于以侵犯姓名权的手段侵犯宪法保护的公民受教育的基本权利是否应承担民事责任的批复》(以下简称《批复》)。该《批复》曾一度引起宪法学界和社会各界的普遍关注，被称之为中国“宪法司法化第一案”。围绕这一案件，宪法学界进行了长时间的讨论，引发了一些深层次的思考。时隔七年之后，最高人民法院再一次以“决定”的司法解释方式(以下称《决定》)将《批复》予以“废止”，而给出的理由是“已停止适用”，并衍生诸多宪法议题。另一个著名的事例

---

① 依据 1982 年《宪法》之规定，宪法的解释权归属全国人大常委会。但因宪法并没有启动宪法解释的程序性规定，也没有推动宪法解释的成功先例，而学者围绕“宪法司法化第一案”、“孙志刚案”试图启动“违宪审查”程序的努力至今未见成功。

是“孙志刚收容遣送致死案”，该案并未启动全国人大常委会的“违宪审查”程序，而以国务院废止《城市流浪乞讨人员收容遣送办法》而告终。这两个案例算是“程序性辩护”的推动实例，颇发人深省。由于我们无法复制其他国家宪法的相关规定，上述方法欲突破传统的桎梏，恐怕尚待时日。① 而那种以权力为视角的宪法学研究方法，更是少有人尝试。

权力视角下的方法论，有别于传统上以基本权利为视角的研究方法，是一种以权力为出发点的推论方式。这种研究方法及其推论方式，不仅对于宪法变迁不可或缺，而且对于权力链接程序价值的社会共识之达成具有重要的现实意义。在更为终极的意义上，该研究方法可以起到平衡宪法的政治性与法律性的作用。虽然在某种程度上可以把这种方法论看作一种政治的而非法律的推论方式，但不可否认的是，在从政治宪法向规范宪法过渡的过程中，必须在原则上把握好宪法的政治性与法律性两者之间的平衡关系，不能因为历史上的“政治阴霾”而一味排斥宪法的政治性、极端强调法律性。因为，“宪法首先是法”的论断容易使宪法潜意识地偏执于法律性而有走入“纯粹法学”极端的可能。②

拉伦茨曾经说道：“不管愿意不愿意，方法论会导向哲学。即使

---

① 如美国1787年《宪法》中“国会不得制定关于下列事项的法律：建立宗教或禁止宗教自由；剥夺人民的言论自由或出版自由；剥夺人民和平集会以及向政府申冤请愿的权利”之规定，以及法国1958年《宪法》中“国家主权属于人民，经由其代议士及人民复决方式行使之。人民之任何分割部分或个人均不得擅自行使国家主权”之规定，再如德国《基本法》中“任何人不得因性别、出身、种族、语言、籍贯、血统、信仰、宗教或政治见解而受歧视或享特权。任何人不得因其残障而受歧视”之规定，都属于实体性的对立法权的控制手段。

② 参见王书成：“宪法方法论之觉醒——由合宪性推定说开”，中国宪政网：http://www.calaw.cn/Pages_Front/Article/ArticleDetail.aspx?articleId=4603，最后访问时间为2009年11月6日。

方法论本身没有意识到，每种方法论都有相应适切的法哲学。”[①]从宽容的宪法精神以观，权力或权威必须受到限制，以使之尊重或认可不同的价值观念，从而宽容必然支撑多元价值体系。这种多元价值体系要想求得“共生共存”，而不至于使一种价值观念压制和歧视另一种价值观念，在宪法的架构内就必须依赖于一种方法论的支撑，而这种方法论首先必须能够在宪法的政治属性与法律属性之间保持某种平衡。或者说，它必须采用政治属性的研究方法，使宪法具有一定程度的开放性和反思能力，以便于能够及时与人们的政治观念认识达成一致。同时，还必须采用法律属性的研究方法，以使宪法能够作用于实践而保持一定程度的稳定性和权威性，并使之真正成为“实践的处方”。

宪法的政治属性关注的是构成社会的不同政治力量在宪法中的确认问题，主要关涉国家权力结构机能以及不同的政治因素对宪法理论与实践的影响等。而法律属性关注的则是国家与个人之间的权利义务关系，亦即宪法关系。以个体主义的方法论[②]

---

① 〔德〕卡尔·拉伦茨：《法学方法论》，陈爱娥译，商务印书馆 2004 年版，第 120 页。

② 自从张千帆教授将方法论的个体主义（Methodological Individualism）引入我国宪法学以来，开始受到学界的普遍重视。这种方法论，又称个人主义方法论，也被称为“化约主义”（Reductionism）的一种形式，主要是作为一种哲学的研究方法，将社会的发展看作许多个人的聚集（整体上是个人主义的一种形式），以此解读和研究许多学科。在最极端的形式上，方法论的个人主义认为“整体”只不过是“许多个体加起来的总和”（原子论）。这种方法论的支持者较多，如汤玛斯·卡莱、威廉·詹姆士、马克斯·韦伯、弗里德里克·哈耶克以及卡尔·波普尔，等等。方法论的个体主义反对将一个被控制的、实验性的群体作为研究模型，因为个人主义否认一个集体可以被当成一个独立的决策者，主张群体只不过是许多个体的组合，因此应该以个体行为作为基础研究社会科学。这种方法论也常被用以攻击其他集体主义的研究方法，例如历史主义（Historicism）、结构功能主义（Structural Functionalism），也反对以社会阶级、性别角色和族群作为研究实体，甚至研究商业广告对于个人喜好的影响也被视为与方法论的个人主义相悖。

为例，法律层面的个体主义主要是以个人基本权利为研究的中心议题，而政治层面的个体主义则是以个人的政治行为作为研究的中心议题。因而在宪法学方法论的选取上，即便是那种规范宪法学的方法论，也应当适当地考虑宪法的政治性，至少不应排斥宪法的政治性。近来学者们普遍关注的“合宪性推定方法”，也没有排斥宪法的政治性，相反极大地包容了宪法的政治性。[①] 可见学界在选取上述方法论的时候，还是充分考虑到了宪法的政治属性问题的。

不过就宪法方法论而言，理论方法和实践方法必须有一个明确的界限，实践研究方法至少可以不考虑宪法的政治属性，而仅以法律属性对待。正如我在前面分析的那样，在宪法的结构功能设计中，依据宽容理念必须有一个中立的机构来适用宪法，以保持立法机构、行政机构以及宪法机构之间的平衡。因而，与司法实践有关的宪法方法就应当“去政治化”。

（二）权力视角下的宪法类型及其推论方式

以权力为视角的宪法学方法论，主要关注宪法权力结构机能中各组成部件的链接程序。其主要的推论方式有三种：机械类型的推论方式、有机体类型的推论方式和文化类型的推论方式。

机械类型的推论方式将构成宪法的各个基本组成部分做硬性的切割，各基本部分只能在其职责范围内行动，不能有任何形式的逾越，可谓“各负其责，各司其职”。同时，机械类型的推论方式还特别强调一种“整体优先于部分”的观念，暗含着“每一部分一旦被置于适当的位置后，就必须坚守岗位，完成其特定的职能”，因而特别注重研究各种宪法制度之间的相互作用。

---

① 参见王书成：“宪法方法论之觉醒——由合宪性推定说开”，中国宪政网：http://www.calaw.cn/Pages_Front/Article/ArticleDetail.aspx?articleId=4603，最后访问时间为2009年6月5日。

这种类型的思想及其观念，把处理问题时的推论建立在一种常识的甚或修辞化的基础上，因而欠缺经验的科学观察。其最简约化的推论方式可以用下述等式表述：宪法条文或宪法原则＋政策抑或宪法问题＝正当性声明。典型的如不断地通过修正政府机构的方式来促使机构职能的转变。中国自改革开放以来的历次政府机构改革，在此意义上都可以算作这种思想观念的产物。

这种类型的宪法是否运转良好，既有赖于制度设计的科学性与严密性，又有赖于构成宪法的各个基本组成部分之间的严格分工与紧密协作。众所周知，权力分立与制衡是西方国家现代宪法的一个显著特征。这种制度设计的目的在于限制政府权力，建立有限政府，使立法权、行政权与司法权相互牵制，以达人权保障之目的。反观我国，虽然宪法也对立法权、行政权与司法权进行了权能界分，但从宪法制度的整体设计来看，这种权能界分只能被看作一种“职能分工”，在解释上也通常以“分工协作”予以解释。这种制度设计与中国传统政治文化中避免出现表面对立与冲突的愿望相一致，也与遵从“整体优先于部分”（如国家利益和集体利益优先于个人利益）的集体主义思想相契合。不过，一旦机器运转失灵或者出现老化问题，最好的办法就只能像罗文斯坦所说的那样，改变行政机器的汽化器，使原来从上而下的推动方式变为从下而上，同时增加一个行政首长。显然，由于真理问题的复杂性，宽容宪法就不可能完全采用机械类型的推论方式，否则权威的分配和压制就是不宽容的。

从整体（全体）与部分的哲学关系范畴以观，如果把政府看作由各组成机构（部分）构成的全体的话，那么这些组成机构与作为整体的政府之间就会呈现一种矛盾的关系。因为，如果要使政府这部“机器”正常运转，那么它的每个组成部分就不可能是独立的，且必须严格规定每个组成部分的职责分工范围，使每一个部分不得逾越其界限。而与此同时，“这些部分彼此是不同的，而且是各自独立的。但只有就它们相互间有同一关系，或就它们结合起来而构成全体来说，它们才是部分。但是结合起来就是部分的对立面和否定”①。很显然，政府的宪法结构不可能是一种机械部件间的关系，它需要对各个组成部分进行链接，以便于能够让它有效运转。在此意义上，政府更像是一个有机体而不是一部机器，而“如果我们要真正认识有机体的生命，单凭全体与部分之间的外在的机械的关系是很不够的”②。

对于生物类型而言，由于是由各种具有长久性的关系历程的结构功能性质的特定关系组成，因而其分析的基本单位被罗文斯坦认为是一种具有交互作用特征的关系，并包括先后关系和程序。拿美国宪法为例，如论及联邦政府就是论述联邦关系，论述国会的职能就需要论述国会与总统、国会与法院的关系。这种推论方式特别注重研究各团体间非正式的交互作用。美国在传统公法研究领域所普遍采用的司法程序研究法(Judicial Process Approach)就是这种类型研究法的一个典型代表。

有机体类型的推论方式，是美国在传统公法领域所采用的主要研究方法。按照这种研究方法，宪法的功能不过只是一种维持各政府组织功能关系的“正当性声明”。因而，为使宪法能够较好地维持这种正当性声明，就必须建立一种马歇尔大法官通过“马伯里诉麦迪逊案”中所确立的司法审查制度，以使这种“正当性声明”能够为“构成政府组织的骨骼”赋予肌肉，从而使其特殊的宪法解释制度弥补其政府组织结构功能化的制度设计的不足，其最

---

① 〔德〕黑格尔：《小逻辑》，贺麟译，商务印书馆1980年版，第281页。

② 同上书，第282页。

简约化的推论方式可以用下述等式表述：宪法关系＋政策抑或宪法问题＝正当性声明。这种推论方式的运用，与其特定的尊重司法的文化传统有着密切的关系。

从宽容理念以观，生物类型的研究方法和推论方式恰如沃尔特·白芝浩在《物理与政治》一书中所运用的，是一种政治的推论方式。这种推论方式，将宪法放置在一个更为广阔的领域来加以讨论，而不是在纯然宪法规范的层面能够较好地弥补机械类型的推论方式可能造成的权威分配和压制所带来的冲突和不宽容。但是，它同机械类型的推论方式一样，欠缺对个人政治行为的宪法探究，容易忽视极少数人特别是权力和权威持有者的文化因素或德性基础，既不利于真正的宪法的成长，也不利于在文化层面获得宪法正当性声明的获得。同时，从重视团体的机械结构功能关系到重视其交互关系，虽然能够有效地维持其特定的生物机能，但由于习惯的惯性或者惰性的普遍存在以及对自由的关系限制，必然使得构成政府的组织以及团体保持其传统职能，以维护政府的正常运行。因而，有机体类型的推论方式虽然较机械类型较少强调"各负其责，各司其职"，但其成员的自由程度仍然受制于各组织团体的固有职能。由此，宪法的"正当性声明"仍然会成为强力团体压制弱势团体的依据，而成为不宽容的一个可能的来源。

事实上，将国家看作有机体不过是一种理论上的拟制，或者说它只是一种理想。因为对生物类型的有机体而言，每个组成部分是完全融入到整体之中的，部分不可能独立存在。整体是在感知部分的基础上做出判断的，它不可能不知道或了解每一个组成部分。但对国家而言，虽然公民个体是组成国家的基本单位，但整体是无法感知到每个个体的，正像哲学家罗素所比喻的那样，国家是不可能感受到一位饱受饥寒的农民的感受的。所以，有机体的推论方式是无法关照到个体的。

近些年来，伴随着文化多元和立宪自由主义的现代发展，少数团体或者个人的政治行为问题以及与之相适应的个体主义和正当程序的研究方法开始受到普遍的重视，并逾越了大团体主义的传统范围。由此，文化类型的推论方式开始受到推崇，其最简约化的推论方式可以用下述等式表述：正当程序或文化因素＋政策抑或宪法问题＝正当性声明。

文化类型的研究方法和推论方式，能够弥补生物类型研究方法和推论方式的不足，从而有利于完成罗尔斯在其《政治自由主义》一书中试图极力解决的“宪政共同信念”的宽容基础问题。这种“宪政共同信念”是维持一个法治国家宪政秩序的基本前提，而这也是宽容宪法所必须面对的一个宪法命题。否则，宽容理念就将面对下述合理质疑：宽容谁？宽容什么？对“不宽容者”是否宽容？对无法宽容的内容是否宽容？事实上，文化类型的研究方法和推论方式能够有助于建构一种主导宪政文化或宪政共同信念，从而有助于限制或排除宽容理念本身可能带来的无政府主义泥潭。

综上分析可见，程序是宪法生命的所在，也是维系国家权力结构机能以及宪法基本权利与权力关系的纽带。权利视角下的方法论，通常以关注公民基本权利的保障为依归，对于实现个人基本权利、限制公权力以及宣扬人权至上的观念具有重要的作用和现实意义。但因政治先于法律存在的事实以及宪法的政治法属性，基本权利视角下的方法论就具有一定的局限性，特别是在解决“宪政共同信念”的基础方面无法全然发挥其功用。因而在坚持传统宪法学方法论的同时，还应当谨慎而适当地运用权力视角下的方法论，特别是那种有机体和文化类型的推论方式，以期建构一种主导的宪政文化或宪政共同信念，深入推动中国宪法变迁与宪政成长的进程。

三、余论:宪法的根本属性之检省

在西方民主法治国家,宪法的主要功能或者说根本属性在于保障人权,乃是建基于其固有的民主文化传统和政治体制之上的。这些国家的宪法(英语、法语皆为Constitution,德语为Verfassung)是作为民主政治运作过程法律化的依据,是对国家民主法治治理模式的一种纠偏行动。虽然它也重视权力的分立与制衡问题,但在民主体制下,宪法的终极性在于防范立法带来的那些诸如歧视立法、弱势群体保护问题。而在我国传统宪法学上,由于过去一直以来重视宪法在保障人权方面的功能①以及推动社会的权利共识之愿望,关于权力配置规范方面的研究成果较少,表现在对宪法根本属性的认识上,还存在一定的误差。这一误差是在中国语境下造成的一种特殊现象,而不是世界各国共有的普遍现象。

与古代自然属性的国家观不同,自近代以来建立在理性建构主义基础上的国家观,更加强调国家的理性。与此相适应,一国之宪法须以"国家理性"建构其组织机构和基本制度,而此种宪法通常可以看作是一个国家的总章程。但是,由于受西方学术界的

---

① 芦部信喜认为,"尊重个人"的原理以及以此为基础的人权体系才是宪法的根本规范,组织规范的存在归根结底是为了服务于人权规范。樋口阳一教授也认为,宪法中的人权条款,可视为一种"实体性的人权规范",而有关统治机构的条款,则相当于"实现人权目的的程序性规范"。比较宪法学权威学者罗文斯坦认为,对基本权利和自由的确认和保障,乃是立宪民主主义政治体系的本质核心。我国学者林来梵教授也持类似观点。参见林来梵:《从宪法规范到规范宪法——规范宪法学的一种前言》,法律出版社2001年版,第69页。

影响,我国学者在论及宪法的根本属性时,一般将宪法的根本属性确立为保障人权,将宪法的根本规范确定为人权规范。虽然权利保障是近代立宪主义的一个本质的构成要素,①且近代宪法的产生历史与人权保障有关,但这并不能应然地推导出宪法的根本属性在于保障人权。因为,作为国家总章程②的宪法源自国家的建构理性,乃是一个不争的事实。而且,国家的存在是以国家的组织机构和基本制度为基础的,共和制、民主制、君主制如此,联邦制、邦联制、单一制、混合制如此,两权分立、三权分立、中央与地方的权力分立亦如此。因而,基于一国的文化传统,选择最为合适的国家政权组织机构和基本制度是最为重要的事情。正如我们盖房子一样,打下的地基将决定这座房子的基础。当房子建好以后,如果有何不合适的地方,我们也就只能凑合一下了。除非推倒重来,而这往往要经历一个漫长的痛苦选择历程。由此看来,宪法的自然属性在于其组织规范而非其人权规范。对于那些全然没有落实民主法治的国家或地区而言,在理论上过于强调宪法保障人权的功能似乎有点“隔靴搔痒”的感觉。

不过,那种将宪法的根本属性界定为组织规范的做法,也极容易成为那种极权主义非正当性的依据而误入歧途。因为,人权规范对于宪法而言的确是不可或缺的。③ 诚如 1789 年法国《人权

---

① 林来梵:《从宪法规范到规范宪法——规范宪法学的一种前言》,法律出版社 2001 年版,第 68 页。

② 1954 年中央人民政府委员会讨论我国第一部宪法草案时,毛泽东同志有一段话,他说:“一个团体要有一个章程,一个国家也要有一个章程,宪法就是一个总章程,是根本大法。”日本学者宫泽俊义在关于宪法概念的讲话里也曾指出:“各种组织、团体都必须有章程。国家这个团体也要有章程,国家的章程就是宪法。”

③ “人权规范”试图表述的是人权既是先于国家的权利,也是国家赋予的权利。并不反对将人权作为天赋的自然权利的自然法观念。

宣言》第16条所指出的那样，凡权利无保障和分权未确立的社会，就没有宪法。更为重要的是，没有基本权利和人权，就无法促使公民道德人格的自我实现。①

这种认识并非一蹴而就，而是经历了漫长的发展历程。正如市民社会的生成过程是从道德和习惯的约束发展到法律控制一样，在长期的政治实践中，人们基于对政府统治和人性的普遍认知，民主政治运作过程法律化已成为一种历史发展的必然。而法律的制定却内在地需要立法者，且立法者必须具备两个条件：一是代表人民的意志；二是具有立法者必须具备的法律素养（理性、正义和立法技巧）。就代表人民意志而言，法律的制定离不开民主制度的确立。而民主制度往往是多数人统治少数人的制度，因而民主法治虽然能够实现法律的统治，却不能全面保障每个人的自由和权利。特别是在民主变成一种"流行病"的时候，专制便会"死灰复燃"，德国纳粹时期便是如此。意识到这一点并基于对人的自然属性的深刻把握，以建构国家组织机构、保障人权为核心的宪政制度就像新生儿一样悄然降临。宪法的使命在于保障新生儿的生命得以健康成长，不受任何非法之侵害。但在今天，当鼓吹人权的时候，仅仅把宪法的核心理念界定为"人权保障"，会让人们忽视国家组织结构以及国家和社会根本制度的重要性，这种观念既不切实际也是极其有害的。②

---

① 参见〔德〕考夫曼：《法律哲学》，刘幸义等译，法律出版社2004年版，第307页。

② "在82年宪法制定时，彭真发表意见认为，宪法各章次序，把公民权利和义务移到国家机构之前，从理论上说有争议。既然宪法修改草案已经移到前面，可以不必再改，但要说清楚，即根本问题是政权，人民没有政权，就没有个人权利，公民权利是由政权来的。"蔡定剑：《宪法精解》，法律出版社2006年版，第88页。

由此看来,保障人权并非宪法唯一的属性,它仅仅是宪法属性的一种而已。这种属性与民主法治有关,是为防范民主专制和不宽容而设,为保障一国内所有人的自然权利而制定。因而,有关于人权保障的法律在效力上必然高于代议机关基于民主立法原理所制定的法律(至于这类保障人权的法律是否由宪法来加以规定并不重要)。有"宪法性法律"[①]而无成文宪法的英国,仍然属于实行宪政的民主法治国家。

然而,上述于于"人权保障的法律在效力上必然高于代议机关基于民主立法原理所制定的法律"的结论,却未必经得起论证和推敲。因为,代议机关制定的诸多法律也往往以保障人权为目标。如在公法领域,行政法作为限制和约束行政权力、保障人权的法律是公认的事实。而在私法领域,诸多民事权利事实上不过是宪法权利的具体化而已。由此,为防范多数民主自身的缺陷和立法之随意性,将人们所发现的"人之为人所应当享有的权利",通过宪法加以规范化就成为一种必然的选择。当然,将人权条款写入宪法还有另外一种考虑——将人权规范制度化。当今世界诸宪政国家普遍实行的违宪审查制度[②]的建立,就是一种从政治观念到宪法规范、再从宪法规范到宪政制度的一种自然的历史演

---

① 由议会制定,高度稳定,具有超出一般法律的宪法性效力。如1215年的《自由大宪章》、1628年的《权利请愿书》、1689年的《权利法案》、1701年的《王位继承法》等。

② 指为了维护宪法的最高地位和权威,由特定的国家机关或机构依据法定程序对涉及是否违宪的法律和行为进行宪法意义上的审查并做出处理的一种宪法保障制度。在我国,违宪审查与司法审查、宪法监督、宪法适用等概念在引入的初期似乎是被学者们无意识的"混用"了。在特定的历史话语结构的背后,这种"混用",恐怕与理论界试图突破目前的司法体制有着某种关联,因为"司法化"的话语背后乃是法院"违宪审查机制"的建立,其直接关涉司法独立与宪法解释权等核心命题。

进过程。美国宪法之所以能够真正地实践宽容的理想，其根本原因恐怕也在于此。

显然，那种将建立权力分立与制衡以及违宪审查制度的国家的宪法根本属性极端地推崇为人权规范的做法，是值得商榷的。因为，法国《人权宣言》是伟大而崇高的，但如果只是停留在观念层面的话，就无异于“空中楼阁”。因此，就宪法意义上的宽容而言，它既是民主宪政的前提条件，也是宪政民主的一个结果，一种因为体制和制度宽容所导致的——通过宪政制度设计而达至防范不宽容的目的——必然结果。或者说，它是现代民主宪政的精神所在，是将人（性）的尊严作为终极价值追求的、通过“自由平等”的宪政制度予以保障的一种现代生活方式。当然，在这里我无意于否认人权原则或人权规范在实现宪法意义上的宽容理念的重要作用。因为，在法治的框架内，只有法律（宪法）所赋予的公民权利才是人们防范权力持有者不宽容的唯一合法的“武器”。

第三节　宪政宽容与宪政成长

宽容作为美德是崇高的，但它并未受到人们的尊崇，因为它在许多问题上都不能提供两全其美的解决之道，特别是在那些尚未建立宽容宪政体制的地方，宽容的美德就更加地难于做到。①

---

① 有学者指出，只有在相互承认宽容交往规则的基础上，普遍宽容才有可能。在各种专制政治权力、原教旨宗教、民族主义和种族主义公开主张压制和不宽容，怨恨蔓延的社会中，宽容势单力薄，作为策略显得愚蠢，作为道德显得矫情。只有社会中的多数人对相互宽容的前提达成共识，彼此承认并接受他者的视野时，宽容的难度才能降低。参见李永刚：“宽容：一种政治哲学的解读”，《开放时代》2006年第5期。

在宽容变成一种“无奈之举”或者是“术道”时，诚实的美德将会消失。人们为了生存，要么忍气吞声“夹着尾巴做人”，要么玩弄权术于股掌之间，从而使得那种“虚妄的宽容”成为“不宽容的源泉”。吊诡的是，如果没有真正宽容的政治文化基础，宽容宪政体制的生成同样会面临困境。这真是一个宪政生成的难题！对于这一难题的解决，理性而期冀和平的人们总是希望有一个两全其美的解决之道。

一、权利(人权)共识与宽容

如前所述，要保持共同体（国家）自由与个人自由之间的平衡，防范两种形态的不宽容，就需要建构与国家本性相契合的民主政体以及保障个人自由的制度。因关涉每个公民的政治选择自由，民主制度能够最大限度地提高公民的权利意识和保障公民的利益诉求，与政治权利之社会共识的达成关联密切。所以，在那些还没有建立宽和宪政秩序的国家，为防止权力专断，就必须转换国家治理模式，摸索建立符合本国国情的民主制度。

对于中国而言，以上结论或许应该做出某些修正。基于德治文化传统，中国的传统治理模式既不同于西方古代的君主专制，也不同于现今西方国家的民主法治，而是表现为一种“威权主义”①。在

① 威权主义是一种处于民主政体和极权政体之间的政体形式。其主要特点是：既非民主也非集权；严格遵从政府的权威；常运用压制性手段来维持和执行社会控制。在实行威权主义的国家中，国家具有更高的权威并渗透到社会生活的各个方面，其中很多方面属于个人自由的范围。威权主义的程度不同，其对公民生活的干涉程度也会不同。威权主义不是一种政体的描述，而是一种关于国家权威的描述，其极端的表现形式是消灭社会。不过，即便是奉行民主和自由的国家，也会在某种程度上表现出威权主义的一面，比如在国家安全问题上。

这种模式下,国家通过控制"知识"(学而优则仕)塑造着社会道德习俗,人民的权利主要受制于社会道德习俗而不是国家权力。[①] 所以人们会看到,历史上那些成功的社会变革运动并不是某些学者所认为的"自上而下",而是"先自上而下,后自下而上"。[②]

在这种威权主义的国家治理模式下,与民主相伴而生的法治主义思想难于自发生成,且容易造成一种"无法无天"的政治后果。比如在"文化大革命"期间,对权威的信任和长期积累的仇视被一股脑地激发出来,形成了强大的社会压制性力量,造成了极大的不宽容。与西方社会民主法治意义下的多数对少数形成的压制与不宽容不同,这种不宽容与法治并无关联。但如果据此认为中国根本没有民主制度的"胚胎",则是错误的。因为,中国三千余年的封建历史,虽未见西方式的民主实践与成功的先例,但仍可以找出不少类似于西方"参与民主"的例子来。[③] 不过,这种"参与民主"并非为权力的行使获得一个正当性(合法性)的基础,而是为了防止权力的滥用而危及政权的根基。从纯粹的历史经验出发,1982 年修改《宪法》时将"公民的基本权利义务"一章提前,放置在"国家机构"之前,并不是像西方国家那样,为权力设置一个不得随意逾越的界限。

从文化的视角来看待这一现象,也许会带来更大的困惑。儒

---

① 在中国传统社会中,允许地方行政官员控制司法资源,以便灵活处理社会问题、塑造官员的权威。法律在某种程度上受制于政策,严格执行法律通常是行不通的。因而塑造权威具有重要的政治意义和社会现实意义,以至于在权威的塑造过程中会夹杂一些"神话"或"迷信"。

② 中国历史上那些著名的改革运动获得成功的原因,除了政策的大力推行以外,主要是与社会民众的心理和思想潮流发生了某种契合。这种政策的推行通常是对以往严苛制度的一种纠偏行动,往往能够获得民众的普遍支持。

③ 中国并不存在真正西方意义上的"参与民主",而是一种主政者重视倾听不同政治力量之意见的"协商式民主"。

家德治文化传统乃至当今的社会主义性质的文化传统，都将“个人的实现”从属于某个更高的“集体之善”。但片面地宣称这一点是很困难的，儒家政治哲学认为个人的实现与共同体的实现是相互依赖的，而西方支撑个人主义或集体主义的主要思想在中国只有较小的影响。① 虽然有人可能认为，中国的个人是一个处于关系场域中的角色，而不是一个有机体的个人。从人的角色的定位中可以看出，中国式的个人发挥的似乎是一种“集体主义”的作用，但这种作用并不强调私人领域与公共领域的区分，或者说在这样的场域中并不存在与私人领域相对立的公共领域。个人的也是公共的，公共的也是个人的。个人在家庭关系、家族关系和群己关系中行事的准则主要是儒家的伦理规则或“仪规”。可以说，“中国传统社会或文化并不是没有个人自由，但并不是个人主义社会，也不是绝对的集体主义社会，而是介于个人主义与集体主义两者之间”②。

将改革开放作为一项基本国策并引入市场经济制度以后，这种状况得到了一定程度的改观，并开始影响到人们的生活方式（人们逐渐从道德习俗的控制中脱离出来）。划分私人领域和公共领域的观念开始受到重视。在经济利益的驱使和权利诉求的双重催动下，权利本位思想取代传统上的义务本位思想逐渐成为学术界的基本共识，并为中国民法学的繁荣和行政法制的快速发展奠定了基础。

权利本位思想是自由主义的产物，与现代化进程中生产方式

---

① 参见〔美〕郝大维、安乐哲：《先贤的民主——杜威、孔子与中国民主之希望》，何刚强译，江苏人民出版社 2004 年版，第 129 页。

② 余英时：《现代儒学的回顾与展望》，生活 · 读书 · 新知三联书店 2004 年版，第 62 页。

的选取有着密切关系。从深层的经济原因来看，“亚洲特定的生产方式为亚洲社会中产生立宪主义提供了经济条件。学者们普遍认为，在探讨亚洲现代化模式时应注意亚细亚生产方式的特点，把它作为每个亚洲国家国情来考虑。因为立宪主义存在于一定社会的物质生活条件之中，具体反映不同国家的现实经济关系”①。由此，在一些学者看来，经济发展必将导致公民权利意识的提高，而公民权利意识的提高必将进一步推动中国的民主法治乃至宪政的进程。这反映在学者们的著述中，过去三十余年来关于人权（权利）保障方面的著述，占据了法理学和公法学领域法律文献的“大半江山”。

生活方式的改变和公民权利意识的提高，客观上为宪法变迁与宪政成长提供了经济和文化土壤。1982 年《宪法》制定以后的四次修正案印证了这一变迁的历程。特别是 2004 年“第四次宪法修正案”曾被一些持乐观主义观点的学者认为是“开启了中国民主宪政的历程”。但正如我在前面指出的那样，宪法修改毕竟只是宪法变迁与宪政成长中的一个方面，它只是对政治活动确认过程的一部分。由于宪法解释和违宪审查机制没有真正建立起来，在民主宪政问题上并未形成普遍的政治和社会共识，这从知识精英阶层的“极力推崇”态度和政治家们的“冷静”姿态之直观对照中，可以管窥一斑。

在社会层面上，经济上的利益诉求“扰乱”了传统上人们对公共领域的关注程度，甚至败坏了人们的德性。“利己主义”的思想重新抬头，并与现有制度发生了猛烈的碰撞，对于什么是公共领域、什么是私人领域这样的问题，已经越来越多地困扰着当今中

---

① 韩大元：“美浓部达吉立宪主义思想研究”，《比较法研究》2010 年第 4 期。

国社会各个阶层的人们。期冀政治变革的呼声此起彼伏，但很显然，人们并没有真正做好迎接这一变革的准备。因而，理性地看待民主宪政的价值诉求，并在学理上考察“自由平等”宪政体制的生成条件，在当下就显得非常迫切而必要。就宪法学界而言，仍然面临许多艰难困苦的工作，其中之一便是如何让宪法真正走进人们的生活，让更多的人了解人们为什么需要宪法，什么样的宪法可以确保这一伟大变革的成功而不至于重蹈历史的覆辙呢？

规范宪法也许是一个“反向推论”的可行方案。在《从宪法规范到规范宪法——关于规范宪法学的一种前言》一书（第263至294页）中，林来梵教授将规范宪法的生成条件概括为以下公式：规范宪法的条件＋规范宪法的民法基础＝规范宪法的生成条件（氏著《规范宪法学》一书第三编“规范宪法的生成条件”，第一章是“规范宪法的条件”，第二章是“规范宪法的民法基础”）。在我看来，这样的安排暗示着以下的逻辑进路，即经济发展有助于私法的繁荣，而私法的繁荣为权利（人权）共识的达成提供了现实基础，并成为规范宪法生成的一个条件。

规范宪法的生成，在某种程度上依赖人们权利意识的提高特别是人权的社会共识是毋庸置疑的。因为没有人权的社会共识特别是思想自由、表达自由、个性自由的社会共识，规范宪法以及宽容宪政的社会基础就不可能建立。然而，人权之社会共识的达成并不全然依赖经济发展。一方面，权利意识的提高往往有赖于它在人们生活中的地位和影响，或者说它必须成为一种权威的象征，而这需要一种可操作性的宪法监督机制；另一方面，产业社会发展到一定程度，未必会带来宪法规范与社会现实的“共同栖息”。没有民主制度的真正实施，就不可能将权力的行使限制在“公共利益”的范围内，当然也不一定会导向“规范宪法的生成”。

从宪政文化的生成的视角来看，虽然市场经济强化了“个体”的生产力角色，但并没有进一步拓展到政治领域，独立自主的个人主义观念仍然受到压制。由儒家文化传统导致的习俗意义上的集体意识仍然据有话语权，并对统治秩序产生了较大冲击。而这种冲击的后果之一便是将执政党的政策与掌权者的德性链接起来，用道德思维来看待法律政策、立法、执法和司法问题。社会民众通常将政策看作反映个人品行的一种行为，而对政策的抨击通常意味着对统治权力的抨击。由此看来，人权共识的达成并不是单纯的经济发展那么简单，它还需要某种约束权力和权利的体制与制度文化，才可能真正成为人们的生活信条。

林来梵教授显然是敏锐地观察到了这一点，故而除了民法基础之外，还将宪政看作规范宪法生成的另一个重要条件。按照规范宪法学和宪法解释学的进路，这一条件主要体现为宪法解释和违宪审查机制的建立。正如我在本书第四章所详尽阐释的那样，违宪审查是宽容政体的重要实践形式，其基础是自由、多元和民主。但吊诡的是，只有自由平等的宪政体制（包括违宪审查机制）才可能保持或促进多元。换句话说，只有那种体现宽容理念的自由民主宪政秩序的建立，才能真正提供罗尔斯所言的“宽容的社会基础”。

但是在规范宪法学的进路里面，是无法将宽容的宪政文化考虑在内的。对于目前的中国社会而言，宽容的宪政文化基础仍然处于一种未知的状态。一方面，改革开放三十年来的发展进程，可以视为突出经济发展在构建和谐社会中的地位，甚至还可以看作一种宽容的权利保障机制在发挥作用，但市场经济不等于经济发展。换句话说，经济发展如果不是完全的市场经济的结果的话，人权的价值共识就不可能真正达成。另一方面，即便是实行完全的市场经济，政治因素仍然是不可忽视的实现宽容的前提条件，特别是多元政治的结构和平衡性政治力量的存在。[①] 更为重要的是，由于民主制度实践迟迟没有推开，政治宽容文化的制度基础并不存在，在理论上的研究更是被人所轻视。

由此看来，无论从世界宪政实践经验出发，还是从宽容宪政的理想模型出发，人权共识并不是实现宽容宪政的充分条件。因为没有宽容的民主政治文化基础，真正的宪政就不可能建立。那种认为“西方宪政的基础在于私法的发达”的观念认识，因忽视西方社会自由民主政治实践的历史传统显然过于天真。因而倡导一种“争取宽容”而不是中国传统上那种“革命斗争”的观念，对于中国的民主法治实践而言便显得必要而迫切。因为没有宽容，人们就不能和平地取得关于基本价值(或其他事情)的共识，权利保障制度的建立就会更加困难。

但这并非下一个结论那么简单。在一些学者看来(基于对英国的民主宪政历史实践考察)，只有存在均衡的社会政治力量的情况下，争取宽容才有可能。但是，恰如郭华清教授指出的那样，这样的经验认识并非“放之四海而皆准”的真理，那种认为先有了均衡的社会政治力量或其他客观条件，从而造成执政党宽容反对党或者政治团体(派别)的精神，然后再拿这种宽容的精神去进一步改造社会政治的观点，乃是一种玩世不恭的观念。[②] 一方面，如果执政党或者享有权力的政治利益团体压制其他社会政治力量，

---

① 英国政治实践的历程一再向人们表明，政治力量的平衡是走向政治宽容的重要前提，特别是王权与贵族力量的相对平衡对英国政治以及英国人宽容性格的养成所产生的重要影响，其所形成的道德准则为英国宽和的宪政秩序的形成提供了社会基础。

② 参见郭华清：《宽容与妥协——章士钊的调和论研究》，天津古籍出版社 2004 年版，第 241 页。

"先有均衡的社会政治力量而后有宽容精神"岂不是永远不可能的事情；另一方面，均衡的政治力量如果没有宽容宪政文化的支撑，就更加容易演变为一场"内乱"或导致"专制复燃"。所以，为着法治的理想和民主生成的愿望，应进一步探讨中国传统文化中的德性宽容与民主的关系问题。

二、德性宽容与民主的生成

在西方社会，作为一种现代生活方式，民主与宽容的关系主要在政治宽容的层面上展开，就纯粹的道德宽容与民主之间的关系问题，少有人关注。但就中国传统社会而言，德性宽容与民主生成的关系问题，自近代以来都是一个无法忽视的宪法议题。

毛子水先生曾经在其"宽容与民主"的短文中，开门见山地说道：

> 民主政治的基本条件是宽容。这所谓宽容，亦即忍耐；但并不是世俗所谓忍耐。世俗所谓忍耐，往往是"勉强而行之"的。出于勉强的忍耐，有时虽然可以称作人类智慧的表现，但有时也有极不合理的地方。我们所谓宽容，乃是根据人性而规定的一种做人的态度。这种态度，在消极方面，便是古人所谓"恕"；在积极方面，便是古人所谓"从善服义的公心"。在一个文明的社会里，一个人的保持这种态度，与其说是一种道德，毋宁说是一种义务。①

他的这种宽容观，既不同于中国传统文化中"与礼貌同一层次的

---

① 转引自李震山：《多元、宽容与人权保障——以宪法未列举权之保障为中心》，(台湾)元照出版有限公司 2005 年版，第 69—70 页。

世故德性"[1]的宽容观,也不同于近现代自由主义"坚持真理不确定性的观念"的政治宽容观,而是将宽容界定为一种"根据人性而规定的一种做人的态度"。但问题是,他的这种宽容观是否有助于在中国这样一个具有悠久礼教文化传统的国家实现民主呢?

从西方传统民主的观念出发,答案是否定的。因为,西方传统民主作为一种实际的政治体制形态,主要是一种"多数决规则"(majority rule)[2],体现在宪法权利层面是政治选择自由的权利保障。根据罗富尊博士的归纳,西方学者在论证这种"多数决规则"的正当性时,主要是有四个方面的理论假设:一是"假设集体智慧超过个人智慧";二是"假设'正义'站在多数人一边";三是"假设'人民主权'就是多数人的主权";四是"多数规则是简单易行的民主规则"。[3] 在我看来,正是对这些理论假设的论证和理论争论,才导致了西方各种各样不同的民主理论,催生了诸如古典民主理论、新自由主义民主理论和新保守主义民主理论,等等。在这些理论争论的背后,既有政治哲学的思想脉络,也有法哲学的理论传承。

然而,政治哲学追求"最佳政治秩序"的哲学鹄的与法哲学追求"正义"的哲学鹄的之间是存在张力的。在当今社会,两者之间的关系最为显著地体现在宪政与民主之间的关系上。道德意义上的宽容与民主之间的关系已经远不如政治意义上的宽容与民

---

① 参见李鸿禧:《宪法与人权》,(台湾)元照出版有限公司 1995 年版,第 176 页。

② 关于民主制度必须采纳"多数决规则"及其限制方面的理由,参见〔美〕约翰·罗尔斯:《正义论》(修订版),何怀宏等译,中国社会科学出版社 2009 年版,第 278—284 页。

③ 参见罗富尊:"在自由和平等之间——政治哲学中的'西方马克思主义'民主理论",复旦大学 2007 年博士论文。

主的关系或宪法意义上的宽容与民主的关系来得紧密。① 从纯粹经验的视角来看，古希腊的直接民主制所形成的党争及其带来的不宽容，乃是一个不争的事实。而单纯的代议制民主政治也不能阻止专制、歧视和不宽容的产生，甚至具有反民主之倾向。

显然，倘若我们承认民主是一种个人利益与整体利益的结合，那么上述两种民主制都是民主政治存在的形式。单纯从传统民主的概念出发，民主政治似乎并不一定需要道德意义上的宽容作为其前提条件。更进一步说，我们是不可以推崇通过国家主导的道德宽容的观念来实现传统民主政治的。

那么，是不是可以得出一个相反的结论，即道德意义上的宽容可以不依赖于民主政治而产生呢？似乎一些论据可以为此提供支持，比如中国传统的德治社会，被普遍地认为是一个讲求道德宽容的社会，施行的是科层官僚政治而非民主政治。在特定历史时期出现的那些贤君明主的统治曾经实现了民族和社会的和谐发展，并创造了为世界所瞩目的中华文明，似乎能够提供这方面的经验证据。但是，中国传统儒教文化所讲求的道德宽容不仅是一个道德问题，而且是一个政治问题。因为中国传统儒家文化当中普遍讲求一种中庸之道，这种中庸之道在政治领域，对统治者而言便是一种“术”。所谓的“忠君爱国”、“仁义礼智信”，其根本的着眼点在于通过国家主导的世俗的道德意义上的宽容来维护其统治秩序。

---

① 英国的情形较为特殊，按照诺思和温格斯特的观点，在英国最初的经济发展的历程中，意识形态和道德准则决定了当时占统治地位的宪政秩序，而宪政秩序决定了政治制度和法律制度。但是，我们需要清楚的一个事实是，英国的道德准则是建立在宗教伦理的基础上的，与其宗教歧视与不宽容的历史有关，且在其发展过程中与政治宽容具有不可分割的紧密联系。而在中国传统社会，道德准则与政治意义上的宽容却相去甚远，它只是统治集团维护其政治不宽容的一个工具。

所以人们会看到，在中国的传统社会，德性宽容在社会层面和国家层面都呈现出不同于西方国家社会的面貌。在社会层面，德性宽容通过儒教传统得以实现，恰如历代贤君明主所做的那样，使民众得以教化，社会得以和谐。在国家层面，即便是建构了一整套的道德约束机制来强化对统治者的权力约束，但由于那种维护皇权或特定利益集团的政治体制无法实现公共利益与个人利益的统一，统治者的权力无法像在民主国家那里一样受到普遍约束。即便是出现了贤君明主的统治，一个不容争辩的事实是，如果不采用民主政治，随着"贤德"的异化，往往会带来更大的不宽容。而这种不宽容的主体通常是那些手中握有权力的特权阶层，以及那些依附于权力持有者的特殊群体。在这种情形下，对于社会基层民众来说，道德意义上的宽容就完全蜕化为毛子水先生所言的"世俗的忍耐"，成为"勉强而行之"的代名词。对于权力持有者而言，道德意义上的宽容与不宽容已经完全蜕化为一种政治上的策略行为，纯然不是毛先生所言的"根据人性而规定的一种做人的态度"。或者说，我们所讲求的那种世俗意义上的道德宽容，它的另一面便是不宽容，所谓的"恕"乃是不宽容的一个源泉。因此，在社会层面，道德意义上的宽容的确是可能存在的，但在国家层面，它必然会异化为一种政治上的策略行为，成为统治者不宽容的源泉。在西方中世纪，当宗教与政治尚未分离的时候，这种策略性的宽容同样是统治者进行统治的一种重要方法和手段。

从法治的视角来看，由于中国一直以来尊崇德治的传统，"儒术"开始侵入到法律领域，使得权利保障机制变得更加困难，以至于无法发挥其保障权利的功能。特别是在统治集团掌握道德价值判断权威的时候，那种世俗意义上的道德宽容观就会成为阻滞权利获得救济的重要手段。传统价值观中的"塞翁失马，焉知非福"这样的经验性价值判断，往往会严重地削弱基本权利诉求的实现。当政治性权利的行使不能立刻转化为一种直接利益的情形下，权力行使者往往会运用其经验性价值判断作为自己是否行使权力的道德准则，而传统上的那种世俗的道德意义上的宽容观，客观上为这种经验性价值判断的盛行起到了推波助澜的作用。儒家的"无讼"与"厌讼"观念，就是这种道德意义上的宽容观在法律救济中的一种显现。①

伏尔泰在其著名的《论宽容》一书中（第十九章"记一场在中国进行的辩论"），讲到一个发生在中国康熙初年的故事。故事是从丹麦修会的一位指导神甫、一位巴达维亚小教堂神甫和一位耶稣会会士的"争吵"开始的，争吵惊动了广州城内的一位"颇有修养"的官员。该官员约见三位，并试图调和他们之间的冲突，最后费了好大的劲才制止住这场争吵。但在约见结束之后，耶稣会士又跟遇见的一位多明我教派传教士争吵并"厮打起来"。那位官员得知"发生吵架斗殴"的事，便把二人送进了班房，一位胥吏问这位裁判官说：

> 大人准备把他们关押多久呢？—— 一直到他们取得一致意见时为止，裁判官说。——啊！胥吏说，那他们得在狱里呆一辈子。——好吧，裁判官说，就到他们彼此谅解时候为止。——他们永远也不会互相原谅的，胥吏说，我是了解他们的。——那好吧！这位官员说，那就到他们假装互相原谅时为止吧。②

---

① 参见莫纪宏：《现代宪法的逻辑基础》，法律出版社 2001 年版，第 105 页。

② 〔法〕伏尔泰：《论宽容》，蔡鸿滨译，花城出版社 2007 年版，第 138—141 页。

从上面的例子中可以看出，虽然伏尔泰试图通过这个故事来说明不宽容的流弊，但从中我们也会发现那种中国式的“世俗宽容”的观念以及儒家“无讼”与“厌讼”观所产生的影响。“无讼观”虽然有助于促进社会和谐，但这种观念以及形成的道德准则并不能为宽容的宪政秩序的形成提供基础。传统世俗文化所推崇的那种宽容观是与民主法治背道而驰的，或者说，这样一种宽容观并不利于民主法治的内生，也是不利于西方民主法治文化移植国内的。而这正是西方的法治文化和民主宪政等观念，在中国难于短时间内得以成长的一个重要原因。对此，张君劢先生曾说：

> 明白地说，假定诸位所想望的是现代的政体、现代的家庭、现代的职业，而诸位在心理上、行动上仍沿袭旧日的老习惯来求现代社会生活的享受，那是一件极大的矛盾，更明白地说，就是要享受现代社会组织的利益，而仍保持封建社会的心理，这是可以引中国到断潢绝境、危险的前途去的。①

宽容宪政并不要求人们成为道德上的模范，而是要求通过人权保障与权力约束制度的建立来实践宽容的理想，并进而影响人们的美德和正义观念。也正因如此，自近代以来，中国的学者文人对中国传统儒家宽容文化，总体上是持一种批判态度的。但是，一直以来道德、政治与法律融合为一体的现实，使得任何政治家和思想家都不能忽视传统儒家文化的影响。在近代，在进化主义思潮的影响下，西方的民主制度曾被拿来当作实现富强的宪政

① 张君劢：“新道德之基础”，《再生》第236期（1948年10月25日）。

工具，但由于当时“民智未开”，民主实践在中国面临诸多困境，而其中之一是政治德性问题。于是，期冀改变精英分子的德性以摆脱当时的民主政治困境，是当时一批温和的政论家的共同倾向，如汪馥炎指出：

故徒恃对抗之作用，而无有容之美德含润于人心，犹之专尚法律而无道德为之维系其间，终亦流于偏颇尔。①

由此看来，改造传统儒家文化乃是近代知识分子们的一个历史使命。以张君劢先生的新儒家政治哲学②来说，他显然是赞成搞民主宪政的，但他也意识到了中国传统儒家文化之于民主宪政的影响。他试图从儒家政治哲学出发，通过对儒家政治哲学与西方古典政治哲学的比较解读，开出一条“新儒家政治哲学”的新路，以融会贯通儒家政治哲学与西方古典政治哲学。在政见方面，他期冀权力持有者的德性改变来消弭权力滥用和不宽容的根源。对此，他说道：

倘吾人能继孟子与梨洲之后，精心以思之，明辨以言之，详备之，明确之，更济以笃行之志。则儒家政治学说之一新耳目，且旦暮遇之。③

---

① 汪馥炎：“政本论与对抗论之比较”，《中华杂志》（北京）第1卷第10号（1914年10月）。

② 之所以在“道德意义上的宽容与民主”部分谈及张君劢的“新儒家政治哲学”，而不是在“政治意义上的宽容与民主”部分予以讨论，盖因在我看来，倘若以改造传统儒家道德的形式来实现民主宪政之方式，不过是一种德治的老路子，仍然没有脱离道德宽容的路向。

③ 张君劢：《儒家哲学之复兴》，中国人民大学出版社2006年版，第147页。

与自由主义倡导者那种彻底西化与根除传统不同，张君劢先生希冀通过改造传统儒家政治哲学，将儒家道德观念与移植于西方的民主法治观念进行嫁接。为此，他说道：

> 我再思三思，觉“五四”以来主张“打倒孔家店”者，但见“三纲五常”与夫“礼教吃人”之为害，然于儒家思想与德赛先生可以同条共贯之处，竟然视而不观不闻！①

可见，张君劢先生并不奢望中国的传统德性能推出民主宪政，而是主张，只要中国传统德性与民主宪政不冲突，即可为宪政的培育提供支持。

通过比较研究和哲学沉思，张君劢确信中国传统德性经过必要的扬弃才能与民主宪政兼容。如此一来，不仅宪政可以被引入，传统德性事实上亦被修改。② 为达此目的，张先生将传统德性进行事实上的修改，并将其定性为一种“个性主义”的道德观：

> 道德方面，五伦关系不能发展个性，又不能养成负责意识，所以这传统是无法维持的了。③
>
> 个性主义普通翻译为个人主义，我嫌它不好，因为个人主义含有自私自利的意义在内。所谓个性主义，就是说每个人应该自己尊重自己，自己求职业，自己求有所发明，再讲自

---

① 张君劢：《儒家哲学之复兴》“自序”，中国人民大学出版社 2006 年版，第 2 页。

② 参见王本存：“宪政与德性——张君劢宪政思想研究”，重庆大学 2007 年博士论文。

③ 张君劢：“文化交替时期由传统到新观点”，《再生》第 130 期(1946 年 9 月 14 日)。

己的享受，既不依赖家庭，更不依赖团体，自己对自己负责，来发挥其能力，行使其权利。[①]

可见，张君劢先生将那种起源于西方基督教教义、后经启蒙运动而逐渐形成的“宽容的天赋权利论传统”中的个人主义进行了改造，置换为一种道德意义上的个性主义，乃是一种“误解”。因为西方的个人主义不是一种自私自利的孤立的个人主义(isolationist individualism)，而是以权力与权利、权利与权利关系为依归的一种“参与的个人主义”(participatory individualism)。他将个人主义解读为个性主义，与个人主义的内涵完全不同，全然成了“自负其责”的德性修为。

张先生之所以要开出这么一个新儒家政治哲学的“药方”，与他将中国传统政治哲学与古希腊政治哲学进行对比研究有关。因为西方古典政治哲学是以追求善为依归的，而张君劢先生所开出的这个“药方”将德性[②]置于权利之上，与西方那种古典政治哲学倡导的“善优先于权利”的观念具有相同的路向，不同的只是有无内生的民主传统而已。不过，他将西方自由主义政治哲学中秉持的——“宽容的天赋权利论传统”和坚持“权利优先于善”的观念——个人主义，偷梁换柱式地替换为“个性主义的道德宽容传统”，是值得商榷的。因为将传统德性的改造与民主宪政发生勾连或谋求和谐，不可避免地会坚持国家在道德上的非中立立场，而这与西方自由主义政治哲学——在道德事务上坚持国家中立的原则——是大相径庭的。

从功利主义的视角来看，张君劢先生的新儒家政治哲学，所

---

① 张君劢：“新道德之基础”，《再生》第236期(1948年10月25日)。

② 指道德品行。

要做的是谋求改变中国的传统道德以因应于民主宪政，而不是相反。他所走的路，从文化范式上来看，并没有走出近代中国“富强为体，宪政为用”的宪政文化范式。[①] 在这一点上，张君劢先生与毛子水先生的观点可谓不谋而合，都期冀中国的民主宪政能够获得文化上特别是宽容的政治文化上的根基。然而，宽容并非像一般人通常所认为的那样，是一种与礼貌同一层次的世故德性。宽容不是，或者说不应该是那种会使人类意志的齿轮能够不考虑差异性而更容易运转的润滑油。[②] 毛子水先生的那句“在一个文明的社会里，一个人的保持这种态度，与其说是一种道德，毋宁说是一种义务”，似乎是给人们一些提示，即宽容应当成为一种政治义务，而不仅仅是一种世俗美德。

宽容要成为一种政治义务，成为政治文化的重要组成部分，需要通过不断的政治实践方为可能。因为民主是需要训练的，形式的民主对于构建一个成熟的公民社会是必要的。《论语》有言：“未有学养子而后嫁人者也。”在那些没有建立现代民主政治的国家或地区，是不可能硬生生地产出一个“民主的婴儿”来的，何况是居伊·埃尔梅所言的“成年的民主”（即居伊·埃尔梅所言的“民主的巩固”）呢？法国民主的进程清晰地表达了这样一种经验认识。

即便如此，如果不能及时将民主政治实践纳入宪政的轨道，就无法有效防范可能产生的政治风险。[③] 从宪法学的视角来看，

---

① 参见王人博：《宪政的中国之道》，山东人民出版社 2003 年版，第 16 页。

② 李鸿禧：《宪法与人权》，（台湾）元照出版有限公司 1995 年版，第 176 页。

③ 对解决 2000 年美国总统大选出现的宪法危机起决定作用的不是民主，而是最高法院的“专断性（无贬义）”权力。参见齐延平：《自由大宪章研究》，中国政法大学出版社 2007 年版，第 43 页。

只有将那种民主政治实践中宽容的话语及时地转化为宪法政治话语予以诠释和应用，才能既防范“民主的暴政”①又防范“民主的真空陷阱”②，也才最为安全和妥当。在这其中，首要的是在宪政文化的生成中特别强调宽容的重要性。

总之，宪政宽容文化对于宽容宪政的形成是不可或缺的，但它显然是无法通过道德教化或道德制度保障来实现的，或者说，它的实现纯粹依赖一国固有的政治文化是否具有宽容的精神。虽然如此，在建设社会主义法治国家的今天，建设性的意见需要我们思考，如何在宪政启蒙、宪法变迁与宪政成长中，对宪法意义上的宽容理念给予足够的重视、诠释与运用。虽然这样的观念认识带有一种理想化或唯心主义的成分(因政治先于法律而存在的事实)，但对于今天的宪法学人来说，却是一个不得不面对的历史命题。

三、宪政成长与宽容的启蒙

西方的宪政生成是一个历史的过程，这一进程并非总是一帆风顺，而是不时地伴随着腥风血雨。“为权利而斗争”的时代呼唤，曾浸润着整个立宪自由主义的实际行动。在这一进程中，公民社会的成熟程度、社会组织结构、政治法律观念传统等往往起着决定性的作用，甚至于地理和环境都可能产生一定程度的影响。以美国为例，1787 年宪法并不是纯粹的“理性的创造物”，而是在源远流长的普通法及其实践的背景下产生的，在历经一个多世纪的风风雨雨以后才逐步长成为今天的样子。

虽然可以追溯到古希腊和古罗马，但不可否认的是，只有近代

---

① 指民主多数专制下的暴政。

② 指那种处于权威真空状态的乌托邦式的民主。

的文艺复兴运动，才算是真正地挖掘出宪政的制度和文化因子①，并为现代宽容宪政的生成提供社会基础。而作为启蒙理念之一的“tolerance”，在其中承担了重要的历史使命。特别是肇始于西方文化传统中的那些思想自由、表达自由的观念在宽容理念的启蒙下，以人类的终极幸福——人性尊严和个性发展为终极目标，逐步地孕育出以个人主义文化为主导的多元文化之社会基础。在宪政文化启蒙运动中，一位令人敬重的人物是英国的大法官柯克(Edward Coke)爵士，他对《自由大宪章》所做的那种“模糊而充满歧义”的解读曾为英国宽容宪政的深入挖掘提供了不小的助力。虽然一些批评家对他的那些“不恰当”的解读进行了指责，但似乎没有人能够怀疑，在他那充满睿智的解读中蕴涵了无数模糊而有用的宽容宪政的价值观念。

宽容之如此重要，对于尚未建立宽和宪政秩序的民族国家而言，确是必须加以重视的。作为学术理想，我相信大多数人并不期望出现那种“革命者被革命”所造成的社会混乱，也不希望传统上那种极权主义在中国周而复始，而是期冀通过社会和政治的逐步变革来实现这种理想。既然如此，政治宽容就必须成为一种社会共识，而这种社会共识的达成无疑与知识界的引导具有极为密切的关系。幸运的是，中国特色社会主义的理论与发展蓝图已经逐步清晰，“依法治国，建设社会主义法治国家”和“尊重和保障人权”已经写入宪法。公有制为主体、私有制为补充的宪政经济体制已经基本确立，社会保障制度和社会法立法逐步取得成效，这

① 在西方的政治法律制度的历史演进中，一些宪政因子一直处于不断的运动、碰撞、聚合过程中。《自由大宪章》就是这样的一个文化因子，关于它的争论、诠释，为英国宪政文化的生成发挥了重要作用。参见齐延平：《自由大宪章研究》，中国政法大学出版社2007年版，第43页。

些都为宽容宪政的成长奠定了坚实的宪法政治和政治法律基础。

虽然如此，由于一直以来欠缺西方的法治文化基础，中国的宽容宪政之成长注定要经历一个变动曲折的过程。在近代宪政史上，胡适算是一位先知先觉者。他在“容忍与自由”一文中，第一次对宽容与自由的关系进行了详尽的阐释。在该文中，胡适把tolerance一词译为“容忍”并指出：

> 容忍比自由更重要……在宗教自由史上，在思想自由史上，在政治自由史上，我们都可以看见容忍的态度是难得、最稀有的态度。①

胡适之所以把“宽容”看得比自由还重要，是因为在他看来宽容是自由的一个前提。为此他说道，公民权利一开始往往都是在争取宽容的过程中形成的。同性恋者首先争取人们宽容，但宽容者未必就接纳他们，所以他们要求以立法来保障他们的权利。没有宽容，不同的意见就会因冲突而导致压制、迫害、杀戮或战争。没有宽容，人们就不能和平地取得关于基本价值（或其他事情）的共识。如果没有宽容，就一定会发生冲突、造成灾难。据此，胡适认为：“容忍是一切自由的根本：没有容忍，就没有自由。”②

除了为宽容呐喊以外，胡适先生还试图为权利共识寻求宽容的依据，即“没有宽容，人们就不能和平地取得关于基本价值（或其他事情）的共识”。但他同时也意识到，没有自由（权利）的保障，宽容如何得以可能？对此，他说道：“公民权利一开始往往都

---

① 胡适：“容忍与自由”，欧阳哲生编：《容忍比自由更重要》，时事出版社1999年版，第775页。

② 同上。

是在争取宽容的过程中形成的。"即"争取宽容的目的在使自由成为可能"①。胡适先生的上述表述体现了他试图通过政治法律话语为宽容宪政的生成进行启蒙的良苦用心。不过,在那个德性宽容文化盛行、法治文化极其薄弱的年代,(在我看来)他的那种无奈的"呐喊"的确有试图以对统治者进行说教的方式,即通过德性宽容(他所言的"容忍")来实现民主宪政的"嫌疑"。对此,余英时教授指出:

> 胡适虽然是近代中国知识分子当中最重自由、最强调个人主义的思想家,但仍然强调大我,此乃中国的传统观念:小我必须在有大我的前提下,才有意义。胡适并不以现代观念与西方说法融化到中国传统中来解释三不朽:立德(What we are)、立功(What we do)、立言(What we say),这虽是现代中国人的个人观,却仍是在中国传统的脉络中。②

胡适先生将宽容看作自由的前提似乎是没有错的。但在那个年代,他的"真知灼见"很容易让人产生误解。因为中国一直以来奉行的是德治,德治文化传统一直统摄着中国社会。在这样的

---

① 对此种观点,考夫曼教授曾指出:"真理与自由是互为条件,而此二者的追求则是真正宽容的前提条件。只有当许多见解在自由的讨论辩论之下,真理才会有机会。而唯有从分享真理当中才能产生真正的自由。正因为自由是为了真理,而真理是为了自由,所以宽容本身并不是一个反对真理的拙劣决定,而是使真理最后成为可能,正因为宽容的目的在使自由成为可能。"参见〔德〕考夫曼:《法律哲学》,刘幸义等译,法律出版社 2004 年版,第 467—468 页;李震山:《多元、宽容与人权保障——以宪法未列举权之保障为中心》,(台湾)元照出版有限公司 2005 年版,第 91 页。

② 余英时:《现代儒学的回顾与展望》,生活·读书·新知三联书店 2004 年版,第 60 页。

社会中，长期以来欠缺一种“个人的权利文化”。社会的运转是以“人性律”[①]作为基本的准则，对个人而言讲求的是道德修为，在政治层面则体现为“贤人政治”。由此，恰如美国学者郝大雄所指出的那样，个人只有在特定的场域中才能实现自己的价值，而这一价值的实现通常仰赖于共同体的文化认同——道德上的模范。在这样的文化场域中，人们特别是处于社会底层的人们，更多的是运用道德思维而不是法律思维来看待政治法律问题。而这反过来又使得中国的知识分子阶层从来不敢轻视德性文化。由于道德是以习俗作为支撑的，与科学和真理并无太大的关联，所以中国古代哲学上的“人性律”也就不是西方哲学上的“自然法”。而中国文化阶层的问题就不可能是西方哲学家的“真理何在”，而是中国所特有的“道在何方”。[②] 这种文人阶层的问题意识，通常表现为诸如“……之路”、“……之道”等学术研究成果比较容易引起社会普通民众的共鸣。如此一来，文人阶层的功利主义学术倾向与对“道”而不是“真理”的不断追问，共同体（在中国通常表现为汉文化共同体）对“善”而不是对“真理”或“正义”的诉求，常常使得法律成为一种“安邦”的工具，而不是形成西方那样的“治国”和“维护社会正义”的手段。

中国人的权利意识之薄弱，是由于一直以来欠缺一种个人权

---

① 我国台湾地区学者罗光指出，中国哲学上有“人性律”的事实，因为理学家以人性为理，理即是人生活之道。中庸说“率性之谓道”，人生活的规律，在于按照人性，人性便是人生活的规律，这种规律即是“人性律”或自然法（中华文化复兴运动推行委员会主编、罗光著：《中西法律哲学比较研究》，（台湾）裕台公司中华印刷厂 1983 年版，第 45 页）。值得注意的是，罗光教授将中国的“天理”、“天道”解释为西方的“自然法”，忽视了西方哲学上的“自然法”对正义的终极诉求，是有些牵强附会的了。

② 参见〔美〕郝大维、安乐哲：《先贤的民主——杜威、孔子与中国民主之希望》，何刚强译，江苏人民出版社 2004 年版，第 103 页。

利的制度文化所造成的。这影响到人们对法律的看法，法律被看作“礼”的一个必要的补充。个人的权利和自由在与个人德性的比较中服从德性的要求，而不是相反。所以对于个人权利文化的生成而言，最为迫切的是将“个人的德性”与“个人的权利和自由”区分开来。而宽容的意义也只有放置在这样一个区分的基础上，才可以防范来自道德和法律两个层面的诘难，也才能真正有助于中国的宪法变迁与宪政成长。

要达至上述目标，在制度层面上必须有所作为。随着经济发展水平的逐步提高，将个人利益从家庭或集体利益中解放出来的时机已经基本成熟。除了在文化层面要宣扬个人之自食其力的责任以外，国家应当尽可能地承担更多的照顾家庭的责任和义务。从宪政文化的生成视角来看，随着法治进程的加快和社会主义法律体系的逐步确立，将那种“和谐”的政治话语及时地转化为宪法政治话语，有着更多的法律资源可供选择，而法学界应当承担更多的义务和责任。宪法学特别是宪法解释学，应当尽可能地在宪法规范文本之外寻找素材，重视宪法文献如《共同纲领》、“五四宪法”和宪法事例的研究，①重视宪法文化因子如“民权”、“根本法”、“主权”、“民主”、“协商”、“人”等宪政文化因子的研究，②并将

① 近些年来，宪法学界开始倡导对宪法文献和宪法事例的研究，如韩大元教授主编的《中国宪法事例研究》（一、二、三、四，法律出版社 2005、2008、2009 年版）、李树忠教授主编的《宪法学案例教程》（知识产权出版社 2002 年版）、韩大元教授编著的《1954 年宪法与中国宪政》（第二版，武汉大学出版社 2008 年版）、胡锦光教授主编的《2007 年中国典型宪法事例评析》（中国人民大学出版社 2008 年版）。

② 如胡锦光教授的“‘宪法’词义探源”（《浙江社会科学》1999 年第 4 期）、王人博教授的“民权词义考论”（《比较法研究》2003 年第 1 期）、陈端洪教授的“论宪法作为国家的根本法和高级法”（《中外法学》2008 年第 4 期）等。

宽容理念所涉不同的价值关系(通常是对立的价值关系)内置于这些研究成果中。恰如翁岳生教授所言:“在学术研究当中,应以宽容的态度,容许各方有讨论和批判的空间,才不会使个人之恣意、偏见、利害或爱憎等,羼杂其间,弥漫着‘恶之主观性’。秉此学问上之‘宽容’的性格,自由容许各方讨论或批判,学问的追求,也才能逐渐接近真理。”①

① 刘幸义主编:《多元价值、宽容与法律:亚图·考夫曼教授纪念集》,(台湾)五南图书出版公司 2002 年版,第 21 页。

参考文献

一、著作类

(一)中文著作

1.《马克思恩格斯全集》(第一卷),人民出版社 1972 年版。

2.《马克思恩格斯选集》(第三卷),人民出版社 1972 年版。

3.《毛泽东选集》(第二卷),人民出版社 1991 年版。

4.《毛泽东选集》(第六卷),人民出版社 1991 年版。

5.《邓小平文选》(第三卷),人民出版社 1993 年版。

6. 安长春:《基督教笼罩下的西欧》,中央编译出版社 1995 年版。

7. 包万超教学资料选编(一):《国际人权宪章与法德美俄宪法典》。

8. 蔡定剑:《国家监督制度》,中国法制出版社 1991 年版。

9. 蔡定剑:《民主是一种现代生活》,社会科学文献出版社 2010 年版。

10. 蔡定剑:《宪法精解》,法律出版社 2006 年版。

11. 陈春生:《论法治国之权利保障与违宪审查》,(台湾)新学林出版股份有限公司 2007 年版。

12. 邓正来主编:《布莱克维尔政治学百科全书》(中译本),中国政法大学出版社 2002 年版。

13. 法治斌、董保城:《宪法新论》,(台湾)元照出版有限公司 2005 年版。

14. 甘葆露主编:《中国伦理学百科全书·德育伦理学卷》,吉林人民出版社 1993 年版。
15. 龚祥瑞:《比较宪法与行政法》,法律出版社 1985 年版。
16. 郭华清:《宽容与妥协——章士钊的调和论研究》,天津古籍出版社 2004 年版。
17. 郭秋水:《当代三大民主理论》,新星出版社 2006 年版。
18. 韩大元:《宪法学基础理论》,中国政法大学出版社 2008 年版。
19. 江国华:《宪法哲学导论》,商务印书馆 2007 年版。
20. 季卫东:《法律程序的意义——对中国法制建设的另一种思考》,中国法制出版社 2004 年版。
21. 季卫东:《宪政新论》,北京大学出版社 2002 年版。
22. 焦洪昌:《宪法学》,北京大学出版社 2006 年版。
23. 荆知仁主编:《宪政变迁与宪政成长》,(台湾)正中书局 1981 年版。
24. 李鸿禧:《宪法与人权》,(台湾)元照出版有限公司 1995 年版。
25. 李树忠主编:《宪法学案例教程》,知识产权出版社 2002 年版。
26. 李强:《自由主义》,中国社会科学出版社 1998 年版。
27. 李震山:《多元、宽容与人权保障——以宪法未列举权之保障为中心》,(台湾)元照出版有限公司 2005 年版。
28. 李震山:《人性尊严与人权保障》,(台湾)元照出版有限公司 2000 年版。
29. 廉希圣:《中国宪法教程》,中国政法大学出版社 2007 年版。
30. 林来梵:《从宪法规范到规范宪法——规范宪法学的一种前言》,法律出版社 2001 年版。
31. 林文雄:《法实证主义》,台湾大学法学业书编辑委员会 1993 年第五版。
32. 刘幸义主编:《多元价值、宽容与法律:亚图·考夫曼教授纪念集》,(台湾)五南图书出版公司 2002 年版。
33. 罗光:《中西法律哲学比较研究》,(台湾)裕台公司中华印刷厂 1983 年版。
34. 马啸原:《西方政治思想史纲》,高等教育出版社 1997 年版。
35. 莫纪宏:《现代宪法的逻辑基础》,法律出版社 2001 年版。
36. 欧阳哲生编:《容忍比自由更重要》,时事出版社 1999 年版。
37. 齐延平:《自由大宪章研究》,中国政法大学出版社 2007 年版。
38. 瞿同祖:《中国法律与中国社会》,中华书局 2003 年版。
39. 宋希仁、陈劳志、赵仁光主编:《伦理学大辞典》,吉林人民出版社 1989 年版。
40. 王磊:《宪法的司法化》,中国政法大学出版社 1999 年版。
41. 王人博:《宪政的中国之道》,山东人民出版社 2003 年版。
42. 王铁崖主编:《国际条约集(1648—1871)》,世界知识出版社 1984 年版。
43. 王焱等编:《自由主义与当代世界》,生活·读书·新知三联书店 2000 年版。
44. 吴庚:《宪法的解释与适用》,(台湾)三民书局 2004 年版。
45. 夏勇:《人权概念起源——权利的历史哲学》,中国政法大学出版社 2001 年修订版。
46. 谢振民编著:《中华民国立法史》,中国政法大学出版社 1999 年版。
47. 徐大同总主编、丛日云主编:《西方政治思想史》,天津人民出版社 2006 年版。
48. [汉]许慎:《说文解字》,[清]段玉裁注,上海古籍出版社 1988 年版。
49. 许庆雄:《宪法入门》,(台湾)元照出版有限公司 2000 年版。

50. 杨真:《基督教史纲》(上册),生活·读书·新知三联书店 1979 年版。
51. 由嵘、张学仁:《外国法制史》,北京大学出版社 1992 年版。
52. 余英时:《现代儒学的回顾与展望》,生活·读书·新知三联书店 2004 年版。
53. 张彩凤:《英国法治研究》,中国人民公安大学出版社 2001 年版。
54. 张千帆:《西方宪政体系》(上),中国政法大学出版社 2004 年版。
55. 张千帆主编:《宪法》,北京大学出版社 2008 年版。
56. 朱应平:《论平等权的宪法保护》,北京大学出版社 2004 年版。

(二)中文译著

1. 〔英〕阿克顿:《自由与权力》,侯健等译,商务印书馆 2001 年版。
2. 〔美〕爱德华·S. 考文:《美国宪法的高级法背景》,强世功译,生活·读书·新知三联书店 1997 年版。
3. 〔法〕邦雅曼·贡斯当:《古代人的自由与现代人的自由》,阎克文、刘满贵译,上海人民出版社 2005 年版。
4. 〔美〕伯尔曼:《法律与宗教》,梁治平译,中国政法大学出版社 2003 年版。
5. 〔美〕博登海默:《法理学、法律哲学与法律方法》,邓正来译,中国政法大学出版社 1999 年版。
6. 〔英〕柏克:《法国革命论》,何兆武、徐振洲、彭刚译,商务印书馆 1998 年版。
7. 〔古希腊〕柏拉图:《理想国》,郭斌和、张竹明译,商务印书馆 1986 年版。

8.〔美〕伯纳德·施瓦茨:《美国法律史》,王军等译,法律出版社2007年版。
9.〔意〕登特列夫:《自然法——法律哲学导论》,李日章译,(台湾)联经出版事业公司1984年版。
10.〔德〕恩斯特·卡西尔:《人论》,甘阳译,上海译文出版社2004年版。
11.〔德〕费尔巴哈:《基督教的本质》,商务印书馆编辑部译,商务印书馆1984年版。
12.〔美〕菲利普·李·拉尔夫、罗伯特·E.勒纳、斯坦迪什·米查姆、爱德华·伯恩斯:《世界文明史》(上),赵丰等译,商务印书馆1998年版。
13.〔美〕费正清:《伟大的中国革命》,刘尊祺译,世界知识出版社2000年版。
14.〔法〕伏尔泰:《论宽容》,蔡鸿滨译,花城出版社2007年版。
15.〔挪〕G.希尔贝克、N.伊耶:《西方哲学史》,童世骏等译,上海译文出版社2004年版。
16.〔美〕哈罗德·J.伯尔曼:《法律与革命——西方法律传统的形成》,贺卫方等译,中国大百科全书出版社1993年版。
17.〔英〕哈耶克:《自由秩序原理》(上),邓正来译,生活·读书·新知三联书店1997年版。
18.〔美〕赫伯特·J.斯托林:《反联邦人赞成什么——宪法反对者的政治思想》,汪庆华译,北京大学出版社2006年版。
19.〔美〕郝大维、安乐哲:《先贤的民主——杜威、孔子与中国民主之希望》,何刚强译,江苏人民出版社2004年版。
20.〔美〕亨德里克·房龙:《宽容》,晏榕译,国际文化出版公司2007年版。

21.〔比〕亨利·皮雷纳:《中世纪的城市》,陈国樑译,商务印书馆2006年版。
22.〔德〕黑格尔:《小逻辑》,贺麟译,商务印书馆1980年版。
23.〔英〕霍布豪斯:《自由主义》,朱曾汶译,商务印书馆1996年版。
24.〔英〕霍布斯:《利维坦》,黎思复、黎廷弼译,商务印书馆1985年版。
25.〔法〕基佐:《欧洲文明史》,程洪逵、沅芷译,商务印书馆1998年版。
26.〔美〕杰里·本特利、郝伯特·齐格勒:《新全球史》(上),魏凤莲、张颖、白玉广译,北京大学出版社2007年版。
27.〔英〕杰弗里·托马斯:《政治哲学导论》,顾肃译,中国人民大学出版社2006年版。
28.〔英〕J.S.密尔:《代议制政府》,汪楦译,商务印书馆1982年版。
29.〔英〕卡尔·波普尔:《开放社会及其敌人》,杜汝辑等译,山西高校联合出版社1992年版。
30.〔德〕卡尔·拉伦茨:《法学方法论》,陈爱娥译,商务印书馆2004年版。
31.〔德〕卡尔·施密特:《宪法学说》,刘峰译,上海人民出版社2005年版。
32.〔德〕考夫曼:《法律哲学》,刘幸义译,法律出版社2004年版。
33.〔法〕孔德:《论实证精神》,黄建华译,商务印书馆1996年版。
34.〔法〕库朗热:《古代城邦——古希腊罗马祭祀、权利和政制研究》,谭立铸等译,华东师范大学出版社2006年版。
35.〔英〕昆廷·斯金纳:《自由主义之前的自由》,李宏图译,生活·读书·新知三联书店2003年版。
36.〔美〕列奥·施特劳斯、约瑟夫·克罗波西主编:《政治哲学史》

(上、下),李天然等译,河北人民出版社 1998 年版。
37.〔美〕列奥·施特劳斯:《自然权利与历史》,彭刚译,生活·读书·新知三联书店 2003 年版。
38.〔法〕卢梭:《社会契约论》,何兆武译,商务印书馆 2003 年版。
39.〔日〕芦部信喜:《宪法》,〔日〕高桥和之增订,林来梵、凌维慈、龙绚丽译,北京大学出版社 2006 年版。
40.〔英〕罗素:《西方哲学史》(上),何兆武、李约瑟译,商务印书馆 1982 年版。
41.〔德〕马克斯·韦伯:《社会科学方法论》,韩水法、莫茜译,中央编译出版社 1990 年版。
42.〔法〕孟德斯鸠:《论法的精神》(上),张雁深译,商务印书馆 1959 年版。
43.〔法〕孟德斯鸠:《罗马盛衰原因论》,婉玲译,商务印书馆 1962 年版。
44.〔日〕美浓部达吉:《宪法学原理》,欧宗祐、何作霖译,中国政法大学出版社 2003 年版。
45.〔英〕梅因:《古代法》,沈景一译,商务印书馆 1959 年版。
46.〔法〕皮埃尔·勒鲁:《论平等》,王允道译,商务印书馆 1988 年版。
47.〔法〕皮埃尔·莫内:《自由主义思想文化史》,曹海军译,吉林人民出版社 2004 年版。
48.〔奥〕斯·茨威格:《异端的权利——卡斯特利奥反对加尔文史实》,赵台安、赵振尧译,生活·读书·新知三联书店 1987 年版。
49.〔美〕斯科特·戈登:《控制国家——从古代雅典到今天的宪政史》,应奇等译,江苏人民出版社 2005 年版。

50.〔美〕斯塔夫里阿诺斯:《全球通史——从史前史到21世纪》(上),吴象婴等译,北京大学出版社2005年版。
51.〔美〕斯塔夫里阿诺斯:《全球通史——1500年以前的世界》,吴象婴、梁赤民译,上海社会科学院出版社1999年版。
52.〔法〕托克维尔:《旧制度与大革命》,冯棠译,商务印书馆1992年版。
53.〔法〕托克维尔:《论美国的民主》,董果良译,商务印书馆1991年版。
54.〔意〕托马斯·阿奎那:《阿奎那政治著作选》,马清槐译,商务印书馆1963年版。
55.〔美〕托马斯·斯坎伦:《宽容之难》,杨伟清、陈代东等译,人民出版社2008年版。
56.佟德志编:《宪政与民主》,佟德志译,江苏人民出版社2007年版。
57.〔美〕威尔·杜兰:《世界文明史:恺撒与基督》(下),幼狮文化公司译,东方出版社1999年版。
58.〔美〕威尔·杜兰:《世界文明史:信仰的时代》(上),幼狮文化公司译,东方出版社1999年版。
59.〔加〕威尔·金里卡:《多元文化公民权——一种有关少数族群权利的自由主义理论》,杨立峰译,上海世纪出版集团2009年版。
60.〔美〕威廉·邓宁:《政治学说史》(上卷),谢义伟译,吉林出版集团有限责任公司2009年版。
61.〔英〕沃尔特·白哲特:《英国宪制》,李国庆译,北京大学出版社2005年版。
62.〔英〕沃尔特·白芝浩:《物理与政治》,金自宁译,生活·读书·新知三联书店2008年版。

63.〔英〕休谟:《道德原则研究》,曾晓平译,商务印书馆2001年版。
64.〔古希腊〕修昔底德:《伯罗奔尼撒战争史》,谢德风译,商务印书馆1960年版。
65.〔古希腊〕亚里士多德:《政治学》,吴寿彭译,商务印书馆1981年版。
66.〔英〕约翰·格雷:《自由主义的两张面孔》,顾爱彬、李瑞华译,江苏人民出版社2002年版。
67.〔美〕约翰·罗尔斯:《正义论》(修订版),何怀宏等译,中国社会科学出版社2009年版。
68.〔美〕约翰·罗尔斯:《政治自由主义》,万俊人译,译林出版社2001年版。
69.〔英〕约翰·密尔:《论自由》,程崇华译,商务印书馆1959年版。
70.〔英〕约翰·密尔:《论自由》,许宝骙译,商务印书馆1998年版。
71.中国社会科学杂志社编:《民主的再思考》,社会科学文献出版社2000年版。

(三)外文著作

1. Berlin, *In Four Essays on Liberty*, Oxford University Press, 1969.
2. *Black's Law Dictionary* (Seventh Edition), West Group, 1999.
3. Dirk Karsler, Marx Weber, *An Introduction to His Life and Work*, University of Chicago Press, 1979.
4. Edward Chaszar, *The International Problem of National Minorities*, Matthias Corvinus Publishing, 1999.
5. K. C. Wheare, *Modern Constitutions*, 2nd , Oxford University

Press, 1966.

6. L. P. Mair, *The Protection of Minorities*, Christophers, 1928.

7. Max Stirner, *The Ego and His Own*, Benjo Ro Tucker, 1907.

8. Raymond Youngs, English, *French and German Comparative Law*, Cavendish Publishing Limited, 1998.

9. Sidney Hook, *The Paradoxes of Freeedom*, University of California Press, 1962.

10. T. R. S. Allan, *Law, Liberty, and Justice*, Clarendon Press, 1993.

11. Richard Bellamy, *Liberalism and Pluralism, Towards a Politics of Compromise*, Routledge, 1999.

12. Robert Paul Wolff, Barrington Moore, jr., and Herbert Marcuse, *A Critique of Pure Tolerance*, Beacon Press, 1969.

13. Eugene W. Hickok, Jr. (ed.), *The Bill of Right: Original Meaning and Current Understanding*, University Press of Virginia, 1991.

14. Jamin Raskin, *Overruling Democracy: The Supreme Court v. The American People*, Routledge, 2003.

二、论文类

(一)中文论文

1. 蔡定剑:“西方国家反就业歧视的借鉴”,《人民论坛》2006 年第 8 期。

2. 蔡定剑:“公共决策不能滥用民主”,《人大建设》2009 年第 7 期。

3. 陈根发:“论宽容的法哲学基础”,《太平洋学报》2007 年第 5 期。

4. 陈根发:“宽容是什么”,《云南大学学报》2006 年第 3 期。

5. 陈斯彬:“宪政秩序的宽容品格”,《理论导刊》2006 年第 12 期。

6. 陈伟群:“关系范畴是哲学的基本范畴”,《中央社会主义学院学报》2008年第4期。

7. 程燎原:“关于宪政的几个基本理论问题”,《现代法学》1999年第4期。

8. 方兴:“对戴维森‘宽容原则’的再认识”,《武汉大学学报(人文科学版)》2008年第1期。

9. 高兆明:“多元社会的价值冲突与政治主义”,《江苏社会科学》2000年第6期。

10. 韩大元:“《宪法解释程序法》的意义、思路与框架”,《浙江社会科学》2009年第9期。

12. 韩大元:“论合宪性推定原则”,《2003年宪法学年会论文集》。

13. 韩大元:“美浓部达吉立宪主义思想研究”,《比较法研究》2010年第4期。

11. 韩家炳:“多元文化、文化多元主义、多元文化主义辨析——以美国为例”,《史林》2006年第5期。

14. 贺来:“对话与宽容:辩证法的重大理论精神”,《求是学刊》2002年第1期。

15. 胡锦光:“论法国宪法监督体制”,正义网 http://www.51zy.cn/free_read.asp?id=103639047。

16. 胡锦光:“论以人为本的‘人’”,《法商研究》2008年第1期。

17. 胡锦光、秦奥蕾:“宪法实践中的违宪形态研究”,《河北学刊》2006年第5期。

18. 胡锦光、藏宝清:“‘宪法’词义探源”,《浙江社会科学》1999年第4期。

19. 黄力之:“多元文化主义的悖论——对亨廷顿理论的再评价”,《哲学研究》2003年第9期。

20. 黄温泉:“论宪政的宽容精神——从和谐社会的视角看宽容的宪政价值”,《人大研究》2007 年第 8 期。
21. 季金华:“论宪法程序的价值功能”,《法学论坛》2006 年第 5 期。
22. 焦洪昌:“论我国宪法司法适用的空间”,《政法论坛》2003 年第 2 期。
23. 焦洪昌:“论作为基本权利的健康权”,《中国政法大学学报》2010 年第 1 期。
25. 李树忠、侯晓光:“平等保护请求权研究”,《政法论坛》2004 年第 4 期。
28. 李树忠:“1998 年《人权法案》及其对英国宪法的影响”,《比较法研究》2004 年第 4 期。
24. 李永刚:“宽容:一种政治哲学的解读”,《法学与政治》2006 年第 5 期。
26. 刘曙辉:“宽容:历史、理论与实践”,《哲学动态》2007 年第 7 期。
27. 刘素民:“宽容:宗教自由及宗教对话的前提”,《哲学动态》2005 年第 11 期。
29. 罗富尊:“在自由和平等之间——政治哲学中的‘西方马克思主义’民主理论”,复旦大学 2007 年博士论文。
30. 米辰峰:“多元并存与分权制衡:古罗马社会结构政制机制初探”,《烟台大学学报(哲学社会科学版)》2007 年第 1 期。
31. 莫纪宏:“宪法程序的类型以及功能”,《政法论坛》2003 年第 2 期。
32. 秦前红、叶海波:“宽容:和谐社会的宪政之道”,《法学论坛》2005 年第 4 期。
33. 任喜荣:“宪法典的文化意义”,《法学评论》2003 年第 3 期。
34. 任喜荣:“有限的宪法典与宽容的宪政制度”,《中国法学》2004

年第 2 期。

35. 茹莹:“从宗教宽容到人权保护——国际法中关于少数群体保护规定的演变”,《世界经济与政治》2006 年第 3 期。

36. 佟德志:“多元价值中的自由——当代西方自由多元主义的理论与实践”,《浙江学刊》2004 年第 4 期。

37. 王本存:“宪政与德性——张君劢宪政思想研究”,重庆大学 2007 年博士论文。

38. 王丹:“关于美国哲学‘宽容’理论的评析”,《理论观察》2008 年第 4 期。

40. 王福民:“论宽容与自由的张力”,《华侨大学学报(哲学社会科学版)》2006 年第 2 期。

41. 王人博:“宪法概念的起源及其演变”,《江苏社会科学》2006 年第 5 期。

42. 王人博:“民权词义考论”,《比较法研究》2003 年第 1 期。

44. 王人博:“中国近代宪政思潮研究”,中国政法大学 2001 年博士论文。

43. 王书成:“宪法方法论之觉醒——由合宪性推定说开”,中国宪政网 http://www.calaw.cn/Pages_Front/Article/ArticleDetail.aspx?articleId=4603。

39. 王岩:“论康德的政治哲学”,《江苏社会科学》1996 年第 5 期。

45. 汪栋、刘毅:“宪法程序与国家权力——美国联邦宪法的启示”,《理论导刊》2004 年第 8 期。

47. 吴承业、马拥军:“世界观的宽容与文化的比较”,《华侨大学学报(哲学社会科学版)》2007 年第 2 期。

48. 吴飞:“洛克论宗教宽容”,《北京大学学报(哲学社会科学版)》2008 年第 4 期。

46. 吴冠军:“弗莱泽的‘坦诚’与‘绝望主妇’的革命”,《南风窗》2009年第10期。
49. 谢晖:“法治保守主义思潮评析”,《法学研究》1997年第6期。
50. 许育典:“从宪法上多元文化规定检讨网咖管制的立法”,《政大法学评论》第84期。
51. 尹华容:《论宪政与宽容——以自由主义为视角》,《湘潭大学社会科学学报》2003年第6期。
52. 尹华容:“论政治宽容的宪政实现机制”,《法学研究》2007年第3期。
53. 张学仁:“古代罗马共和国宪制探源——世界第一次立宪主义的实验”,《法学评论》2002年第5期。
54. 邹吉忠:“论现代制度的宽容功能——现代制度的宽容本性与自由秩序的形成”,《哲学动态》2000年第7期。

(二)中译论文

1.〔意〕阿尔多·贝特鲁奇:“罗马宪法与欧洲现代宪政”,徐国栋译,《法学》1998年第3期。
2.〔荷〕安洛特·易布斯:“绝对主义·相对主义·多元主义”,彭刚译,《文艺理论研究》1996年第4期。
3. 吉兰·瓦特洛:“人权与宽容的命运”,新慰译,《第欧根尼》1998年第1期。
4.〔美〕杰夫雷·萨克斯等:“经济改革与宪政转型”,《开放时代》2000年第7期。
5.〔法〕莫妮克·坎托·斯佩伯:“我们能宽容到什么程度”,钟良明译,《第欧根尼》1999年第1期。
6.〔美〕P.C.奥德舒克:“立宪原则的比较研究”,程洁译,《公共论从》1996 年第 1 期。

7.〔美〕乔治・F.麦克林:"多元文化社会中的宽容精神",邹诗鹏译,《求是学刊》2005 年第 1 期。

8.〔美〕托马斯・班德尔:"美国的多元文化主义、变异问题和自由主义",董之林译,《文学评论》2000 年第 4 期。

(三)外文论文

1. De Sousae e Brito, Jose, "Political Minorities and the Right to Tolerance: The Development of A Right to Conscientious Objection in Constitutional Law", *Brigham Young University Law Review*, 1999.

2. Greald Stourzh, "Fundamental Laws and Individual Rights in 18th Century Constitution", The *American Founding: Essays on the Formation of the Constitution*, Edited by J. Jackson Barlow, Leonard W. Levy and Ken Masugi, Greenwood Press Inc., 1998 pp. Ⅹ, 159.

3. Richard Clayton, "New Directions in Compulsory Purchase", *Journal of Planning & Environment Law*, Feb., 2006.

4. "Religious Tolerance, Pluralist Society and the Neutrality of the State: The Federal Constitutional Court's Decision in the Headscarf Case", *German Law Journal*, 11, 2003.

5. Report from Conference Proceedings on Authoritarian Capitalism, "Tolerance and Democracy in Liberal and Authoritarian Market Economies", First Published in 2008.

6. Tuck, Richard, "Scepticism and Toleration in the Seventeenth Century", *Susan Mendus*, *Justifying Toleration*, Cambridge University Press, 1988.

附录

《宽容原则宣言》[①]

序　言

铭记《联合国宪章》申明："我联合国人民同兹决心欲免后世再遭……战祸，重申基本人权、人格尊严与价值……并为达此目的力行宽恕，彼此以善邻之道，和睦相处"；忆及1945年11月16日通过的教科文组织《组织法》序言中指出，"为使其免遭失败，和平尚必须奠基于人类理性与道德上之团结"；并忆及《世界人权宣言》申明，"人人有思想、良心和宗教自由的权利"（第18条），有"主张和发表意见"的自由（第19条），以及教育"应促进各国、各种族或各宗教集团间的了解、宽容和友谊"（第26条）。

注意到下列有关国际文件：

《公民权利和政治权利国际公约》；

《经济、社会、文化权利国际公约》；

《消除一切形式种族歧视国际公约》；

《防止及惩治灭绝种族罪公约》；

《儿童权利公约》；

① 本《宣言》为联合国教科文组织1995年11月16日第28届大会通过。

1951年《关于难民地位的公约》及其1967年《议定书》和地区性文件；

《消除对妇女一切形式歧视公约》；

《禁止酷刑和其他残忍、不人道或有辱人格的待遇或处罚公约》；

《消除基于宗教或信仰原因的一切形式的不宽容和歧视宣言》；

《在民族或族裔、宗教和语言上属于少数群体的人的权利宣言》；

《消灭国际恐怖主义的措施宣言》；

世界人权会议通过的《维也纳宣言和行动纲领》；

社会发展问题世界首脑会议通过的《哥本哈根宣言和行动纲领》；

教科文组织《关于种族和种族偏见的宣言》；

教科文组织《反对教育歧视公约和建议》；

考虑到“第三个向种族主义和种族歧视进行斗争的十年”、“世界人权教育十年”和“世界土著人民国际十年”提出的各项目标，考虑到在“联合国宽容年”范围内举办的各地区会议根据教科文组织大会5月14日通过的27号决议所提出的建议，以及考虑到各会员国在“联合国宽容年”计划方案内举办的其他会议所做出的结论与建议，对于目前直接针对那些在民族、宗教和语言上属于少数的群体（难民、移徙工人、移民）和社会中易受伤害的群体的——不宽容、暴力、恐怖主义、仇外情绪、挑衅性的——民族主义、种族主义、反犹情绪、排斥、社会边缘化和歧视现象，以及对于行使其言论自由权利的个人施加暴力并进行恐吓的行为的增多，表示震惊。所有这些行为，威胁到国家与国际和平和民主的巩固，对发展构成严重的障碍，强调会员国有责任提倡和鼓励不分种族、性别、语言、民族血统、宗教或残疾，尊重所有人的人权和基本自由，并同不宽容现象进行斗争，通过并庄严宣布本《宽容原则宣言》。

第1条　宽容含义

决心采取一切必要的积极措施，以促进各社会的宽容，因为宽容对于实现和平和提高所有人的经济与社会地位而言，不仅是一项宝贵的原则，而且也是必要的。为此目的，我们声明：

1.1 宽容是对世界丰富多彩的不同文化、不同的思想表达形式和不同的行为方式的尊重、接纳和欣赏。宽容通过了解、坦诚、交流和思想、良心及信仰自由而促进求同存异。宽容不仅是一种道德上的责任，也是一种政治和法律上的需要。宽容这一可以促成和平的美德，有助于以和平文化取代战争文化。

1.2 宽容不是让步、屈尊或迁就。尤其是，宽容以积极的态度承认普遍的人权和他人的基本自由。在任何情况下，都不可用宽容来证明侵犯这些基本价值是正当。宽容是个人、群体和国家所应采取的态度。

1.3 宽容是一种确认人权和多元化（包括多元文化、民主和法制）的责任。它摈弃教条主义和专制主义，并确认国际人权文件所提出的标准。

1.4 宽容与尊重人权是一致的。宽容既不意味着宽容社会不公正行为，也不意味着放弃或动摇人们各自持有的信仰。宽容是指人们可自由坚持自己的信仰，并宽容他人坚持自己的信仰。宽容是指接受事实，即人虽然在相貌、处境、讲话、举止和价值观念上天生不同，但均有权利按其本来之方式和平生活。宽容还意味着人之观点不应强加于他人。

第2条　国家一级

2.1 国家一级的宽容，有赖于公正和无偏见的立法、执法、司法以及行政程序。它还要求每个人都应在没有任何歧视情况下获得经济与社会生活的机会。排斥和社会边缘化可能导致失意、对抗和疯狂。

2.2 为实现一个更加宽容的社会，各国应批准现有国际人权公约，并拟定必要的新的立法，以确保社会中所有群体和个人享有平等的待遇和机会。

2.3 个人、社会和民族接纳和尊重人类大家庭多种文化，是实现国际和睦所必不可少的条件。没有宽容，就不可能有和平，没有和平，也就无法实现发展或民主。

2.4 不宽容，可表现为使易受伤害群体社会边缘化并将其排斥于社会和政治生活之外，并可表现为针对这些群体的暴力和歧视。正如《种族与种族偏见问题宣言》中所确认的，"所有个人与群体均有维护其特性的权利"(第 1 条第 2 段)。

第 3 条 社会

3.1 在现代社会中，宽容愈发具有重要的意义。现代社会正处于一个经济全球化、流动性和交往频繁、种族融合与相互依存、大规模移民和人口迁移情况急剧增多的新时期。由于多样性成为世界各地的特征，日益升级的不宽容与冲突成为对每一地区潜在的威胁。这一威胁并不局限于任何国家，它是一种全球性的威胁。

3.2 宽容是处理个人、家庭和社区之间关系所必不可少的因素。应在学校与大学中，通过在家庭和工作场所的非正规教育，宣传宽容的思想，并提倡坦诚、相互倾听与团结。传播媒介可以发挥建设性的作用，促进自由和坦率的对话与讨论，传播宽容价值，并强调指出对不宽容的群体及思想意识的增加持漠然的态度所具有的种种危险。

3.3 正如教科文组织《关于种族与种族偏见的宣言》所言，哪里需要，就必须在哪里采取措施，以确保个人与群体在尊严和权利上的平等。为此,必须特别关心那些处于社会或经济不利境地的民族或种族群体,为他们提供法律和社会措施方面的有效保障,尤其在住房、就业与保健方面;尊重他们的文化与价值;特别是,通过教育促使他们在社会与职业方面的进步与融合。

3.4 应当开展适当的科学研究,建立网络协作,以协调国际社会对这一全球性挑战的回应,包括利用社会科学分析找出问题存在的根本原因,采取有效措施并开展研究和监督,支持各会员国的决策与制定标准的行动。

第4条 教育

4.1 教育是防止不宽容的最有效途径。宽容教育的第一步就是要教育人们,什么是人类共同的权利和自由,以便使这些权利和自由得到尊重,并且还要树立保护他人的权利和自由的思想。

4.2 应当视宽容教育为当务之急,因而有必要加强系统合理的宽容教育方法,解决因文化、社会、经济、政治和宗教差异而产生的不宽容,因为上述各种差异都是暴力与排斥的主要根源。教育方针与计划应该有助于在个人及种族、社会、文化、宗教及语言群体和国家之间建立谅解、团结和宽容。

4.3 宽容教育的目的应是制止导致恐惧与排他的影响,帮助青年人增强独立判断、批判性思维与道德推理的能力。

4.4 我们保证支持并实施致力于宽容、人权与非暴力的社会科学研究与教育计划。这意味着对改进教师培训、课程设置、课本与课文内容以及包括新的教育技术在内的其他教育器材给予特殊关注,使培养出来的公民有爱心、责任心,能接受其他文化、能够欣赏自由的价值、尊重人的尊严与差别,并能够通过非暴力手段阻止或解决冲突。

第5条 行动的承诺

我们保证通过教育、科学、文化和传播领域的计划与研究机构的努力,促进宽容和非暴力。

第 6 条 国际宽容日

为了发动民众、强调不宽容的威胁,并以更有力的保证与行动支持促进宽容的宣传与教育,我们庄严宣布每年的 11 月 16 日为国际宽容日。

后　　记

本书是我在中国政法大学读书期间所作博士论文《宽容理念与宪法》的基础上修改完成的，在内容上有较大变动，修正了一些错误，做了一些补充和完善，增加了一些章节和注释。

本书主要是对肇始于西方政治法律文化传统中的宽容理念所进行的梳理、论证与诠释，并对立宪自由主义进行了一定程度的反思和批判，属于宪法哲学方面的一项研究成果。它所面对的读者主要是哲学、法学和政治学领域的专业人士，而我希望，它能对所有想了解人类宪政文明的读者有所助益，并期望带来一些思想上的共鸣。

在此，我要感谢业师李树忠教授，他的耐心指导与教诲、他的睿智与宽容的人格魅力，是促使我在简短的三年时间内完成本书写作的主要动力。感谢我的老师廉希圣教授、王人博教授、焦洪昌教授和已故的蔡定剑教授对本研究的中肯建议。感谢中国人民大学的韩大元教授和中国社会科学院的莫纪宏教授对本研究所提的问题、建议与帮助。还要感谢中国政法大学的解志勇副教授、谢立斌副教授和吴斌博士——他们与我讨论了一些令我疑惑的问题，这些讨论对本书的研究很有帮助。此外，我要向师弟侯晓光、赵真、周淼鑫和师妹谢莉菲致谢，他们为本书的写作提供了有益的帮助。

我还要感谢我的家人和朋友，是他们默默的支持，是他们的帮助，才使我能够静下心来尽心于书稿的完成。

最后，我想对贤明的读者们说，虽然我对本书的写作倾注了全力，也花费了不少的心血，但完成如此宏大的课题仍然感到有些力不从心，书中表达的思想和观念是否有道理，还望读者们不吝批判。在此，真诚地希望读者们就本书中的观点与我交流。

门中敬

2011 年 3 月 26 日

于青岛守寓斋

检